史良法学文库 贰拾肆

主编◎曹义孙

ON THE JUSTICE OF
CRIMINAL CASES FROM THE PERSPECTIVE
OF SENTENCING STANDARDIZATION

量刑规范化视野下的刑事个案公正

倪震 著

中国政法大学出版社

2023·北京

图书在版编目（CIP）数据

量刑规范化视野下的刑事个案公正/倪震著. —北京：中国政法大学出版社，2023.7
ISBN 978-7-5764-1082-2

Ⅰ.①量… Ⅱ.①倪… Ⅲ.①刑事诉讼－量刑－公正－研究－中国 Ⅳ.①D924.134

中国国家版本馆 CIP 数据核字 (2023) 第 169952 号

出 版 者	中国政法大学出版社
地　　址	北京市海淀区西土城路 25 号
邮寄地址	北京 100088 信箱 8034 分箱　邮编 100088
网　　址	http://www.cuplpress.com (网络实名：中国政法大学出版社)
电　　话	010-58908586(编辑部) 58908334(邮购部)
编辑邮箱	zhengfadch@126.com
承　　印	固安华明印业有限公司
开　　本	720mm×960mm　　1/16
印　　张	16.5
字　　数	280 千字
版　　次	2023 年 7 月第 1 版
印　　次	2023 年 7 月第 1 次印刷
定　　价	79.00 元

编 委 会

主任： 曹义孙
委员： 王淑芹　张　建　夏纪森　曹全来
　　　　 莫良元　沈世娟　赵　赤　黄建文
　　　　 赵美珍　阮丽娟　田开友　梁文永
　　　　 李俊英　唐步龙

出版说明

一、《史良法学文库》是史良法学院组织编辑的开放式法学系列文库，旨在传承民盟先贤厉行法治的理念，纪念和缅怀为中国法律近代化作出过重要贡献并在中国现代法制史上享有崇高声誉的史良先生。

二、史良法学院教师（含特聘教授、兼职教授及其他特邀研究人员）的专著、主编的著作或丛书以及史良法学院学生的优秀作品，经文库编委会审核通过，均可纳入文库。

三、纳入文库的著作包括法学著作，也包括与法学研究密切相关、对法学研究起到支撑作用的部分其他关联学科的研究成果。

四、符合条件的著作，一经纳入文库，将统一编制出版序号。

五、除在封面显著位置标示文库 LOGO 及统一编制的文库序号外，对出版社、版式、装帧等，均不作统一要求。

《史良法学文库》编辑部

刑事个案公正：在规范与裁量之间

欣闻倪震博士的专著《量刑规范化视野下的刑事个案公正》即将由中国政法大学出版社出版，由衷为他感到高兴。当他提出要我为该书写序时，我也毫不犹豫地答应下来。

倪震是我在东南大学法学院工作期间招收的博士研究生，在攻读博士学位之前，他已经在江苏省镇江市某基层检察院工作了 8 年，而且刚刚晋升了职位。由于当时没有在职读博的机会，所以要想读书，就必须辞掉工作参加全日制学习。所以我特别提醒他，要先考虑清楚，再决定是否报考。倪震当即表达了他日后想到高校求职、走学术之路的决心，并不留恋在很多人看来非常吸引人的检察官职业。于是我答应了他的报考请求，他也如愿一次考取。这本即将出版的著作，就是倪震在他的博士学位论文的基础上稍加修改而成，书名也是保留了博士论文的标题。

为这本书的出版写几句话，实在是我不可推辞的责任。因为作为倪震的导师，他的博士论文其实是我布置给他的命题作文。当年，我对刑事个案公正的问题很感兴趣，有意就此展开研究，于是建议倪震从量刑规范化的角度探讨这个问题，作为他博士论文的选题。后来，我自己则以"实现刑事个案公正的法律方法研究"为题申报了国家社科基金项目，并最终获准立项。

也许正是倪震在检察院的那段工作经历，帮助到了他对博士论文选题的理解和把握，整个论文的写作显得非常顺利。在此过程中，由于我调离了东南大学，倪震的博士论文也就几乎是他独立完成的，我并没有进行真正意义上的"指导"。后来，当他将论文的初稿发给我之后，我发现无论是论文的逻辑结构，还是研究的具体内容，都已经较为成熟，我只提出了少量的修改意见就同意他定稿。随后，他顺利地通过了博士论文的答辩。

刑事个案公正问题之所以重要，是因为在刑事司法实践当中，人们对法院判决往往抱有更高的期待。由于刑事案件的判决结果常常关系到对被告人个人重大权利的限制或剥夺，同时，被犯罪人所破坏的社会关系、所损害的利益能否经由司法审判得到修复，也会极大地影响人们对刑事司法公正的看法。不合理、不公正的刑事判决不仅容易激起一般社会公众的"道德义愤"，而且常常引致法学家阶层的"法治忧思"，将其置于道德主义和法治主义的透视镜下进行义正辞严的拷问。尤其是在网络时代，热点刑事案件常常会引发社会公众的广泛关注，在此背景下，刑事司法是否公正，不仅会影响公正对整个司法公正的整体看法，而且也关系到社会公众的正义期待能否得到满足。正因为如此，刑事个案公正几乎可以成为司法公正的"试金石"，常常需要接受公众正义直觉的检验。

司法就是法官行使决断力的一种活动，这种活动以实现个案公正为基本目标，因而，司法公正的实质就是个案公正。在我看来，刑事个案公正就是指在刑事司法过程中，案件被公平对待、行为被准确评价、犯罪与刑罚之间的关系被均衡处理，案件当中的各种利益冲突得到合理平衡的状态。而要达成这一状态，量刑活动当然发挥着非常重要的关建性作用。

最高人民法院推动量刑规范化改革已经二十多年，其目的主要在于确保量刑公正，防止量刑标准的不统一和量刑失衡等问题。也就是说，量刑规范是以量刑上的"一致性"为旨归，而刑事个案公正所仰赖的则是"量刑个别化"。所以，正如倪震在书中所论述的，量刑规范化对于刑事个案公正虽然具有不可否认的积极意义，但它与刑事个案公正的实现之间又确实存在一定的矛盾。因此，当我们在量刑规范化视野下来探讨刑事个案公正问题时，就不能不首先对两者之间的关系作一个清晰的梳理。本书的前三章实际上就是在做这样的工作。应当说，倪震对量刑规范化与刑事个案公正之间的关系所作的讨论是比较清晰、透彻的，既指出了这两个范畴之间的冲突，又考察了它们所具有的内在的统一性，而这种统一性集中体现在量刑规范化对于实现刑事个案公正所具有的若干积极价值上。

作者认为，从量刑改革的初衷出发，量刑规范化可以带来量刑均衡的效果，这可以为刑事个案公正的实现提供基础和平台。此外，我国传统的"估堆式"量刑法之所以可以长期在实践中运行，也是基于我国的传统思维模式。我国传统的思维模式所形成的路径依赖在短时间内是难以被彻底根除的，因此通过量刑规范化所形成的思维模式对之加以矫正便是必要的，这也是量刑规范化对于个案公正的间接价值。而且，为了保持刑法的基本稳定，刑法教义学具有一定的封闭性。但是为了贯彻刑事政策，又不得不面临一定的开放性要求。在此情形下，量刑规范化的配套体系恰好可以通过个案公正的途径来为量刑领域贯彻刑事政策输出制度性便利。

基于量刑规范化对于刑事个案公正的上述价值，本书后三章分别从"观念引导""立法论路径""司法技术路径"三个向度展开讨论，以期为在量刑改革基础上实现个案公正提供现实可行的思路与方法。作者认为，这三个路径的积极意义并不相同，而是逐步递增的。在量刑规范化范畴内实现刑事个案公正，最根本的解决渠道还是司法技术性路径，而这也是当下理论与实务界最为薄弱的环节。因此，本书对于"司法技术路径"的探讨也着墨相对较多，提出了非常详细而具可操作性的技术方案。

其实，按照我自己一开始的设想，我是希望"量刑规范化视野下的刑事个案公正"这一研究议题能够完全遵循一种技术化的路线，以便能够为司法实践提供一种方法论上的工具性指引。而目前看来，倪震在这本书当中的研究方法，理念层面的讨论显然是太多了些。当然，这也不能算是一种缺陷。作为导师，我之所以没有干涉倪震博士论文的研究框架，是基于以下两个观念：第一，我不能代替他进行研究，因而不必将自己的研究思路强加于他；第二，作为一名有志于走学术之路的年轻学子，可以自由地进行自己的学术探索，文无定法，成长终究是要靠自己的。不管怎么说，倪震最终呈现在我面前的博士论文总体上是令人满意的。现在，他的这篇博士论文即将以同名著作交由中国政法大学出版社正式出版，在向读者推荐这本书的同时，也向他表示祝贺！

如今，倪震已经成为常州大学法学院的一名教师，实现了他当初读博时的初衷和愿望。既然选择了大学，就是选择了以学术为业。衷心希望倪震能够在学术道路上迈出坚实的步伐，行稳以致远，取得更出色的成绩。

是为序。

周光华

2023 年 9 月 16 日
于广州雅居乐花园

摘　要
ABSTRACT

　　我国量刑规范化改革已经持续推进了十年有余，虽说此次改革对以往"估堆式"量刑方法予以摒弃，通过多项举措确保了量刑均衡并维护了法制统一性。然而，理性地检视则不难发现，此次改革仍然存在着诸多问题：既有机械化量刑，也有压制法官自由裁量权。从根本上说，这些问题所带来的一个不利后果在于影响个案公正的实现。而个案公正与量刑规范化在运作机理与价值目标上可能会存在一定的冲突，表现为收放法官的自由裁量权以及法制统一性与个案妥当性之间的内在张力。但是，个案公正与量刑规范化的表面冲突并不能掩盖其内在的实质统一性。因而，如何廓清这种冲突以找到二者同质性的一面，进而为实现个案公正找到积极的路径，为本书的研究目的。

　　研讨具体个案公正实现路径的前提在于合理界定个案公正的评判标准，而传统刑法理论与既往的研究仅仅聚焦于在报应正义基础上兼顾预防正义这一内在标准，而忽视了外在标准的确立，这不仅使得个案公正的批判标准因缺乏确定性而失之游移，也使得其与正义理论的哲学谱系乃至法理学变迁相脱节。因此，本书提出以比较基础上的正义作为个案公正的外在标准，并以此为逻辑主线展开对量刑规范化视域下个案公正实现路径的论证。该路径可被分为观念与措施两个向度，前者旨在对以往司法实践中所盛行的"同案同判"等思想进行适度纠偏。后者则再划分为立法与司法技术两个路径：在立法论路径下，官方量刑文本涵摄范围的适当扩展、综合性自由裁量权的弹性设置以及酌定量刑情节法定化均对个案公正的实现有积极意义；在司法技术性路径下，基准刑的合理确定可为个案公正的实现提供罪刑均衡的外在保障，而酌定量刑情节作为一个量刑灵活性机制可使得法官直接充分考量到个案妥当性，同时，案例指导制度作为与司法解释相对应的个案解释机制亦是个案公正实现的配套性机制。

目 录

CONTENTS

导　论

第一节　研究的背景及意义

一、研究的背景

习近平总书记强调，要"努力让人民群众在每一个司法案件中都能感受到公平正义"，[1]这充分揭示了司法公正的本质乃是个案公正，而研究个案公正的具体实现路径是一个现实而迫切的理论课题。

首先，从政策背景上看，自十八届四中全会决定推进依法治国以来，新一轮司法改革亦全面启动，司法公正问题也随之成了本轮改革的核心议题。目前，理论界与实务界对司法公正的理解已然达成共识，其不仅体现着普遍性的正义诉求，更需要彰显个案公正。所以，个案公正的实现关乎本轮司法改革的成败，亟待学界进行深入研究。

其次，从实践背景上看，在量刑规范化改革之前，我国量刑司法实践中存在"估堆式"量刑法，导致了量刑偏差与失衡现象，而量刑改革的推行无疑是对之前"估堆式"量刑法的一种扬弃。那么，量刑改革在摈弃了之前的"估堆式"量刑法的同时，是否会对个案公正的实现形成隐形障碍？这也值得我们进行学术反思。

再次，从理论动向上看，随着科技的进步，司法大数据与人工智能应用逐步走向司法领域，"智慧法院""智慧检务"成了新的学术增长点。对此，

---

[1]　习近平："高举中国特色社会主义伟大旗帜　为全面建设社会主义现代化国家而团结奋斗——在中国共产党第二十次全国代表大会上的报告"，载 http://www.gov.cn/xinwen/2022-10/25/content_5721685.htm，2023 年 5 月 17 日访问。

如何顺应这种理论潮流，将量刑改革与个案公正问题放在当下的现实背景下进行深层检视，也是我们不能回避的问题。

最后，从司法适用上看，"许某盗窃案""贾某龙杀人核准死刑案"等一系列社会热点案件所透露出的理论与实践的背离，所映射出的社会公众与司法判决之间的抵牾，均需要学界从多个向度出发，在本轮量刑改革中将刑事个案公正问题摆在突出位置。

二、研究的意义

以量刑规范化改革为背景来研究个案公正的生成路径问题，其意义在于以下几个方面：

第一，学术理论层面。有望从实现个案公正的角度促使量刑规范化改革制度的完善，使得量刑规范化改革走上科学化、实质合理化的良性运作轨道；从事实层面实现刑罚的目的并正确、合理地落实国家刑罚权。从国内外法学理论的研究状况看，关于该问题尚没有形成系统性的研究成果，刑法学界对个案公正的研究主要是通过对具体案件的个别性讨论进行的，没有形成刑事个案公正的一般性方法的系统性理论。本书将以法治理念和刑法基本理论为基础，探讨刑事个案公正的独特意义，寻求实现刑事个案公正的一般性的理论方法和司法方法。

第二，司法实践层面。我国开展量刑规范化改革以来，虽然形成了一些法律文件，对以往"估堆式"的量刑方法进行了一定程度的改进，量刑活动的合理化程度大为增强，但是，在司法实践中也仍然存在诸多问题。因此，研究司法实践的效果在于：在防止司法恣意的同时为刑事审判追求个案公正提供有效的、具有可操作性的制度保障，促进刑事司法公正。

第三，社会层面。刑事司法是司法公正最敏感的部分，易引起社会公众的强烈反应。职是之故，刑事个案公正最能够突出地彰显司法公正。通过量刑规范化达成个案司法公正，除了实现个案正义外，还可以总体上促进社会正义，提升司法机关的公信力，增强社会公众对法律的信赖与认同感。

第二节　研究的现状

关于在量刑规范化视野下来研究个案公正的问题，目前，学界对此尚未有专门性的研究成果。目前学界更多的是分为"量刑规范化"及"个案公正（个案正义）"两个命题来单独探讨，而尚未综合起来进行一体化研究。对此，需要区分国外与国内两个向度分别予以阐述：

一、国外研究现状

国外学界对本书论题的研究成果，主要集中在具体司法制度、操作理念与研究方法三个方面：

（一）具体司法制度类

在英美法系，英美两国各自都有成型的量刑指南制度且二者旨趣不同。美国联邦量刑指南是数字化量刑指南，且由于在司法运作中过于刚性，导致了强制性效力的失效。所以，学界更多地关注和总结量刑指南制度的得失。比较有代表性的有克莱门斯·巴特勒斯所著的《矫正导论》，其分析美国联邦量刑指南产生的原因在于量刑不公与缺乏量刑可预测性。而对于英国论理式量刑指南的研究，目前的研究成果主要限于国内的比较类研究成果（容后文论及）。此外，在以德日为代表的大陆法系国家，就具体司法制度层面而言，学界更多地关注量刑基准与点、幅理论。对于量刑基准的研究，最具代表性的当属德国的耶赛克与魏根特教授，他们不仅提倡从狭义角度界定量刑基准，而且提出了量刑的重心在于在量刑幅度内找到合适的比较切入点的思想。[1]在日本，学界也越来越重视从狭义角度去界定量刑基准，尤其值得推崇的当属城下裕二教授。他在其代表作《量刑理论的现代课题》一书中批判了修复性司法，抨击了在量刑基准确立过程中以被害人主观情节作为考量情节的做法。对于点、幅理论，实际上，量刑基准理论与点、幅理论本质上在德日刑法理论中属于同一层次不同侧重的问题。量刑基准理论是基于责任主义原则侧重于对"量刑标尺"之探讨，而点、幅理论是进一步的展开，讨论在责任刑之下追求预防刑之目的时该如何具体操作的问题，是在责任刑的"点"的周围或之下予以追求，抑或在一个较为宽泛的幅度内予以探寻。目前，点、幅理论之争尚未有定论，以德国许逎曼教授为代表的一批学者基于防止法官量

---

[1] ［德］汉斯·海因里希·耶赛克、托马斯·魏根特：《德国刑法教科书》，徐久生译，中国法制出版社 2001 年版。

刑幅度过大而倡导点的理论。[1]而幅的理论在日本也很有市场，以前田雅英教授为代表的学者就坚持主张点的理论不具有可操作性。[2]

（二）操作原则与理念类

在国外，如果仅仅从个案公正（个案正义）角度来讲的话，那么鉴于西方法哲学对此有比较充分的论述且为了更便于说明学界的研究动向，归纳起来，学界对个案公正（个案正义）的研究成果大致可分为以下几个方面：一是在英美法系，以 P. S. 阿蒂亚和 R. S. 萨默斯为代表的英美法系学者认为，司法实践中究竟是优先考虑一般正义还是个案正义，反映了两种不同的法律观。在英美法学理论中，存在形式化的法律观和实质化的法律观之间的分歧，前者比较强调法律的一般正义，后者则重视法律的个案公正（正义）。[3]二是从个案公正的认识论向度出发，在大陆法系国家，由于康德是西方学界认识论转向的奠基人，其思想也是从"笛卡尔–康德"模式到"康德–哈贝马斯"认识论模式变革的联结纽带。因此，康德的学术思想具有代表性，其倡导古典哲学且推崇法的实践理性，因此，在康德的话语体系中，类似于中国传统道德信条中的"己所不欲、勿施于人"式的标准方可被称为个案公正（个案正义）。[4]三是从法理学角度，国外法学界对个案公正的认知标准不一，比较有代表性的是印度学者阿玛蒂亚·森、德国的魏德士教授和考夫曼教授。阿玛蒂亚·森倡导关注非正义以把握何谓正义。[5]魏德士教授也持有类似的观点。[6]而考夫曼的研究则更为明晰，提出了"反向功利论"，即基于何谓幸福无法达成一致性的结论，故而倡导尽可能地减少可识别的非正义来达致正义的认知。[7]

国外学界关于本书论题的操作原则与理念类研究成果还体现为：责任主义原则与刑罚轻缓化思想。前者以德国为代表，且已经成为德国宪法所确认的

---

[1]［德］许逎曼："从德国观点看事实上的量刑、法定刑及正义与预防期待"，林钰雄译，载许玉秀、陈志辉编：《不移不惑献身法与正义：许逎曼教授刑事法论文选辑》，新学林图书出版有限公司 2006 年版。

[2]［日］前田雅英：《刑法总论讲义》（第 6 版），曾文科译，北京大学出版社 2017 年版。

[3]［美］P. S. 阿蒂亚、R. S. 萨默斯：《英美法中的形式与实质——法律推理、法律理论和法律制度的比较研究》，金敏、陈林林、王笑红译，中国政法大学出版社 2005 年版。

[4]［英］O. 奥尼尔："康德的正义与康德主义的正义"，陈晓旭译，载《世界哲学》2010 年第 5 期。

[5]［印］阿马蒂亚·森：《正义的理念》，王磊、李航译，中国人民大学出版社 2012 年版。

[6]［德］魏德士：《法理学》，丁晓春、吴越译，法律出版社 2013 年版。

[7]［德］阿图尔·考夫曼：《法律哲学》，刘幸义等译，法律出版社 2005 年版。

基本原则，并为前述量刑基本制度中的量刑基准与点、幅理论奠定了基础。[1]
日本学界也循此路径，从消极责任主义角度去贯彻责任主义原则。[2]至于刑
罚轻缓化思想，在大陆法系国家，司法实践贯彻得更为彻底，学界也推崇备
至。比如，德国许迺曼教授就承认，德国民众对重刑主义的期待热情较之于
美国要低。[3]而反观美国的量刑实践，则呈现出一种重刑化现象。[4]然而，
在当下，两大法系学界有个研究共识，即刑罚轻缓化更能够带来量刑均衡的
效果，重刑主义做法与量刑公正相抵触。

（三）研究方法类

以英美为代表的英美法系国家，由于本身具有量刑指南制度，且量刑指
南本来就是基于数字运算而得出刑罚量值的量刑操作系统，是故，英美法系
更为崇尚实证研究方法。只不过，由于英国实行的是论理式的量刑指南制度，
且论理式的量刑指南更具有弹性，因此也更具有可操作性。因而，英国学界
在以实证研究方法为基础之上，还在一定程度上推荐价值分析法。[5]在以演
绎推理为代表的大陆法系国家，目前也逐步注重实证分析法，而且以德日为
代表的大陆法系国家的量刑理论一般均以责任主义为底色，倡导量刑基准理
论。因此，对大陆法系国家的实证分析法主要集中在如何确立量刑基准或者
量刑参照点这些方面。在日本，具有代表性的学者如曾根威彦教授，主张以
实证方法来进行量刑研究，重在于计算出平均的刑罚量。[6]在德国，以阿尔
布莱希特为代表的学者也提倡，找到量刑的基准点至关重要，虽然平均刑罚
量很难在实践中存在，但是在理念上需要塑造，在现实中需要统计归纳。[7]

---

〔1〕［德］克劳斯·罗克辛：《刑事政策与刑法体系》（第2版），蔡桂生译，中国人民大学出版
社2011年版。

〔2〕［日］山口厚：《刑法总论》（第2版），付立庆译，中国人民大学出版社2011年版。

〔3〕［德］许迺曼："从德国观点看事实上的量刑、法定刑及正义与预防期待"，林钰雄译，载
许玉秀、陈志辉编：《不移不惑献身法与正义：许迺曼教授刑事法论文选辑》，新学林图书出版有限公
司2006年版。

〔4〕［美］道格拉斯·胡萨克：《过罪化及刑法的限制》，姜敏译，中国法制出版社2015年版。

〔5〕吕忠梅总主编，美国量刑委员会编：《美国量刑指南——美国法官的刑事审判手册》，逄锦
温等译，逄锦温校审，法律出版社2006年版。

〔6〕［日］曾根威彦："量刑基准"，载［日］西原春夫主编：《日本刑事法的形成与特色：日本
法学家论日本刑事法》，李海东等译，法律出版社、成文堂1997年版。

〔7〕［德］汉斯-约格·阿尔布莱希特：《重罪量刑——关于刑量确立与刑量阐释的比较性理论
与实证研究》，熊琦等译，法律出版社2017年版。

二、国内研究现状

国内学界对本书论题的研究成果则侧重于以下六个方面：

(一) 全面阐述类

由于我国量刑规范化改革推进了十年有余，无论是在实务界还是在理论界，对于量刑改革的诸多问题均形成了兼具全面性的阐述性学术成果。此外，如果单就刑事个案公正而言，学界则主要依托刑罚个别化视角展开了一系列研究。

对于量刑规范化改革的全面阐述类学术成果种类繁多，比较有代表性的著作有：熊选国主编的《量刑规范化办案指南》；熊选国主编的《〈人民法院量刑指导意见〉与"两高三部"〈关于规范量刑程序若干问题的意见〉理解与适用》；南英主编的《量刑规范化实务手册》；李晓林主编的《量刑规范化的理论与实践》。以上著作是自量刑改革以来，官方提出的对司法实践具有重要指导意义的实务类操作著作。归纳起来，这类著作主要针对 2013 年《最高法院关于常见犯罪的量刑指导意见》的条文适用问题进行了全面梳理与阐释。除此之外，在学界比较有代表性的著作有：白云飞的《规范化量刑方法研究》；郝川的《中国量刑指导制度研究：以量刑指导意见为切入点》；王联合的《量刑模型与量刑规范化研究》；皮勇、王刚、刘胜超的《量刑原论》；郑高键、孙立强的《量刑规范化理论与实务研究》。在学界比较有代表性的论文有：石经海、严海杰的《中国量刑规范化之十年检讨与展望》；周长军的《量刑治理的模式之争——兼评量刑的两个指导"意见"》；熊秋红的《中国量刑改革：理论、规范与经验》；苏镜祥的《理论与实践之争：量刑规范化改革评析》。学界的上述著作与论文对量刑规范化改革的得失进行了检讨。普遍得出结论：量刑改革势在必行，且从总体上来讲，通过统计分析，司法实践量刑均衡化效果明显，但是也存在着或多或少的问题，尤其是机械化量刑等问题较为突出，且量刑运作诸多技术性制度需要进一步完善。

对于刑事个案公正来说，学界最具代表性的著作当属石经海教授的《量刑个别化的基本原理》与李荣教授的《公正量刑保障机制研究》。在《量刑个别化的基本原理》一书中，石经海教授旗帜鲜明地提出了量刑的本体就是量刑个别化，并倡导学界应当将研究的重心放到量刑个别化上。李荣教授主张一般公正与个案公正是对立统一的关系，并提出量刑个案公正乃是报应刑与预防刑的统一。实际上，李荣教授提出了对刑事个案公正的评价标准，这种标准在刑法学界一般是在刑罚目的抑或刑罚正当化依据的基础上予以展开的。此外，以刑事个案公正为论题的学术论文中比较有代表性的有：周少华的《刑罚目的观之理论清理》；谢正权的《论量刑的刑罚个别化原则》；邱兴隆的《刑罚个别化否定论》。这些论文要么对刑罚的目的进行了阐述与比较，如周少华教授，为刑事个案公正的实体评价标准奠定了基础；要么对刑罚个别化问题进行了辩证分析，如谢正权与邱兴隆教授。

（二）比较研究类

值得一提的是，自量刑改革以来，我国学界对域外法制进行了比较与借鉴，并形成了一系列比较研究成果。就英美法系而言，由于英美两国均有向度迥异的量刑指南制度，因此国内域外比较类研究成果主要是针对我国与英美两国量刑指南之间的差异进行的反思与借鉴。其中，著作类比较有代表性的有：杨志斌的《中英量刑问题比较研究》；吕忠梅的《美国量刑指南——美国法官的刑事审判手册》。论文类比较有代表性的有：郭志远、赵琳琳的《美国联邦量刑指南实施效果——兼论对我国量刑规范化改革的启示》；彭文华的《美国联邦量刑指南的历史、现状与量刑改革新动向》；汪贻飞的《中国式"量刑指南"能走多远——以美国联邦量刑指南的命运为参照的分析》；袁建刚的《美国联邦量刑指南失败的原因分析》。上述成果所达成的学界共识在于：比较英美两国量刑指南制度之间的差异及经验得失，英国的论理式量刑指南制度为法官留出了一定的自由裁量权，值得我国借鉴。就大陆法系国家比较借鉴类学术成果来讲，比较有代表性的学术作品有：江溯的《无需量刑指南：德国量刑制度的经验与启示》；肖世杰的《中德（日）量刑基准之比较研究》。这两篇论文代表了国内学界对以德日为代表的大陆法系比较研究的学术动向：一类着眼于对具体司法实践操作理念类进行比较分析；一类侧重于对具体量刑制度进行比较借鉴。

（三）具体司法制度类

对于此次量刑改革，学界研究成果最多的还是集中在量刑规范化的具体制度层面，其大致可被归纳为以下两类：

第一，量刑情节类成果。学界对刑事个案公正的研究在很大程度上集中于量刑情节的塑造方面。比较有代表性的著作类成果有：周金刚的《量刑情节研究》；王利宾的《酌定量刑情节规范适用研究》；王瑞君的《量刑情节的规范识别和适用研究》；蒋明的《量刑情节研究》；许美的《酌定量刑情节规范适用研究》；耿磊的《酌定量刑情节规范化路径》。比较有代表性的论文类成果有：陈学勇的《谈量刑情节的适用》；陈航的《量刑情节的冲突问题研究》。这些学术成果大体上形成了一种理论共识，即刑事个案公正的实现离不开量刑情节，尤其是酌定量刑情节的塑造与识别。

第二，量刑方法类成果。量刑方法类研究成果主要针对 2013 年《最高人民法院关于常见犯罪的量刑指导意见》所确立的"三步"量刑法，特别是我国扬弃了"估堆式"量刑法之后，新实施的"三步"量刑法存在诸多需要完善之处。学界对此研究比较有代表性的著作类成果有：张明楷的《责任刑与预防刑》；周光权的《刑法客观主义与方法论》。张明楷教授的著作为在司法实践中正确裁量责任刑与预防刑明确了具体刑罚裁量的步骤与方法。周光权教授的成果主要是为了解决量刑基准如何确立的方法论问题。另外，学界比较有代表性的论文类成果有：张明楷的《犯罪常态与量刑起点》；王敏的《标准：基准刑确定的根据》；张向东的《从量刑基准到基准刑：量刑方法的革新》。这些论文类成果均致力于对我国当下的量刑法予以进一步完善，特别是张明楷教授的《犯罪常态与量刑起点》一文尤其具有代表性，不仅明确指出了"三步"量刑法之开端"量刑起点"的确立方法，更是指明了未来我国量刑改革中量刑法的应然走向：应当是自下而上地基于经验归纳与总结而成，而不是相反，这也代表了学界目前对此问题的研究动向。

（四）案例指导类

量刑改革层面的议题是一个实践性很强的研究课题。因此，基于指导司法实践的需要，最高人民法院还推出了案件指导类研究著作。比如：南英主编的《量刑规范指导案例》；最高人民法院中国应用法学研究所编的《量刑规范化典型案例》。这些案例指导类著作结合司法判例，对量刑的基本方法、常见量刑情节的适用以及常见罪名的量刑进行了较为详尽的阐述，其对于刑事个案公正的研究意义在于：为学界以及实务界提供一个示范蓝本，以期确保法官对 2013 年《最高人民法院关于常见犯罪的量刑指导意见》不曾涵摄在内的罪名也能够合理地进行量刑。同时也表明了一种研究动向，为了实务界正确适用量刑规则，未来我国的案例指导制度需要配合量刑改革予以实施。

（五）操作原则与理念类

实际上，在学界涌现出的诸多学术成果之中，操作原则与指导理念类成果往往对本书的议题更具有实践意义。因为，量刑规范化改革推进以来，虽然在很大程度上扭转了以往量刑领域的量刑偏差与失衡现象，对法官的自由裁量权予以了较大程度的制约，但是，学界目前对量刑改革的成效也进行了反思，认为之前的量刑改革对于个案公正的实现问题关注不足，过于倡导量刑均衡的表象性效果。对此，学界比较有代表性的学术著作有臧冬斌的《量刑自由裁量权制度研究》；比较有代表性的论文有周少华的《同案同判：一个虚构的法治神话》。前者代表着目前学界的通行观点，即量刑规范化改革不能扼杀法官的自由裁量权，法官自由裁量权必不可少，其是实现个案公正的关键。后者的论文体现出了目前学界的反思性声音，即量刑改革有机械化量刑之嫌，过分追求"同案同判"会与个案公正相背离。

（六）研究方法类

对于本书的研究课题，与国外研究方法类学术成果类似，我国国内学界对量刑规范化以及个案公正问题的研究，其方法类成果也颇多。比较有代表性的著作有：白建军的《罪刑均衡实证研究》；白建军的《公正底线——刑事司法公正性实证研究》；唐亚男的《量刑方法类型化研究》。比较有代表性的论文有白建军的《基于法官集体经验的量刑预测研究》。在这里不得不着重提出白建军教授，其多年来一直致力于实证研究。因此，在他看来，我国量刑改革需要以实证研究为底色，法官在现实中的裁量结果反映着法官的裁判趋势与经验理性。为了实现刑事个案公正，实证分析法必不可少。可以说，他的观点代表着当前学界的普遍看法，同时也为我国未来量刑规范化改革的良性推进指明了方向。此外，国内以唐亚男为代表的一批学者在倡导实证分析法的基础之上，还提倡类型化思考方法。因为，类型化思考既不同于体系性思考也不同于概念性思考，它比概念更具体、比体系更直观，其介乎于二者之间。在社会科学研究中，贯彻类型化研究方法可以确保我们在类型化思考之下重视个案差别。详言之，就是需要我们对常态犯罪情节进行归纳，总结出常态量刑的情状。同时，对具体的个案进行经验归纳，总结出犯罪起点，基准刑等量刑常量，为法官对具体特殊个案的裁量提供前提和依据，同时又侧重于对具体个案的特殊性进行量刑的归入，从而得出妥当的、立足于个案的刑罚结论。

第三节 研究内容与重难点

一、主要研究内容

第一，量刑规范化的概念界定与量刑改革回顾。基于我国传统量刑法存在着诸多弊端，本书首先在批判传统量刑法的基础上，引出量刑规范化改革的议题，厘清量刑规范化的概念内涵，进而结合司法实践，对此次量刑改革的成效进行合理分析。

第二，量刑规范化与个案公正的实质关系。先从表象上进行论述，对量刑规范化与刑事个案公正的逻辑进路进行理论推演，揭示出二者之间所存在的抵牾之处，随后结合量刑的本体与哲学范畴，进行深入阐释，指出二者内在统一的一面，从而为本书的两大议题——"量刑规范化"与"刑事个案公正"——的统合打下理论基础。

第三，刑事个案公正的判断标准。本书的核心议题在于刑事个案公正的实现，那么确定在哪种场合下一个刑事案件的刑罚裁量才是符合个案公正要求的便是本书需要集中阐述的问题。既有的研究成果立足于报应与预防两个向度来对个案公正与否提供评价标尺。但是，这是否与当前学界对正义的研究谱系相背离，则是必须进行深层反思的问题。本书立足于哲学、法哲学等层面，论证得出比较基础上之正义，也是一个刑事个案公正的外在评价标准，其辅以内在标准能够更为合理地对刑事个案公正的实现提供积极助益。

第四，量刑规范化对刑事个案公正的积极意义。首先需要论述刑事个案公正的法治意义需要从三个角度出发予以论证，即从抽象法治走向具体法治的基本途径、实现实质正义的核心环节以及提高司法公信力的重要内容。之后，论证的重点在于探讨量刑规范化改革对个案公正促进的现实价值问题。从量刑改革的初衷出发，量刑规范化可以带来量刑均衡的效果，这可以为刑事个案公正的实现提供基础和平台。此外，我国"估堆式"量刑法之所以可以长期在实践中运行，也是基于我国的传统思维模式，我国传统的思维模式所形成的路径依赖短时间内是难以被彻底根除的，可行之道莫过于通过量刑规范化所形成的思维模式予以矫正，这也是量刑规范化对于个案公正的间接价值。最后，刑法教义学的封闭性属性需要保持刑法的基本稳定，但是为了贯彻刑事政策，又不得不面临一定的开放性要求，而量刑规范化的配套体系恰好可以通过个案公正的途径来为量刑领域贯彻刑事政策输出制度性便利。

第五，量刑规范化背景下实现个案公正的途径。这是本书最重要的论述部分，一般而言，对问题的解决路径主要分为观念、立法论、司法技术论三个向度。因此，本书也立足于此，从这三个方面予以展开，为在量刑改革基础上实现个案公正提供现实可行的思路与方法。此外，这三个路径的积极意义并不相同，而是逐步递增。在量刑规范化范畴内实现刑事个案公正，最根本的问题解决渠道还是司法技术性路径。显然，这也是当下理论与实务界最为薄弱的环节，也是本书论述的重心。

二、研究重点、难点

（一）研究重点

本书研究重点主要集中于以下三个方面：其一，量刑规范化与刑事个案公正的关系。量刑规范化与刑事个案公正之间毕竟存在着表象上的理论冲突，在实践中也有此消彼长的现象存在。如何调和二者进而达至内在统一是本书论述的重点内容。其二，刑事个案公正并非一个纯理论的议题在量刑规范化的背景下论述个案公正问题离不开个案公正的评价标准问题。而既有的学术研究成果则侧重于从内在实体标准的角度去评判个案公正，这是否合理则是一个需要重点阐述的问题。其三，以量刑规范化为底色去探讨刑事个案公正问题，最终的落脚点一定是实现的路径问题。这也是本书解决问题的部分，尤其是在解决路径之中存在着观念、立法论、司法技术论三个层面，所以需要分而述之。因此，这是本书最关键与核心的部分。

（二）研究难点

本书的研究难点主要体现在以下几点：

第一，在我国既往重定罪、轻量刑的研究思潮之下，较之于犯罪论部分，在量刑论领域，在国内所能搜集到的资料有限，尤其是当下学术领域的成果很大部分还是产生于量刑规范化改革之前或者推进之初，难以契合当下量刑改革的时代背景。如何在资料相对匮乏的现实下对本书进行充分阐述？

第二，我国学界既往对量刑规范化与刑事个案公正均是分别予以研究，未有统合起来进行一体化研究的成果，且量刑改革是个实践性较强的课题，而个案公正则是一个深层性理论议题，如何将二者合理统合起来，且能够保证在理论阐述深入的基础上不乏实践可操作性？

第三，量刑规范化与刑事个案公正的实现存在着理论抵牾之处，概言之，量刑规范化改革的初衷在于规范法官自由裁量权以防止量刑偏差与失衡，而这与以个案特殊性权衡为旨要的个案公正的实现似乎存在一定的冲突，这如何化解与协调？

第四，量刑个案是否达到公正，这也并非一个不言自明的问题，其评价标准是仅仅局限于报应与预防正义的层面，还是说另有其他辅助性评价标准？

第五，对于量刑规范化改革而言，其具有诸多配套制度措施，如何能够契合本书刑事个案公正的主题去有针对性地对实现路径进行论述？

第六，当下司法人工智能方兴未艾，如何在本书论述中对接好当下的司法科技化背景？

第四节　研究思路与方法

一、研究思路

首先，论文主题的引出。本书将先行回顾量刑规范化改革，从其产生与发展说起，引出议题，进而对量刑规范化的概念内涵进行清晰的界定。接着，立足于两大法系进行域外考察，与我国的量刑改革进行比较分析。

其次，本书议题的深入。本书紧接着从量刑规范化与个案公正二者的辩证关系着手。以期客观分析二者在实践中的相互冲突之处，更主要的是作出理论铺成，为随后在量刑本体与哲学层面出发进而揭示出二者相互内在统一的一面做好理论准备。

再次，本书中心的提炼。在上一步理论铺垫之下，揭示量刑规范化与个案公正的内在统一之后，着重于凸显出刑事个案公正的评价标尺问题。这是本书的中心议题。刑事个案公正的评价标准不能仅仅局限于传统的报应与预防两个方面的正义性，还需要从个案相互之间的比较基础上的正义性去考察，这是一个辅助性标准，该标准的确立为后面的理论阐述提供了论述平台。

最后，本书写作的落脚点。前面的理论分析是提出问题、分析问题，而本书最根本的落脚点还是在于解决问题，也即对本书的核心议题提出切实可行的解决之道。对此，本书最后需要从观念、立法论、司法技术论三个层面去论证具体的实现路径问题。

二、研究方法

第一，价值分析法。量刑的过程中既有事实判断，也有价值判断。价值判断必不可少，而个案公正首先是一个法律价值能否在具体案件中加以实现的问题。所以，对于此问题的研究离不开价值分析。

第二，实证分析法。量刑问题一直是一个实践性很强的议题，尤其是在当下司法大数据与人工智能背景下，在司法裁判文书上网并搭建起司法数字化研究平台的基础上，研究量刑问题离不开实证分析法。

第三，比较分析法。域外的量刑改革制度是促成我国量刑规范化改革的动因之一，尤其是英美法系的量刑指南制度以及德日的量刑基准等理论都相对成熟，值得我们借鉴。

第四，哲理分析法。正义是法律的核心议题，而个案公正问题也是一个深层的哲理性问题，只有从哲学角度进行理论阐述，方能够揭示出刑事个案公正的评价标准问题。

第一章

量刑理论与量刑规范化

我国的量刑改革并非一蹴而就，而是在传统量刑方法存在缺陷并在实践中暴露出诸多问题的基础上才最终付诸实践。不容忽视且需要予以澄清的问题是，传统量刑方法何以在司法实践中大行其道，其运作逻辑与我们的文化思维传统是否有一定的内在关联？这不无疑问也有必要进行探讨。此外，我国量刑改革既有对域外量刑规范化实践的借鉴与参照，也有自身独特的特点。因此，本书拟首先对基本量刑理论与量刑规范化进行一个较为宏观的展示与梳理，从而揭示传统量刑方法之疲敝，进而归纳出此次量刑改革的经验得失。

第一节 量刑理论概述

一、我国传统量刑方法的内涵及成因

(一) 我国传统量刑方法的涵义

通说而言："量刑是指人民法院在定罪的基础上，权衡刑事责任的轻重，依法决定对犯罪分子是否判处刑罚或适用某种非刑罚处理方法，判处何种刑种和刑度以及是否现实执行某种刑罚的审判活动。"[1]从上面的定义可以得知，量刑离不开量刑主体的权衡，而权衡的过程离不开量刑方法。"量刑的方法是指法官依法对犯罪分子裁量刑罚时所借助的手段。"[2]由此可知，量刑与量刑方法是目的与手段的关系，欲对犯罪分子进行正确量刑，离不开对量刑方法的探讨。

---

[1] 马克昌主编：《刑罚通论》（根据1997年刑法修订），武汉大学出版社2001年版，第251页。

[2] 陈兴良：《刑法哲学》（下），中国政法大学出版社2009年版，第788页。

"估堆式"量刑法，其涵义是指，法官仅凭个人的感觉经验大致笼统地估计出具体刑罚量的量刑方法。由于该种量刑法主要是依靠法官的个人经验，因此也被称为经验量刑法。"估堆式"量刑法虽然立足于个人经验，但也有其一定的操作流程。其具体步骤主要是："首先审理案件，掌握案情，在法定刑范围内，参照司法实践经验，大致地估量出对犯罪人应处的刑罚；然后考虑各种法定的从重处罚、从轻、减轻和免除处罚的情节，并考虑其他影响刑罚轻重的非法定情节；最后综合地估量出对犯罪人判处的刑罚。"[1]

（二）我国传统量刑方法成因之深层剖析

"估堆式"量刑法产生的原因众多，一般而言，我国传统刑事司法领域里长久盛行"重定罪、轻量刑"的司法理念。该理念导致我国理论界与实务界在很长一段时间里对量刑方法的研究裹足不前，并普遍存在一个理论误区，即只要定罪适当，则量刑也就是附带于定罪之后且自然而然之事。同时，"估堆式"量刑法的准入"门槛"低，任何人只要在法定刑范围之内发挥自己的主观能动性，出来的最终量刑结果大差不差都可以达到"量刑合法"，至于具体的量刑结果如何产生、产生的步骤与理由如何则在所不问。可以说，"重定罪、轻量刑"的司法理念是催生并长久维持"估堆式"量刑法的最直接原因。

不可否认，"重定罪、轻量刑"的司法理念对"估堆式"量刑法的催生以及其产生的消极影响在理论与实务界已有了诸多共识，笔者在此不再赘言。然而，思想是行动的指南，一个人的行为模式必定或多或少地被打上文化的烙印。基于"估堆式"量刑法能够盛行司法实践多年，我们有必要对其产生的文化土壤进行剖析，从而发掘出维系"估堆式"量刑法的深层原因。笔者以为，量刑是一种智力活动，那么其必然会被思维方式所支配。对比西方思维模式及文化历史根基，我国传统思维模式有以下特点，从而在一定程度上促成了"估堆式"量刑法的产生与运行。

（1）直观式思维模式。我国的传统思维模式属于直观式思维范畴，也就是说，我国的传统认知方式倾向于从形式上把握事物。用我国学者王树人先生的话来讲，就是一种"象思维"，即形象直观的思维。此种思维方式也可被归结为"观物取象"。所谓"观物取象"，是以概括直观的方式从现实世界中取得事物的直观印象，从这些直观印象来认知世界，其认知的对象与感性具体

---

〔1〕　张明楷：《刑法学》（第5版），法律出版社2016年版，第583页。

事物并不区隔。比如，中国的文字是象形文字，中医讲究"望闻问切"，天文学里面的"夜观天象"，诗词歌赋里面的比附、借喻等描写手法均是"观物取象"的认知模式。但是"观物取象"的认知方式虽然有形象性的优点，但是其缺点也至为明显，即"'象思维'的诗意联想具有混沌性，表现为无规则、无序、随机、自组织等"。[1]这一特征决定了在我国的量刑实践中对具体量刑本质的认知容易停留在感性、直观的层面，从而忽视量刑规律的本质，量刑的过程成了一个"跟着感觉走"的适用程式。当然，中西方在早期历史阶段的认知模式均有直观式思维的倾向。比如，早期古希腊哲学家们往往也是从某一个形象的具体元素来解释自然世界的：如泰勒士认为世界的始基是水，赫拉克利特认为世界的构成基础是无定型的火。然而，古希腊文明的认知水平并未仅仅停留在形象直观的层次，后来的先哲们均或多或少地认为存在着一个与现实世界区分的永恒世界，这两个世界的划分不可移易，同时认知事物不仅仅是看到具体的形象，而是把握内在的本质。自巴门尼德对"两个世界"进行划分以来，柏拉图将区分于现实事物的"理念"置于哲学的核心，亚里士多德循此路径构建出了西方形而上学的雏形。即使在神学一统天下的中世纪，奥古斯丁也仍然保留着超越"世俗之城"的"上帝之城"。申言之，超越感性直观而达到本质认识一直是西方的认知路线。"这就是说，在主流的西方思维方式中，所有那些经验性的对偶性现象，统统被归结为'一与多''本质与现象'等的对立，一句话，那些感性世界中的对偶事物统统被归结为'多''现象'等，而与之对立的则是超越的'一''本质''本体'等。"这种思维认知决定了其更具有抽象思辨性。滥觞于西方量刑实践的量刑基准，"点"与"幅"等理论则是该种思维模式的产物。"而中国的'象思维'之'象'与所把握的事物之间既然处于同一个层面，并不存在西方哲学辩证法中的那种'一'与'多'、本体与现象之类的等级关系，从而其所想象的生活理想也就不可能决然超越于现实生活，而只可能是与现实生活处于同一层面的一种可能的理想状态。"[2]此典型代表即中国古代的《易》，其阴阳双方也仅仅是在一个层次，而没有类似于西方那种本质与现象的对立。

---

〔1〕 王树人："中国哲学与文化之根——'象'与'象思维'引论"，载《河北学刊》2007年第5期，第23页。

〔2〕 王南湜："中西思维方式的差异及其意蕴析论"，载《天津社会科学》2011年第5期，第51页。

（2）有机式思维方式。中国历来都有"天人合一"的说法，即古人认为，人应该顺天应时，人与自然浑然天成，与自然构成一个有机整体。典型的如道家思想，"道生一，一生二，二生三，三生万物"。[1]这便是一种有机宇宙论。"有机宇宙论认为，道是万物之母，自然是道的本性，万物顺其自然最为美好；而且，道因为是自动的，因此对于道的展开，外力是无助而又无益的；人如果依其自然本性过一种有道德的生活，那便是人之为人的道的展开和实现，这自然是人世间最美好不过的事了。"[2]中国传统的有机宇宙论决定了有机式的思维方式，即对事物的认知取向于整体性感悟，从整体轮廓上对客观事物进行认知。同时，被认知的事物也是一个有机统一、无可分解的自本体。自古儒家倡导的"修齐治平"即是依赖于家国不分，"内圣外王"亦是基于主客体一体。有机式的思维方式所蕴含的重视宏观整体而忽视微观过程的认知路径在一定程度上导致了认知活动的模糊性，这也在某种程度上契合了"估堆式"量刑法。虽然前述"估堆式"量刑法也有一定的步骤，但是由于量刑活动未能区分整体和步骤而呈现出浑然一体的特色，且量刑活动仅仅注重在法定刑幅度内进行主观整体性评估，这就决定了"估堆式"量刑法具有"重定性、轻定量"的特征。是故，在此情形下，量刑数值如何推演而得，乃至于量刑结果是否能够精确适当均属未知。

一般而言，文化模式决定思维方式，文化差异导致思维差异。对中国文明而言，由于发轫于黄河流域，地理位置特殊，相对封闭保守，因而其表现为自然经济的农耕文明。同时，具有强烈家族伦理色彩的农耕文明自始都是将"顺应自然"而不是"改造自然"作为首要的任务。故而，在法律制度上体现出"引经决狱""秋冬行刑"等制度便不足为怪了。而反观西方则明显不同：西方文明乃是发轫于地中海的工商文明，其突出表现为机械式的思维模式，该模式依托于自然科学的进步而崇尚逻辑演绎，将事物看作可以拆解的机器，重视对机器内部合乎规律的构成过程之探究。从毕达哥拉斯对数字的崇拜到欧陆对以笛卡尔为代表之演绎推理的情有独钟，乃至"百科全书"派思想家拉美特利"人是机器"的极端构想……无不烘托出这种认知路径。因此，有学者指出："早在古希腊时代也曾有过水、气、火、土四元素构成万

---

[1]　《老子·四十二章》。
[2]　王前：《中西文化比较概论》，中国人民大学出版社 2005 年版，第 183 页。

物的自然观，是混沌整体型思维方式的产物，类似于中国的'天人合一'的整体观。但由于古代希腊与古代中国的自然条件和社会条件的不同，其文化模式及其思维方式的发展也起了相应的变化。随着手工业、商业和航海业的发展，引起了西方人在天文学、气象学、数学和航海业的发展。于是西方思想家把大自然作为人的对立物进行独立考察。在这一过程中，注重实证，力求精确，以达到建立合乎逻辑法则的理论系统的目的。15世纪下半叶后，自然科学进入对自然界自行分析解剖的阶段，以观察和实验为基础进行归纳和数学演绎，从定性走向定量，从宏观走向微观。"[1]故而，牟宗三先生才形象地提出，西方文化是一种"智的文化系统，其背后的基本精神是'分解的尽理之精神'"，可谓一种"'方以智'的精神"；"而中国'综合的尽理之精神'，则是'圆而神'的精神"。[2]在此"圆"与"方"、"综合"与"分解"之间，清晰可见中西思维模式中宏观与微观、模糊与精确之强烈对比。

综上所述，虽然"估堆式"量刑法并非中国所独有，很多西方国家（例如美国）在量刑改革之前，法官也存在着自由裁量权过大以及量刑不均衡等问题，其在量刑活动中也或多或少地有"估堆"之嫌。但是，中国传统思维方式却在一定程度上契合了"估堆式"量刑法。一方面，直观式的思维模式停滞于量刑活动的表象而缺乏对量刑规律的把握，以至于我国传统量刑法变得不可捉摸；另一方面，有机式的思维模式导致了我国传统量刑法的模糊性而缺乏步骤性与精确化。职是之故，脱胎于我国传统思维模式的"估堆式"量刑法得以在刑事司法实践中经久不衰。

二、存在的问题

客观来讲，硬币有正反两面，事物也是利弊共生。传统的"估堆式"量刑法也存在一定的合理成分。如张明楷教授就认为："这种量刑方法简便易行，具有一定的可行性，在目前乃至相当长时间内是一种基本的量刑方法；而且，只要审判人员对案情掌握全面，所参照的经验适当，裁量刑罚时的心态、情绪与情感正常，一般也不会出现偏差。"[3]申言之，传统的"估堆式"

---

〔1〕 孙晓凌、汪北华："从思维方式差异看中西文化差异"，载《河海大学学报（哲学社会科学版）》2003年第2期，第69页。

〔2〕 牟宗三著，罗义俊编：《中国哲学的特质》，上海古籍出版社2007年版，第144~145页。

〔3〕 张明楷：《刑法学》（第5版），法律出版社2016年版，第583页。

量刑法十分重视量刑过程中人的因素，凭借于个人主观能动性的发挥，量刑方法相对容易操作，可以充分调动法官的自由裁量权，以实现案件裁判的灵活性。但是，该种量刑方法仍然存在以下几个方面的问题：

（一）从量刑运作规律来看，传统量刑法缺乏明确的量刑标准

虽然前述我国传统量刑法具有发挥量刑主体主观能动性以及自由裁量权的优势，但这种量刑方法缺乏规范、明晰的量刑标准。量刑不是一种完全主观臆断的过程，量刑结论的得出应该有一个相对明确的评判尺度，从而使得量刑具有步骤性与合理性，这样所得出的量刑结论才能够经得起推敲，从而保障量刑结论的相对确定性以及相似判决的相对一致性。而传统量刑法由于呈现出"估堆"的特征，因而量刑结果的推演过程不甚明确，有裁量主体自说自话乃至"自我编程"之嫌，据此得出的量刑结论具有极大的或然性。有学者对此指出，对量刑标准付诸阙如的传统量刑法，无法合理地指示出何谓量刑不当，每个法官都有自己所谓的内心尺度。此外，由于量刑活动是模糊化的综合估堆，因此其必然难以深入考究每个量刑情节对具体刑罚产生的影响。由此推导出的量刑结果天然具有了或然性。[1]

（二）从量刑的本质特征来看，传统量刑法缺乏定量分析

对一个事物的认知既有定性分析，亦有定量分析，二者结合才能准确把握该事物。定性分析是对事物性质的认定，定量分析是对事物程度的把握。所以，定性分析是一种主观判断和价值判断，而定量分析侧重于利用数理规律进行经验判断、客观判断。随着科技的进步，定量分析也越来越成为社会科学重要的研究方法之一。"据哈佛大学多伊奇等人对1900年至1965年世界社会科学的重大进展的研究，定量的问题或发现（或者兼有）占全部重大进展的2/3，占1930年以来重大进展的1/6。定量研究问题虽然仅属于研究方法的问题，但它实际已经成为中国社会科学与国外现代社会科学的最主要差距之一。"[2]

刑法学作为一门社会学科，其本身也兼具定性与定量两种分析向度。就刑法的定性分析而言，大家都不陌生，对于此罪与彼罪、罪与非罪以及不同

---

〔1〕　参见白云飞：《规范化量刑方法研究》，中国政法大学出版社2015年版，第101页。

〔2〕　范并思："社会转型时期的中国社会科学——社会科学的科学计量学分析"，载《上海社会科学院学术季刊》2001年第3期，第97页。

刑罚种类之间质的区别性等都属于刑法的定性分析。对于犯罪行为的社会危害性与人身危险性程度大小，乃至刑罚的轻重则属于定量分析。自龙勃罗梭、加罗法洛基于近代统计学以及实证科学将定量分析引入刑法学以来，刑法学的研究视野得到了极大的扩展，从而使得定量分析在我国刑法学界也越来越受到关注。但是，就我国传统的量刑方法来讲，"量刑，在很大程度上依赖于决策者个人的学识、才能和经验，取决于个人感情好恶，量刑常常凭直觉、感觉、就事论事、定性分析，因而无法避免表面性、局部性和非定量化的局限"。[1]

传统量刑方法可谓是一种定性分析方法，其只限于发挥裁量主体的主观能动性在法定刑幅度之内一次性"估算"出具体的刑罚量。由于其量刑思维过程仍然停留在感性直观的层面，因此对具体量刑情节的适用比例以及案中、案外的量刑因素对量刑结果的影响幅度都不够明确，以至于缺乏量化特征。同时，从司法操作层面来看，"因为没有定量分析，量刑辩护实质上没有存在空间。实践中，辩护人在量刑方面的辩护空间相当狭小，并且即使是辩护，也仅能就法定量刑情节展开辩护，但这一点公诉方也会提及，因此量刑辩护在实质上处于可有可无的地位。这对于保护被告人权益是非常不利的"。[2]

（三）从量刑的实际效果来看，传统量刑方法导致量刑不公

一般而言，量刑不公区分量刑偏差与量刑失衡。[3]量刑偏差是针对个案而言的，即个案中行为人所承受的刑罚量与其自身的社会危害性和人身危险性程度不相适应，而这恰恰是传统量刑方法缺乏明确量刑标准以及定量分析缺失的结果。对此，有学者明确指出，传统量刑法由于仅仅局限于一种主观估堆而缺乏具体刑罚裁量的依据，因此难谓科学合理，虽然从表面上看是赋予了自由裁量权，实际上却是给予了法官滥用自由裁量权的空间，进而导致了刑罚裁量畸轻畸重。一方面，超过被告人应受刑罚的过重刑罚会导致特殊预防机能的丧失，不仅会损害被告人的合法权益而且还容易唤起普罗大众对

---

〔1〕 苏惠渔、张国全、史建三："论量刑方法的科学化"，载苏惠渔等编：《量刑方法研究专论》，复旦大学出版社1991年版，第251页。

〔2〕 白云飞：《规范化量刑方法研究》，中国政法大学出版社2015年版，第101页。

〔3〕 量刑偏差与量刑失衡二者之间其实并无本质区别，都是旨在说明量刑结果与犯罪行为的不成比例（量刑不公正）。学界也往往仅用量刑偏差或量刑失衡之一指涉量刑结果不成比例（量刑不公正）现象，笔者仅仅是从论述方便的角度出发而作了区分，特此说明。

被告人的怜悯，进而消解刑罚一般预防的效果。另一方面，对被告人科处畸轻的刑罚也会引起被害人及其家属的抵触情绪，在放纵了被告人的同时也有违刑法打击犯罪、维护秩序的目的。[1]

而量刑失衡则是指对于类似的案件法官量刑悬殊，同一法官在一定时间段内对类似案件的处理结果差异也很大，也就是被官方以及学界所广为诟病的"同案不同判"现象（容后详述）。一般而言，此类量刑失衡的现实危害性更大。原因在于：一方面，"相同情况相同对待""类似情况类似处理"本来就是法治社会的基本要求，也是一般公正的基本准则；另一方面，量刑失衡在个案与个案之间表现出来的量刑差异，容易使得案件当事人以及案外人对量刑结果产生怀疑，进而极大地损害司法公信力。

第二节 量刑规范化的理论阐释

一、量刑规范化的界定

（一）量刑规范化的含义

刑法作为一种社会规范，其区别于道德规范的最显著之处即在于，刑法以国家强制力保障实施且以刑罚作为主要的法律后果。虽然量刑以定罪为前提，但是定罪在某种程度上仍然停留在"纸面之上"，唯有量刑才能真正在案件中体现出"活生生"的刑法。因而，如何体现这个"活"的刑法，从而使得这个体现过程不能过于随意，以防止具有"恶害"属性的刑罚不当侵犯人权就显得尤为迫切了。故此，"没有规矩不成方圆"，量刑活动需要一定之"规"，方可确保其不逾"矩"，从而确保量刑结论合乎理性，经得起推敲，否则就容易造成自由裁量权的滥用以及滋生量刑偏差与失衡现象。在当下，量刑规范化改革仍然在如火如荼地进行中。对此，何为量刑规范化，其理论内涵首先需要有一个清晰的界定。学界具有代表性的学者指出："所谓量刑规范化，是对'量刑'即把抽象的法律规则与具体的案情事实相结合并上升到理性具体的过程的规范化，是在尊重量刑实质和遵循量刑规律的前提下，通过设置和适用完备的程序制度，使量刑生产出公正有效及符合刑罚目的的量

---

〔1〕 参见李荣：《公正量刑保障机制研究》，中央民族大学出版社 2013 年版，第 220 页。

刑判决。"〔1〕简言之，量刑规范化即凭借一定的程序及方法，使得量刑活动在既定的轨道上以及在合乎量刑规律及刑罚目的基础上有序运行。

（二）量刑规范化的特征

1. 量刑规范化是量刑方法的科学化

量刑规范化从内容上来说，主要是针对量刑方法而言的。量刑方法的规范化构成了量刑规范化的主轴，体现了量刑科学化的程度。因为方法是达成目的的途径与手段，决定目的能否达成以及如何达成。不同国家与地区，不同的历史时期，均有一定的量刑方法。即使在早期的神明裁判时期，也不能说没有量刑方法，只能够说诉诸鬼魅神灵的启示不能确保量刑活动的稳定性与一致性。所以，此类方法本身就不具有规范化的属性。在某种程度上，量刑规范化与传统量刑方法亦不相容，传统量刑方法所具有的模糊性、主观性的特质不能够保证量刑过程相对透明、合理。一言以蔽之，量刑规范化不仅是对神秘化量刑、模糊化量刑的摒弃，更是一种凭借外界感知的方式进行量刑开示的过程，这就要求量刑的具体步骤科学合理，也即量刑方法的科学化。

2. 量刑规范化是裁量基础上的规范化

"刑法发展的历史进程显示，一度付诸实践的绝对确定的法定刑模式逐步让位于相对确定的法定刑模式，采取相对法定刑主义的现代刑法为刑事法官提供了自由裁判刑罚的空间，量刑活动也成为刑事法官自由裁量权的主要内容。与这一进程相伴随，是基于成文法完美无缺的观念，将法官视为适用法律的机器，将判决视同复印过程的概念法学日趋没落，后起的自由法学、现实主义法学等主张法官适用法律的能动性和自由解释，强调法官适用法律的利益衡量和价值判断。"〔2〕由此可见，量刑过程并不是排除法官自由裁判权的过程，尤其是当现代法治国家普遍放逐"绝对罪刑法定主义"而采取"相对罪刑法定主义"，立法者与司法者均不得不面对"法有限而情无穷"之间的矛盾、不得不面对刑罚裁判过程中罪刑相适应与量刑个别化的冲突时，法官自由裁量权就会成为一种应然意义上的制度技术回应，法官的主观能动性也会随之变得不可或缺。对于量刑规范化而言，虽然其出发点是规范和约束法官的自由裁量权，防止因自由裁量权失控而导致量刑失衡，但最终的目的并不

---

〔1〕 石经海："'量刑规范化'解读"，载《现代法学》2009年第3期，第111页。

〔2〕 熊选国、牛克乾："论刑罚裁量的价值观念"，载《人民司法》2003年第11期，第26页。

是完全杜绝法官的自由裁量，而是使得自由裁量权能够在一个制度性的框架内规范、有序运行。是故，量刑规范化仍然以裁量为基础。

3. 量刑规范化是体现刑罚目的的规范化

这是从量刑的终极目标来讲的。"量刑规范化，虽是为了使量刑合乎约定俗成或明文规定的标准（规则），但这并不是其终极目标。量刑规范化的终极目标，应是与量刑的终极目标一样，是为了公正有效地实现报应与预防的法律效果与社会效果。"[1]量刑规范化说到底仅仅是提供了一种量刑的标准和模式，使得量刑活动有章可循、有据可查、有理可依，其最终仍然是服务于量刑的。而量刑作为国家司法机关的一项职能性活动，侧重于在打击犯罪与保障人权的同时正确落实国家刑罚权。那么，在这个过程中，必然需要体现刑罚报应与预防的目的。职是之故，刑罚目的之指引需要被贯彻在量刑规范化过程的始终。

二、量刑规范化改革的回顾

任何一项改革运动都有一定的现实动因，其绝非偶然。对于我国量刑规范化改革而言，其作为当下我国刑事司法领域中的一项重要举措也具有一定的现实背景。具体而言：

首先，"量刑规范化改革的直接动因，源自司法实践中在一些案件的处理上所出现的量刑不均衡、量刑不公正现象以及量刑是否适当的争议"。[2]一系列社会热点案件所引发的广泛关注，使得社会公众对量刑的公正性产生了怀疑。比如，在"许某案"中，其一审判处无期徒刑，到发回重审后，二审改判为5年有期徒刑。再比如，"当年的孙某铭案，法院一审认定孙伟铭的行为构成以危险方法危害公共安全罪，且情节特别恶劣、后果特别严重，故依法判处其死刑，剥夺政治权利终身；二审中，在对孙某铭认定同样罪名的情况下，由于对孙某铭的已然罪行的严重程度有新的定位和评价，并同时采纳了孙某铭及其辩护律师在二审控辩中提出的犯罪人人身危险性小的因素，即真诚悔罪、良好履历、事后补救等，于是，将孙某铭的死刑判决改判为无期徒

---

〔1〕　石经海：《量刑个别化的基本原理》，法律出版社2010年版，第79页。
〔2〕　熊秋红："中国量刑改革：理论、规范与经验"，载《法学家》2011年第5期，第38页。

刑"。[1]这些热点案件使得社会公众不断拷问刑事案件量刑的公正性，由此引发了官方与学界对量刑问题的关注，量刑规范化改革问题随之被提上议事日程。

其次，我国传统量刑方法的科学性有待加强。传统量刑方法将量刑的过程造就成一种主观"估堆"的过程，缺乏统一的量刑标准。因而，此种量刑方法是实践中量刑失衡现象的始作俑者，也一直饱受争议。据此而言，正是由于经不起司法实践推敲的量刑方法过于"粗糙"，其不仅难以回应人民群众内心公正的要求，而且有损于司法权威及公信力，所以，法院系统才会推行量刑改革而谋求解决之道。[2]自20世纪80年代以来，理论界也针对传统量刑方法之疲敝，尝试了数学量刑法、分格式量刑法、层次分析量刑法等量刑改革方法。"但是这些量刑方法或过于僵化或因不具有可操作性而无法实现量刑公正的目标。为解决上述问题，我国对量刑方法进行了规范化改革，即在定性的基础上结合定量分析，通过量刑起点、基准刑和宣告刑的依次裁量，最终决定量刑结果。"[3]由此可见，改变以往"估堆式"量刑方法也是此次改革的主要原因之一。

最后，法官自由裁量权缺乏有效制约。实务界一向认为自由裁量权过大是我国刑事司法领域的痼疾。有实务界人士指出："在人民群众认为处理不公的案件中，真正枉法裁判的并不多见，主要是自由裁量权的把握问题。"[4]一方面，抛开一般学界所认为的我国刑法典法定刑幅度过大等法律文本问题不论，就法官自由裁量权过大而言，其在一定程度上固然是传统量刑方法造成的，但另一方面，法官个体性差异也是造成量刑偏差与量刑失衡的重要原因。法官的个体差异是个客观存在的普遍现象。有人认为："首先，对量刑的基本原则认识不统一，可以说，量刑的差异从法官对量刑基本原则的认识上就有了出入。其次，法官的生活环境和教育背景不同，必然对法律规定、法律原则等法律层面知识理解不同，对刑事被告人决定最终刑罚时所关注的重点自然也不相同。最后，法官的生活经历不同，使得法官在对具体个案决定刑期

---

〔1〕 王瑞君：《量刑情节的规范识别和适用研究》，知识产权出版社2016年版，第1页。

〔2〕 参见官文生："量刑规范化改革若干问题思考"，载石经海主编：《量刑研究》（第2卷），法律出版社2015年版，第38页。

〔3〕 骆多："规范化量刑方法构建基础之检讨"，载《法商研究》2016年第6期，第102页。

〔4〕 江必新："论司法自由裁量权"，载《法律适用》2006年第11期，第17页。

时下意识地会联想法官个人的生活经历。"[1]但是，法官个体性差异所导致的量刑不均衡现象存在合理与不合理之别，而合理与不合理之间最重要的划分界限在于是否有一定的制度性保障，而制度性保障恰恰能确保量刑活动趋于理性化并将个案中法官的个体差异因素降到最低，而这在改革之前恰恰是司法实践中最为缺乏的。

基于以上现实背景，为了有效地对法官自由裁量权进行约束，实现量刑公正，我国拉开了量刑规范化改革的帷幕。简要回顾，我国的量刑规范化改革大致经历了四个阶段：一是理论储备与调研阶段。自 2005 年最高人民法院在《人民法院第二个五年改革纲要（2005—2008）》里将"制定……量刑指导意见，并健全和完善相对独立的量刑程序"纳入改革的重点内容之后，其着手对量刑规范化改革进行了理论调研。二是部分试点阶段。自 2008 年伊始，量刑改革逐步在部分地方基层和中级人民法院试点推行，同时在《人民法院第三个五年改革纲要（2009—2013）》中被列为司法改革的重要实施项目；次年开始，覆盖全国范围的一百多家地方试点法院深入推行了量刑改革试点工作。[2]三是全面试行阶段。量刑规范化改革的全面试行开始于 2010 年 10 月，以《人民法院量刑指导意见（试行）》和《最高人民法院、最高人民检察院、公安部、国家安全部、司法部关于规范量刑程序若干问题的意见（试行）》为标志。四是全面实施阶段。"2013 年 10 月 14 日，最高人民法院召开第六次全国刑事审判工作会议，认为量刑规范化改革工作经过较长时间试行，成效显著，决定从 2014 年 1 月 1 日起在全国法院全面实施，并于 2013 年 12 月 25 日出台了《量刑指导意见》。"[3]此后，于 2017 年 5 月 1 日起实施的《最高人民法院关于常见犯罪的量刑指导意见（二）（试行）》（以下简称《量刑指导意见》），其在 2013 年《最高人民法院关于常见犯罪的量刑指导意见》（以下简称《旧量刑指导意见》）的基础上，对量刑的方法和步骤，以及个别罪名的量刑方法进行了修正。最新修订的是《最高人民法院、最高人民检察院关于常见犯罪的量刑指导意见（试行）》（以下简称《最新量刑指导意见》），并从 2021 年 7 月 1 日起在全国人民法院、人民检察院全面

---

[1]　李晓林主编：《量刑规范化的理论与实践》，人民法院出版社 2015 年版，第 8 页。

[2]　参见苏镜祥："理论与实践之争：量刑规范化改革评析"，载《四川师范大学学报（社会科学版）》2015 年第 1 期，第 29 页。

[3]　李晓林主编：《量刑规范化的理论与实践》，人民法院出版社 2015 年版，第 49 页。

实施。地方上，各省高级人民法院会同省级人民检察院也针对该意见，根据各自的情况共同制定了相关实施细则。

三、量刑规范化改革的成效

总体而言，回顾这次量刑改革，此次改革通过调研到部分试点乃至全面推行，前后经历了大约十年的历程，其主要目标正如《最新量刑指导意见》所载明的那样，"为进一步规范量刑和量刑建议工作，落实宽严相济刑事政策和认罪认罚从宽制度，增强量刑公开性，实现量刑公正"。应当说，这次改革是十分及时和必要的，可谓是一场"法官的自我革命"。[1]改革运动除了颁布了一系列规范性法律文件之外，还取得了很大的成就。具体如下：

（一）在很大程度上矫正了以往的量刑偏差与失衡现象

最高人民法院所推行的量刑规范化改革的最直接动因，就是解决实践中出现的量刑偏差与失衡现象，做到量刑统一，即"量刑规范化改革的目的，就是制定一部统一的量刑指导意见，统一量刑的方法和步骤，统一法律适用标准和尺度，最大限度地实现量刑的公正和均衡，实现社会公平正义"。[2]而自改革推行以来，司法实践普遍反映，由于对量刑活动进行了规范，统一了量刑标尺，细化了量刑步骤，量化了量刑情节，因此以往的量刑偏差与失衡现象得到了极大扭转，集中体现在法院的上诉率以及抗诉率明显降低上。有一线基层法官基于统计问卷调查发现："从 2009 年 6 月 Y 法院开始试行量刑规范化起，在案件数量基本上呈上升趋势的情况下，上诉率和发改率呈下降趋势，服判息诉效果明显。"同时，基于对同辖区的检察院进行调研也发现："从 2009 年 6 月 Y 法院开始试行量刑规范化起，Y 检察院提出量刑建议的案件数不断增加，采纳率呈上升趋势，抗诉率呈下降趋势，判决结果更易为控辩双方所接受。"[3]自最高人民法院扩大了量刑规范化改革的适用罪名和刑种范围以来，服判息诉效果依然明显："自 2014 年天津全面推进量刑规范化

---

〔1〕 罗欣："从李昌奎案看法律浪漫主义与司法理性之衡平"，载《人民检察》2011 年第 17 期，第 40 页。

〔2〕 最高人民法院量刑规范化改革项目组编，熊选国主编：《量刑规范化办案指南》，法律出版社 2011 年版，第 33 页。

〔3〕 严剑飞、陈思佳："五年回首：对基层法院量刑规范化改革的检视与修正——以法官量刑思维的转变为视角"，载贺荣主编：《尊重司法规律与刑事法律适用研究——全国法院第 27 届学术讨论会获奖论文集》（下），人民法院出版社 2016 年版，第 777 页。

工作以来，特别是今年 7 月 1 日将量刑规范化罪名从 15 个扩展到 23 个并将罚金、缓刑纳入量刑规范化工作以来，基层法院 92.38% 的刑事案件纳入量刑规范化的范围，全市法院按照量刑规范化审理的案件，上诉、抗诉率从 5.6% 下降到 1.9%，发回重审改判率从 9.5% 下降到 4.8%，各方当事人和社会对法院裁判结果更加认同和接受，案件质效显著提升。"[1]

　　然而，亦有学者主张不应该以服判息诉率作为量刑规范化改革的评价指标。其认为："目前对于量刑规范化的改革的评价主要是从量刑均衡的角度，这固然有意义，但是同样存在误区。很多基层法院片面地将上诉率下降和服判率上升作为量刑改革的目标成果标志。这个结论，在统计学上需要进一步的相关性的验证。在实践中，过度强调上诉率下降，也会导致量刑的严重偏轻的问题，从而偏离量刑规范的目标。因为基于服判率上升和减少上诉的机会，审判法官很容易在量刑上迁就被告人的减轻或从轻处罚的诉求，导致整体案件量刑偏轻。当然，量刑规范化改革也可以考虑被告人对判决的态度，但是不能把这个态度作为衡量量刑规范化改革成效的主要指标。更为重要的是，上诉权和申诉权是当事人的重要的诉讼权利，法院的量刑改革不应当致力于通过量刑改革而来缩小和限制当事人的上诉和申诉的权利。"[2]应该说，上述学者的观点有其合理的一面。对上诉、抗诉率的下降应该辩证地看待。如果说，指数下降是因为实践中由于量刑规范化改革的适用进而使得量刑偏差与失衡现象得到一定程度的扭转，司法公信力得以提升，控辩双方对判决的认同度得以提高，从而产生了服判息诉的显著效果，那么这种情形下的服判息诉指标便可以成为衡量量刑规范化改革成效的一个标尺。否则，法院片面追求这种下降的指数可能会有本末倒置之嫌。然而，从实证分析的角度看，在刑事司法中类似个案之间的量刑差距确实有所缩小。白建军教授就针对交通肇事罪若干个大样本进行了统计分析。通过对比量刑规范化改革前后的量刑情况可以发现："通过'量刑指导意见'限缩量刑情节的裁量幅度，可以将交通肇事案件的量刑确定性由原来的 30.5% 提高到 51.1%；在此基础上控制样本实际刑期与预测刑期的残差，降低其离散程度，可以将量刑确定性由

---

〔1〕　张晓敏："天津法院深化量刑规范化改革成效显著"，载《人民法院报》2016 年 12 月 13 日。

〔2〕　李本森："量刑规范化改革的'三点论'——以美国的量刑改革为参照"，载石经海、禄劲松主编：《量刑研究》（第 1 卷），法律出版社 2014 年版，第 8 页。

51.1%进一步提高到73.4%。"〔1〕由此表明，量刑规范化改革对刑罚裁量的稳定性及确定性确实大有裨益。此外，《最新量刑指导意见》确立了指导原则之一，即"量刑应当贯彻宽严相济的刑事政策，做到该宽则宽，当严则严，宽严相济，罚当其罪，确保裁判政治效果、法律效果和社会效果的统一"。从这个角度来看，上诉抗诉率的下降确实在一定程度上体现了指导原则的要求，达到了法律效果与社会效果的统一，因而也是有其积极意义的。

（二）确立了"以定性分析为基础，定量分析为辅"的量刑方法

这次量刑规范化改革一个最大的亮点在于对传统"估堆式"量刑方法进行了彻底的改变。传统量刑方法是一种纯粹的定性分析法，裁量主体基于量刑事实与其他情节，一次性综合"估算"出最终量刑结果。整个过程重在对刑罚进行主观化的整体性的定性，而缺乏对客观的微观层面的定量，这就导致了实践之中的量刑偏差与失衡现象，也同时使得当事人以及社会公众对量刑结果的正当性产生了怀疑。一般来说，量刑较之于定罪更应该侧重于定量分析，因为定罪在于区分罪与非罪、此罪与彼罪，而罪的成立与否以及成立何种罪名往往是个定性化的考量过程。因此，犯罪构成是达到定性的唯一工具。通过对犯罪构成的检校，以达成刑法对犯罪确定性的诉求，换言之，也就是达至定性化的需要。而量刑则与之不同，量刑的过程除了对构罪行为进行定性化的分析以确定其适用刑罚段（幅度）外，更重要的是还需要在幅度之内基于自由裁量乃至刑事政策确定一个相对确定的刑罚点，从而对犯罪行为最终作出宣告刑。但是，量刑主体的裁量性以及个案情节的差异会导致量刑结果具有极大的或然性，因此，量刑活动的这种特征需要定量分析，从而可以对量刑过程的合理与否进行类似于犯罪构成之于定罪机制的检验，进而减少量刑的不确定性因素以契合法治国对法之确定性的基本诉求。对此，白建军教授总结道："如果认为量刑结果无需检验，实际上就是对不确定性的默许。因为相对定罪条件而言，法定量刑条件之间的组合有太多的偶然性，加之非法律因素的影响普遍存在，量刑结果可轻可重其实是个公开的秘密。正是因为量刑不确定几乎必然大于定罪不确定，所以，实践中表现为普遍重定性、轻定量，甚至误以为量刑无错案。"〔2〕

---

〔1〕 白建军："基于法官集体经验的量刑预测研究"，载《法学研究》2016年第6期，第148页。

〔2〕 白建军："基于法官集体经验的量刑预测研究"，载《法学研究》2016年第6期，第153~154页。

反思司法实践以及学界长期以来对定量分析研究的不足，也是有其缘由的：一则，刑法作为传统社会科学，对类似于自然科学的定量分析缺乏一定的学术热情。学者林东茂就曾评论过刑法的经济分析问题。其认为："刑法以外的法律领域我理解有限，能否与宜否经济分析，未敢多言，但刑法知识的不能经济分析，则极明显。自然科学惯于运用方法论上的唯名论（methodological nominalism），以化约的公式描述自然界的因果律，价值思考可以排除，本质的问题可以不理会。刑法知识则须谨守方法论上的本质论（methodological essentialism）或唯实论，需要层层深挖合理性的基础。化约的公式或数的观念，可以说明自然现象，却不能套用在人的世界。"[1]由此可见，人文学科普遍对类似于自然科学的定量分析有种天然的学术疏离。二则，刑法中许多概念（如"社会危害性""人身危险性""报应刑""预防刑"等）所具有的模糊性，导致可检测性与可实证性程度较低，这在无形之中也给定量分析带来了一定困难。三则，定量分析需要研究主体掌握足够多且相对稳定可靠的大样本，但是在我国最高人民法院推广司法裁量文书网上公开这项举措之前，进行定量分析所需的分析样本来源十分匮乏，这也从侧面影响了刑法的定量分析。

然而，如前所述，量刑较之于定罪更需要定量分析，从而减少量刑结果的不确定性，此次量刑改革对传统量刑方法进行了革新。当然，随着量刑规范化改革的逐步推行，"量刑方法的改革完善经历了一个逐步深化、形成共识的过程：从传统的定性分析法到'以定量分析为主，以定性分析为辅'，再到'以定性分析和定量分析相结合'，最后确立'以定性分析为基础，结合定量分析'的量刑方法"。[2]然而，随着《旧量刑指导意见》确立的"以定性分析为基础，结合定量分析"的量刑方法有过于量刑机械化之嫌，因此此次修订后的《最新量刑指导意见》又再次强调了定性分析的主导地位，确立了"以定性分析为主，定量分析为辅"的基本量刑方法。该方法的确立是对原来的传统量刑方法的扬弃，符合了司法实践运作规律，为量刑结果的可预期性提供了一条切实可行的思路。

---

〔1〕　林东茂：《一个知识论上的刑法学思考》（增订第3版），中国人民大学出版社2009年版，第13页。

〔2〕　陈学勇："'以定性分析为基础，结合定量分析'的量刑方法"，载石经海主编：《量刑研究》（第2卷），法律出版社2015年版，第294页。

（三）大大扭转了一直以来的"重定罪、轻量刑"的观念与做法

众所周知，我国在刑事司法领域存在"重定罪、轻量刑"的理念与操作。许多司法工作人员头脑里都有一个误区，即定罪是很重要的事，只要定罪正确，整个案件就不是错案，至于如何量刑、量刑具体量多少也问题不大。这也一定程度上导致了我国理论界对量刑研究的薄弱与不足，使得很长一段时间内在我国的刑事司法工作中呈现出量刑依附于定罪的现象。陈瑞华教授甚至认为："中国刑事审判的核心问题是量刑问题，而不是定罪问题。"[1]因此，与其说当下量刑规范化改革是为了重树司法公信力，毋宁说改变的重心首先就在于扭转以往对量刑的轻视，以回应刻下的现实需要。司法公正的价值意涵也越来越偏重于刑之裁量，而不仅是罪之定性。申言之，对于我们这样一个弱化量刑的国家而言，倘若不是此次量刑改革的有力推进，那么"重定罪、轻量刑"的理念与实践做法还将在量刑领域持续存在。果真如此，不仅会危及我国刑事司法科学化的推进，阻碍我国量刑理论研究的长足发展，还会有损于我国司法公正体系的良性构建。于此言之，"量刑规范化改革已然为实现刑法现代化转型升级与社会公正体系的建构作出了重大贡献，应当载入刑事法理论和实践的史册"。[2]

第三节　域外量刑规范化考察

量刑规范化已经成为世界各国确保量刑公正以及维护法制统一性的世界性司法实践活动，世界各国也都或多或少地对约束法官自由裁量权、减少量刑不公正等现象进行了有益探索。对这些积极举措的理性检视，有助于我国量刑规范化改革予以吸收借鉴。是故，本书拟从两大法系的代表性国家为阐述对象，对其域外的经验做法予以介绍探讨。

---

〔1〕　陈瑞华："论量刑程序的独立性——一种以量刑控制为中心的程序理论"，载《中国法学》2009 年第 1 期，第 163~164 页。

〔2〕　石经海、严海杰："中国量刑规范化之十年检讨与展望"，载《法律科学（西北政法大学学报）》2015 年第 4 期，第 174 页。

一、英美法系

（一）美国数字化量刑指南

美国是世界上第一个创造量刑指南的国家，基于刑罚康复主义以及犯罪行为人矫正主义的思潮，美国赋予了刑事法院较大的自由裁量权以重视犯罪人处遇。但是，到了 20 世纪 60 年代，由量刑偏差以及民族歧视导致的量刑不公等问题的凸显导致了"刑罚个别化"和"刑法矫正主义"的做法遭到了美国社会各界的广泛批评。犹如美国参议员埃德伍德·M. 肯迪尼所言："今天，量刑是国家的丑闻。每天，不同的法官对被指控有类似罪行的被告科以截然不同的刑罚，一位可能被判处缓刑，而另一位罪行相似的被告则可能被长期监禁。导致这种差异的原因是我们赋予法官不加约束的自由裁量权，他们的行为不受任何法定原则或复查程度的限制。惩罚的确定性——有效的司法政策的基础——并不存在。"[1]

由此可见，犯罪人矫正主义带来的法官自由裁量权过大、犯罪人特殊预防的失效以及实践中存在的普遍量刑偏差这三个因素是美国量刑改革的动因。[2]也正是基于此，为达到量刑的确定性，约束法官自由裁量权从而减少量刑偏差，1984 年美国国会通过了《量刑改革法》，并在该法的基础上成立了联邦量刑委员会，由量刑委员会具体实施量刑改革。量刑改革的主要目的在于：一方面，减少量刑偏差，从而做到量刑一致性；另一方面，对不同案件判处不同刑罚以做到量刑均衡。在此背景下，量刑委员会制定了《美国联邦量刑指南》，并于 1987 年 11 月 1 日最终面世并得以强制执行。

《美国联邦量刑指南》之所以被称为数字化量刑指南，就是因为对于量刑指南的适用，基本上是依据量刑表而得出最终的刑罚量。量刑表是一个通用的有纵横轴的量化坐标表格，就监禁刑量刑表而言，"纵轴有 43 个犯罪等级，横轴为 6 个犯罪史档案"。[3]"量刑时，法官先在犯罪行为部分加减计算纵向之犯罪级数，其次再就被告的前科点数做横向调整，最后以纵横交错的格子内量刑区间月数，作为量刑的限缩空间。从量刑表来看，最低向度区间为 0

---

[1] ［美］克莱门斯·巴特勒斯：《矫正导论》，孙晓雳等译，中国人民公安大学出版社 1991 年版，第 75~76 页。
[2] 参见吴巡龙："美国的量刑公式化"，载《月旦法学》2002 年第 6 期，第 167 页。
[3] 储槐植、江溯：《美国刑法》（第 4 版），北京大学出版社 2012 年版，第 270 页。

至 6 个月，最高刑度空间为终身监禁。就变化规律而言，犯罪级数越低，量刑区间越窄；犯罪级数越高，量刑区间越宽。此外，在较低犯罪级数区域，犯罪级数的增加仅缓慢影响量刑区间；但在较高犯罪级数区域，犯罪级数的增加便会高度影响量刑区间。由此可见，《指南》对于重大犯罪和轻微犯罪采取不同的态度，这是出于'轻轻重重'的刑事政策的考量。"[1]

以 2005 年美国的"布克案"（U. S. V. Booker）为分水岭，在此之前，根据《美国量刑改革法》，《美国联邦量刑指南》对美国联邦法院有强制适用的效力。[2]法官的刑罚裁量必须在量刑指南所确定的范围内予以施行。只有在极其个别的情况下，即在量刑指南没有考虑到某些减轻或加重的情节而又不得不予以考量的情况下，法官才可以在指南之外判处刑罚，但是也必须对偏离指南的理由在判决书中予以说明。但是，在"布克案"之后，鉴于"布克案"涉及量刑指南违宪的指控，因此"布克案的意义在于，促使联邦最高法院裁定联邦量刑指南违宪而不再有强制效力，联邦量刑指南遂由强制性规范改为参考性规范，这使得美国的量刑改革正式进入后布克时代"。[3]

虽然在一定程度上，鉴于量刑指南在司法适用中的制度惯性以及对约束法官自由裁量权方面的相对合理性的一面，"后布克"时代的《美国联邦量刑指南》仍然具有一定的实际上的适用效力。但是，这样的效力与其说是法律所要求的强制适用义务，毋宁说是《美国联邦量刑指南》对法官形成了潜移默化的适用力。

对于《美国联邦量刑指南》强制性效力的转向，导致这种局面的有诸多缘由，但是一个突出的原因是：量刑指南的出台使得量刑过程过于刚性而导致了量刑失衡。具体而言，《美国联邦量刑指南》制定的初衷在于实现量刑公正。可问题却是，量刑指南无法包含所有与量刑相关的问题与参考因素，企图通过一个表格化的量刑指南将所有量刑实践中需要处理和裁量的问题囊括殆尽是不现实的。《美国联邦量刑指南》以程式化、数据表格化的方式将与

---

〔1〕　郭志远、赵琳琳："美国联邦量刑指南实施效果——兼论对我国量刑规范化改革的启示"，载《政法论坛》2013 年第 1 期，第 164 页。

〔2〕　对于美国法院两套体系而言，《美国联邦量刑指南》是针对联邦法院的，对各州法院只有在上诉到联邦法院的时候或者是应该依职权由联邦法院管辖时才有强制适用的效力。

〔3〕　彭文华："美国联邦量刑指南的历史、现状与量刑改革新动向"，载《比较法研究》2015 年第 6 期，第 100 页。

犯罪的严重程度以及人身危险性等情况予以绝对的量化处理，反而导致忽视了其他量刑考量因素，进而有碍于实现量刑公正。

（二）英国论理式量刑指南

英国的量刑指南较之于美国而言出现得较晚。自 20 世纪 80 年代，早在《英国 1998 年犯罪与妨害秩序法》颁行之前，对于不服量刑的上诉案件，英国上诉法院就开始陆续制定针对部分罪名的量刑指南，并呈现于上诉法院所裁决的指导性判决里。考虑到这类指导性案例所涵摄范围较窄，《英国 1998 年犯罪与妨害秩序法》作出了一定的改动：一是成立了量刑咨询专家小组，由其对上诉法院提出建议；二是要求上诉法院就某些犯罪必须征得量刑咨询专家小组的同意。

但是，囿于量刑咨询专家小组仅仅是对部分罪名向上诉法院在量刑方面提出咨询建议，不能迎合英国刑事量刑实践的要求，故而依据《所有人的正义》而制定的《英国 2003 年刑事审判法》确立了法官量刑裁量必须依据量刑指南的原则，使得量刑指南对刑事法官产生了实际上的约束力。同时，更为重要的是：量刑专家咨询小组的量刑指南建议不是提供给上诉法院的，而是提供给一个新设的常设性机构，即量刑指南委员会，其也随之成了起草量刑指南的重要机构。

"自 2004 年 3 月正式启动新的量刑指南体系后，英国量刑指南委员会已经制定了一些明确的量刑指南标准。如，在 2004 年 12 月，量刑指南委员会就公布了三套量刑指南标准。第一是《总的原则：犯罪严重性程度》，主要是确立了犯罪的严重性程度依赖于行为人的主观罪过和客观危害或者危险来评价的原则。第二是《2003 年刑事审判法新刑罚的适用原则》，对《英国 2003 年刑事审判法》中设立的新刑罚类型的适用规则作了规定；第三是《认罪的量刑减让》，对有关被告人认罪的量刑折扣规定了一些原则。"[1]就这些指南性文件的内容而言，这些量刑指南运用的是论理性叙述方式，其着眼于具体量刑过程中法官的注意事项和相关问题。职是之故，英国量刑指南被称为论理式量刑指南。该指南模式的主要特点在于："其一，针对某项专门性量刑问题，如量刑的某个总则性问题、某个具体罪名或某类罪名的指南，而并没有

---

〔1〕　杨志斌："英美法系国家量刑指南制度的比较研究"，载《河北法学》2006 年第 8 期，第 114 页。

涵盖较多量刑问题或者大量的罪名；其二，量刑指南的形式多表现为叙述式，只有少数采用数量化表达；其三，量刑指南委员会采用了先急后缓、先易后难的方式，成熟一条制定一条。"〔1〕

对于英国论理式量刑指南的运作模式，以认罪减让为例，其中详细规定了在不同的认罪时机法官可以进行不同的认罪从宽减让。在较早的时候犯罪人认罪的，可以在量刑上宽宥1/3；在开庭审理之后才予以认罪的，法官只能裁量量刑宽宥1/10。"此外，在关于具体罪名的量刑指南中，都分别列举了评估犯罪严重程度（根据行为人的主观恶性与行为的危害性或危险性具体分为三个级别）时要考虑的因素，明确不同严重程度的犯罪情形所适用的量刑起点和量刑幅度，并规定了法官量刑时要遵循的步骤：即首先确定量刑起点和量刑幅度，然后考虑从重、从轻处罚的因素对量刑的影响，之后再考虑认罪的量刑减让因素以及其他应当注意的因素，最后在判决中说明量刑理由和量刑的预期效果。"〔2〕以故意伤害案件为例：首先，量刑指南确立了不同的犯罪类型。有类型1——重危害+高罪过；类型2——高危害+低罪过（或者低危害+高罪过）；类型3——轻危害+低罪过。在此基础上，量刑指南再根据类型配比不同的量刑起点与刑罚幅度范围。譬如，在类型1设置量刑起点12年监禁且刑罚幅度范围为9年至16年监禁；在类型2设置6年监禁且刑罚幅度范围为5年至9年监禁；在类型3设置4年监禁且刑罚幅度范围为3年至5年监禁。接下来，法官会根据具体加重或减轻情节，调节量刑起点。之后再考虑减轻处罚的情节等。最后在决定最后刑罚时，法官仍然要综合全案进行通盘考量，以确定量刑结果是否适当以及是否公正。其他场合下的伤害案件也是类比这样的量刑方法。

英国论理式量刑指南与美国数字化量刑指南有一定的共通点，均是以数量逻辑的定量分析为基础，只是前者偏重于定性分析而后者侧重于定量运算。但是，二者的区别也至为明显，其不仅仅在于名称，在实质量刑步骤及量刑运作等方面也存在不同：其一，量刑指南的统一性程度不同。美国的量刑指南是联邦法院所适用的统一的量刑指南。而英国的论理式量刑指南却是根据不同的罪名、不同的情形有多个量刑指南，其他罪名可以参照适用。其二，

---

〔1〕 杨志斌：《中英量刑问题比较研究》，知识产权出版社2009年版，第175页。

〔2〕 李玉萍："英国量刑委员会和量刑指南"，载《人民法院报》2012年8月17日。

也是二者最为重要的区别是，美国的量刑指南类似于数字化的量表，对各种犯罪客观要素以及主观要素都予以数字量化，法官需要做的仅仅是按图索骥，通过计算出具体个案中犯罪行为的主观与客观要素的数值以获得具体所对应的量刑图表上的位置，从而最终得出具体的量刑结果。而英国的论理式量刑指南则与之不同，不是让法官根据具体的公式简单地进行数字运算，首先给出一定的量刑原则与方法，围绕着量刑的目的而展开。其立意在于对法官的量刑活动给予规范指引，从而达到法律的一体适用。其次是规范具体适用的步骤，主要包括哪些情形下犯罪客观危害性大，哪些情形下犯罪人主观人身危险性大；如何对量刑起点进行确立以及如何对具体的减轻与加重情节予以适用；如何通过最后总体性原则调节最终的刑罚量。一言以蔽之："显然，它不是如同美国量刑指南那样完全量化各量刑要素，而是通过论理的方式指导法官量刑。这种方法一方面统一量刑，另一方面给予法官自由裁量权。"[1]

（三）英美法系量刑指南制度对我国的借鉴意义

上面以美国数字化量刑指南与英国论理式量刑指南为蓝本，大致分析了二者之间的异同点。相互比较而言，对我国的量刑规范化改革运动有以下启示意义：

第一，量刑规范化改革仍然势在必行，以实证主义为基础的定量分析必不可少。美、英两国各自制定的量刑指南，其目的也都是应对实践中出现的量刑失衡问题，都是对法官的自由裁量权进行一定的制约。对于美国联邦量刑指南而言："最高法院裁定联邦量刑指南违宪，绝不意味着否定指南的价值，或说否定量刑规范化的必要性。"[2]问题只是量刑指南的方法涉及过于数字化，有规则武断主义之嫌，可谓是对之前无量刑指南时代那种直觉感性主义之一种矫枉过正。申言之，《美国联邦量刑指南》失效之后，美国量刑改革的共识是在直觉感性主义与规则武断主义之间寻求一种平衡。而数字化的量刑指南所内含的实证主义的特质使得其失效之后仍然被许多法官所默示遵循，因此，这对于我国这样一个缺乏实证主义文化传统的国度而言，值得吸收借鉴。我国的量刑规范化改革也应该坚定不移地继续推进，对实证方法与定量

---

〔1〕 李荣：《公正量刑保障机制研究》，中央民族大学出版社 2013 年版，第 189 页。

〔2〕 袁建刚："美国联邦量刑指南失败的原因分析"，载《中国刑事法杂志》2013 年第 8 期，第 121 页。

分析应当予以进一步探索研究。

第二，法官自由裁量权必不可少。虽然英国论理式量刑指南与美国联邦量刑指南都有实证化、数量化分析的特征，但是美国量刑指南的数字化、机械化量刑特质表现得更甚。故而，其在适用中难免会对法官自由裁量权进行不当限缩，进而陷入了为限制量刑偏差反而导致量刑失衡的"怪圈"。因此，对于美国量刑指南适用效力的转换，有学者指出："这个变换历程虽然不能否定量刑指南存在的必要性，但至少表明量刑指南不能侵犯量刑自由裁量权的必要行使空间。"〔1〕由此观之，《美国联邦量刑指南》强制适用效力的失效充分说明了过分挤压法官自由裁量权式的机械化量刑方法在量刑领域难以为继，最终会背离司法实践的需要。而英国的论理式量刑指南模式则侧重于对量刑的目标进行确立，着眼于对法官量刑活动进行指引，发挥了一定的法官主观能动性，因此也更有可取之处。是故，我国的量刑改革对法官的自由裁量权应该进行合理限缩，而不是一味地予以杜绝。

二、大陆法系

大陆法系国家往往以德、日为代表，同时鉴于德、日两国在量刑实践上既有许多共通之处，亦有诸多不同的特点，本书拟先在此对两国的量刑理论实践做一个大致的通盘性考察。对于两国不同的量刑做法，笔者将在本书的后续章节中分别予以探讨。

（一）责任主义

在德、日量刑理论中，责任与罪责是一个可以互通的概念。德国刑法中的罪责概念被日本翻译过来之后，往往被称为责任，二者都是从主观非难的角度上而言的。责任主义不仅是刑法的基本原则，也是量刑的理论基础。责任主义有积极与消极之分，前者从"有责有罚"角度而言，后者从"无责无罚"向度而论。现在德、日通说均采用消极的责任主义。正如西田典之教授所言："无责任则无刑罚的原则被称为责任主义。在今天，这一责任主义作为刑法中保障国民自由的原理已被普遍承认。"〔2〕

---

〔1〕 石经海：《量刑个别化的基本原理》，法律出版社 2010 年版，第 11 页。

〔2〕 ［日］西田典之："日本刑法中的责任概念"，金光旭译，载冯军主编：《比较刑法研究》，中国人民大学出版社 2007 年版，第 13 页。

责任主义贯穿犯罪论与刑罚论。在德、日三阶层犯罪论体系中，犯罪的成立不仅需要构成要件符合性、违法性，还需要满足有责性（即非难可能性这一法的规范性谴责条件）犯罪方告成立。在量刑理论上，国家追求预防的目的以及其他目的不得超过责任划定的上限。前者是从狭义的角度来说的，也被称为狭义的责任主义，同时，前者与后者被统称为广义的责任主义。申言之，责任主义的价值蕴涵在于：政治国家不得以责任作为刑罚的正当化依据，责任只能划定国家刑罚权的边界，国家对犯罪人的刑罚科处可以低于责任，但不得超过责任。

在德国，责任主义被宪法所确立，成为宪法的基本原则之一。早在 1966年德国宪法法院便在 10 月 25 日的判决书中明确指出："对刑法上的不法行为的刑罚以及对其他不法行为的类似刑罚的制裁等一切刑罚均以存在责任为前提的原则，具有宪法的价值。该原则在作为基本法的本质原则之一的法治国原理中可以找到根据；法的安定性与实质的正义也是法治国原理的内容；此外，正义的理念要求构成要件与法律效果之间具有实质的适合关系……刑罚、秩序罚对行为人的违法行为进行非难。这种刑法上的非难以具有非难可能性为前提。如果不是这样，刑罚便成为对行为人不应当承担责任的事实的一种报应，这与法治国原理不一致。因此，对没有责任的行为人的举止进行刑法的威慑或者类似刑法的威慑违反了法治国原理，侵害了行为人所享有的基本法第 2 条第 1 款的基本权。"[1]对此，罗克辛教授总结道："罪责原则乃是德国刑法的基本原理之一，我们的宪法法院已将该原则归结到了对人类尊严的保障之上，而保障人类尊严乃是基本法（亦即德国宪法）所承担的任务。"[2]在德国具体部门法层面，《德国刑法典》第 46 条第 1 款规定："行为人的罪责是量刑的基础。量刑时应考虑刑罚对行为人将来的社会生活所产生的影响。"由此可见，"从第 46 条第 1 款第 1 句的基本准则中可得出结论：刑罚首先应当有助于对由行为人造成的有责的不法进行抵偿；刑罚的度应当与罪责的度相适应"。[3]此外，再考虑对行为人再社会化方面的影响。对行为人再社会化

---

[1]　张明楷：《外国刑法纲要》（第 2 版），清华大学出版社 2007 年版，第 37~38 页。

[2]　[德] 克劳斯·罗克辛：《刑事政策与刑法体系》（第 2 版），蔡桂生译，中国人民大学出版社 2011 年版，第 77 页。

[3]　[德] 汉斯·海因里希·耶赛克、托马斯·魏根特：《德国刑法教科书》，徐久生译，中国法制出版社 2001 年版，第 1047 页。

方面的考量不能脱离这一责任主义所限定之责任刑的范围幅度。

在日本，责任主义尤其是消极意义上的责任主义在日本学界也备受推崇。虽然，责任主义也或多或少地在有些方面有松动迹象，比如在判定构成结果加重犯的场合下，"由属于基本犯的犯罪（如伤害罪）而产生了加重结果（比如说人的死亡）的场合则成立重的犯罪（比如说伤害致死。对此称为结果加重犯）。就这种结果加重犯中的加重结果来说，判例认为，不但当然不需要故意，甚至也不需要过失"。[1]但是，一般而言，通说还是认为责任主义一直被视为刑法的基本铁则，应该被遵循。城下裕二教授直言不讳地言道："量刑中的消极责任主义，作为彻底维持刑罚限定机能的原则，必须一直被遵守。"[2]

在恪守责任主义的前提下，日本与德国的量刑原则基本一致，均是在责任的基础上适当考虑刑罚的目的。1974 年日本的《改正刑法草案》第 48 条规定："刑罚应当根据犯罪行为人的责任量定。适用刑罚时，应当考虑犯罪人的年龄、性格、经历与环境、犯罪的动机、方法、结果与社会影响、犯罪行为人在犯罪后的态度以及其他情节，并应当以有利于抑制犯罪和促进犯罪行为人的改善更生为目的。死刑的适用，应当特别慎重。"从该草案的内容可见，里面的"刑罚应当根据犯罪行为人的责任量定"即是从责任主义角度出发，以责任刑作为刑罚的基础。另外，该草案中的"应当以有利于抑制犯罪和促进犯罪行为人的改善更生为目的"则是从预防刑的侧重出发，从抑制犯罪与促进犯罪行为人社会复归的角度而言的，这是以责任刑为基础的对预防刑的考虑。

（二）量刑基准理论与点、幅理论之争

量刑基准理论与点、幅理论本质上在德、日刑法理论中属于同一层次不同侧重的问题。量刑基准理论侧重于对"量刑标尺"与"量刑准据"的探讨，其本身也是属于责任主义之下的理论范畴，即追求预防刑必须在责任刑的限定之下来进行，且责任主义（责任刑）奠定了量刑基准的基础。而点、幅理论是对此的进一步展开，即在责任刑之下追求预防刑之目的时，该如何具体操作，是在责任刑的"点"的周围或之下予以追求，抑或是在一个较为宽泛的幅度内予以探寻。对比德、日量刑理论，量刑基准理论在日本展开得

---

〔1〕［日］山口厚：《刑法总论》（第 2 版），付立庆译，中国人民大学出版社 2011 年版，第 7 页。

〔2〕［日］城下裕二：《量刑理论的现代课题》（增补版），黎其武、赵姗姗译，法律出版社 2016 年版，第 298 页。

较为充分，在德国往往是从责任主义限定处罚的角度出发且归结于量刑原则的角度予以讨论的，而点、幅理论在德国则展开得更为彻底。接下来，本书将分别予以简要介绍：

1. 量刑基准理论

量刑基准在学理上有广义与狭义之分，广义上的量刑基准是指法官量刑立足于何种原则裁量刑罚，是一个宏观意义上的量刑标准的确立理论。德、日刑法理论一般在广义上使用量刑基准的概念。狭义的量刑基准则是指针对抽象个罪，在不考虑相关情节的基础上，如何量定刑罚量的标准，其是对量刑适用标准的具体化。

"德国第二次世界大战后之诸草案及现行刑法，皆明白宣示'责任'与'刑罚'之关系，以作为一般之量刑基准，即所谓'量刑之责任主义'。"[1]这是从广义的量刑基准的涵义层面而言的。前述《德国刑法典》第46条第1款规定："行为人的罪责是量刑的基础。量刑时应考虑刑罚对行为人将来的社会生活所产生的影响。"一般认为，该款确立了量刑基准原则。[2]同时，第2款规定："法院在量刑时，应权衡对犯罪人有利和不利的情况。特别应注意下列事项：犯罪人的犯罪动机和目的；行为所表露的思想和行为时的意图；违反职责的程度；行为方式和犯罪结果；犯罪人的履历、人身和经济情况；及犯罪后的态度，尤其是为了补救损害所作的努力。"德国理论界一般认为，第1款属于量刑基准，第2款是对第1款量刑基准的展开，属于量刑事由的规定。量刑事由的适用应该根据量刑基准的标尺予以衡量。由此可见，"在德国量刑中，罪责被作为广义上的量刑基准来使用"。[3]然而，在德国刑法理论界，也有从狭义上探讨量刑基准的趋势。如耶赛克教授认为，法定刑本身属于一个有幅度的刑罚阶梯，大多数案件均被囊括在这个阶梯之内，因此有必要在该量刑幅度之内找到一个"切入点"，由此作为刑罚加重减轻的基础。对于具体案件操作而言，首先可以作出大体的评价，这是在容易认定的行为不法特征方面的量定，在此基础上，进一步根据个案的特殊性进行微调。[4]这种

〔1〕 曾淑瑜："量刑基准之比较研究"，载《华冈法粹》2003年第3期，第26页。

〔2〕 参见肖世杰："中德（日）量刑基准之比较研究"，载《法学家》2009年第5期，第84页。

〔3〕 白云飞：《规范化量刑方法研究》，中国政法大学出版社2015年版，第54页。

〔4〕 参见［德］汉斯·海因里希·耶赛克、托马斯·魏根特：《德国刑法教科书》，徐久生译，中国法制出版社2001年版，第1044~1045页。

意义上所论及的"切入点"即是狭义的量刑基准。

在日本,"关于量刑的标准,因为刑法没有设置特别的规定,只能把暂不起诉之际应考虑的标准(《刑事诉讼法》第248条'根据犯人的性格、年龄以及境遇、犯罪的轻重、情节以及犯罪后的情况,没有必要追诉的时候可以不提起公诉')作为参照而全部由学说和裁判实践加以充实"。[1]但是,1974年日本的《改正刑法草案》第48条规定:"刑罚应当根据犯罪行为人的责任量定。适用刑罚时,应当考虑犯罪人的年龄、性格、经历与环境、犯罪的动机、方法、结果与社会影响、犯罪行为人在犯罪后的态度以及其他情节,并应当以有利于抑制犯罪和促进犯罪行为人的改善更生为目的。死刑的适用,应当特别慎重。"据此观之,该草案表明了量刑的一般性基准,其以责任主义为底色的量刑基准重视了对犯罪行为人刑罚量定时责任的关注。同时,对年龄、性格等其他因素的考虑,又表明了在具体场合下量刑时的考量情节,这也属于量刑的基础。因此,在这个意义上,日本的量刑基准也是从广义上而言的。然后,与之形成对比的是:在日本后来的量刑理论学术演进中,学界越来越关注对狭义量刑基准的研究。鉴于法定刑幅度仍然十分宽泛,所以学界和实务界均认为有必要对量刑失衡与量刑偏差问题给予重视。因此,不少日本学者付出了很大的理论投入,对量刑过程尤其是量刑刑罚量的具体得出过程进行一定的编排与理论设计。而这种编排与设计的主要方面则是对量刑基准认定方式的选择以及论证予以理论探讨。[2]这些理论上对狭义量刑基准的研究也与司法实务形成了一种良性的互动,对刑事量刑实务产生了积极的推动作用。一言以蔽之,在日本,量刑基准是从双重意义上去阐发的,而近年来的理论趋势表明,日本学界和实务界更倾向于对狭义量刑基准的确立方法进行研究,尤其是利用实证方法对量刑基准进行研究。具体而言,一种尝试方式是运用统计学的方法,在综合了社会学的基础上对日本每年发布的司法统计年报进行分析,增大对量刑结果的预期性。同时,将不同地区的司法数据进行不同地域性的分析,有助于更好地对量刑的地域性差别进行理解。"以实证方法来探索量刑基准的另一种尝试是围绕某一主要犯罪,力图从数量

---

[1] [日]野村稔:《刑法总论》,全理其、何力译,邓又天审校,法律出版社2001年版,第485页。

[2] 参见何鹏主编:《现代日本刑法专题研究》,吉林大学出版社1994年版,第175页。

上把握其影响量刑的因素的实证科学研究。具体讲，就是针对某个案件，以计量的方法来查明'平均的'裁判官所进行的量刑，其目的是方便事前预测的量刑计量化。这种研究的方法是从已经确定的判例中选出作为调查对象的适当标本，再根据达到一定数量的这种事例列出与量刑有紧密相关关系的因子并给予评分。"〔1〕

2. 点、幅理论之争

点、幅理论是与量刑基准相关的理论，是对量刑基准理论的进一步延伸，其是在基于刑罚目的采取并合主义的立场下，抑或是在不采并合主义而只将报应主义以外的预防主义（一般预防或特殊预防）作为刑罚目的性基础的场合下，涉及责任刑对预防刑的限制以及如何进行限制的问题。这就牵涉到了点、幅理论。

（1）幅的理论。幅的理论认为，责任刑是立足于报应主义的刑罚，其与责任相适应且表现为一个幅度。在个案中，法官裁量刑罚仅能在这个幅度所划定的范围内进行预防刑的考量。幅的理论也是现今德国理论界与实务界占主要地位的通说。

幅的理论的基本内容如下：一方面，责任主义限定了责任刑的裁量，是故，量刑不可超越这一责任的限度。但是，在现实中，与责任达到一致性的刑罚只能是一个幅度范围，而不是一个确切的精确的点。对于人的思维来说，裁量主体在量刑时也无法确知和找到精确的点，而只能是一个大致的量刑范围。另一方面，在具体量刑的场合下，由于具体确定的责任刑的点难以找寻，因此需要划定责任刑大致确立范围的上限与下限，在这个上、下限之间可以考虑预防主义所设定的预防刑的裁量。

幅的理论的首倡者是德国的贝勒教授，他认为刑罚的正当化依据应该是采取并合主义的立场，即以报应主义（报应刑）为基础，在这个前提下还要考虑预防主义（威慑刑与改善刑）。由于预防主义与报应主义在某种程度上存在冲突，故而，贝勒教授提出由幅的理论来解决这一冲突。他的基本设想是：一种事物在保持量的范围内，并不会对本质规定性产生影响。因而，基于报应正义的刑罚量是一个基于国民情感的幅度，增多一点抑或减少一些均不能

---

〔1〕 ［日］曾根威彦："量刑基准"，载［日］西原春夫主编：《日本刑事法的形成与特色：日本法学家论日本刑事法》，李海东等译，法律出版社、成文堂1997年版，第152页。

认定为不当。虽然刑罚过重与过轻会给人一种不适当的感觉，但是无法否认在大部分情况下，与报应正义适当的刑罚量的最高刑与最低刑之间只是一个相对确定的幅度范围。[1]

贝勒教授所提出的幅的理论也被德国司法实践所接受。德国联邦法院1954 年的判决就表达了这种观点："何种刑罚是与责任相当的，并不能正确地决定。刑罚是有限度的，该幅度的界限是由在下限上已经与责任相适应的刑罚和在上限上还是与责任相适应的刑罚来划定的。法官不允许超出这个幅度。法官不能判处自己已经不能认为是与责任相当的刑罚。但是，关于在该幅度内应当进行何种程度的评价这一问题，法官可以根据自己的评价来决定。"[2]可以说，幅的理论在德国一直都占据主流地位。不仅如此，幅的理论在日本也很有市场。以前田雅英教授为代表的学者就坚持认为："本来也不可能以一个'点'来确定行为责任的量，而是在通过行为责任推导出的大致幅度内加入预防效果的考虑来量刑（幅的理论）。"[3]

幅的理论的理论基础在于：认识困难说与事物本质说两个方面。前者是基于认识论的角度，现实中唯一确定的点是难以找到的，因此幅的理论更为实际。后者与贝勒教授的观点如出一辙，是从事物的本质规定性出发，认为刑罚的本质是一种痛苦（恶害），其被施加于人身之时无法因为微小的量上的差异而引发性质的变化，一定范围内的刑罚的量的增减都是在刑罚的正当范围内。

（2）点的理论。点的理论是站在对幅的理论予以批判的立场之上产生的。点的理论认为，虽然现实中唯一确定的与责任相一致的量刑点是难以找到的，但是客观来说，这样的点还是存在的，且只有这个唯一确定的点才是与责任刑相适应的刑罚。在这个基础之上，预防刑是在这个点之下或者点周围予以酌情考量的。

点的理论大致包括两个方面："①客观上存在与责任相适应的确定的刑罚（点），法官主观上也能够认识到这种确定的刑罚；②法官只能在点周围或者点之下考量预防犯罪的需要，当然在具有减轻处罚情节的场合下，法官能够

---

〔1〕 参见［日］城下裕二：《量刑基准的研究》，成文堂 1995 年版，第 84~85 页。

〔2〕 冯军："量刑概说"，载《云南大学学报（法学版）》2002 年第 3 期，第 33 页。

〔3〕 ［日］前田雅英：《刑法总论讲义》（第 6 版），曾文科译，北京大学出版社 2017 年版，第366 页。

在点之下低于法定刑考量预防犯罪的需要。"〔1〕

德国考夫曼教授是点的理论的积极倡导者，他基于绝对性的责任原理，认为责任是限度刑罚的基础，且刑罚是对责任的抵偿与赎罪。其他关于预防以及教育处分乃至以社会复归为目的的惩罚均无法成为刑罚的正当化依据，如果将这些因素考虑进来则会导致超过责任量的多余的刑罚出现，因此应该坚持责任对刑罚的精确性的量定。〔2〕实际上，考夫曼教授的观点是从存在论与认识论相区分的角度出发的。因为，点的理论基础是形而上学的，但是并不代表形而上学的对象也就不能够明确化，不应该以与责任相适应的刑罚无法明确为理由拒绝确定具体的刑罚量。许逎曼教授也站在防止法官量刑幅度过大的角度而赞成点的理论，对幅的理论进行批判。其认为幅的理论"并不要求事实审法官指明处于整个理论核心的刑罚范围之上限与下限，如此一来，这个理论自身不但荒谬，而且沦为事实审法官恣意的大宪章"。〔3〕

综合来说，点的理论对幅的理论的评判主要集中在以下几点：一是如前述考夫曼教授所认为的那样，刑法的正当化依据基础应该主要从责任的角度来进行量定，因此责任刑应该力图精确。二是依照幅的理论，责任刑表征为一个大致的幅度，但是仍然需要划定这个幅度的上下限，而上下限其实也是一个确定的点。既然如此，完全可以使幅度的下限向上移动，与上限相重合，进而直接确定一个具体的刑罚点，这样的处置对于量刑的确定性来说也更为合理。三是在实践中，法官在对刑罚进行裁量的时候，即使是在一个大致的幅度内确定责任刑从而再在这个基础上考虑预防刑，其也是在幅度内找到一个确定的刑罚点，进而在这个点之下考量预防刑。因此，幅的理论所认为的只能在一个相对确定的范围内确定预防刑的想法并不符合实际。

（三）德、日量刑理论对我国的启示

1. 应当贯彻责任主义，发挥责任主义的机能

客观而言，责任主义在德、日量刑领域被奉为圭臬，'其主要理由就在于

---

〔1〕　张明楷：《责任刑与预防刑》，北京大学出版社 2015 年版，第 154 页。

〔2〕　参见 [日] 甲斐克则：《责任原理与过失犯论》，谢佳君译，中国政法大学出版社 2016 年版，第 18 页。

〔3〕　[德] 许逎曼："从德国观点看事实上的量刑、法定刑及正义与预防期待"，林钰雄译，载许玉秀、陈志辉编：《不移不惑献身法与正义：许逎曼教授刑事法论文选辑》，新学林图书出版有限公司 2006 年版，第 691 页。

其具有特殊机能，即刑罚限定机能与刑罚均衡机能。前者的刑罚限定机能是责任主义的主要机能，即通过责任限定国家刑罚处罚的上限。责任刑是立足于刑罚报应主义目的而与责任相当的刑罚。其他立足于预防主义的预防刑也仅在此限度内进行考量，无论是基于刑事政策的理由还是其他预防必要性的考虑，国家的刑罚科处均不得让犯罪行为人承受超过责任刑的量的"过剩"刑罚。因此，刑罚限定机能有利于人权保障的实现。后者的刑罚均衡机能是责任主义的衍生机能，主要是指犯罪与刑罚的均衡。而这种均衡性的运作基础即在于责任主义内在的报应主义的价值蕴含。诚如大谷实教授所言："为了说明刑罚是报应，就要求确保犯罪和刑罚的均衡，即宣告刑和该犯罪的具体轻重，特别是和谴责的程度必须均衡。"[1]具言之，对于刑罚均衡，可分为基数均衡与序数均衡两种，前者强调犯罪的罪质轻重与判处的刑罚量应该绝对一致；而后者仅指的是一种相对的均衡，只需达到与其他犯罪轻重相比没有过大偏差即可。确立责任主义原则：一方面，大多数类似犯罪案件的有责的不法程度大体相当，在责任主义的限定下，犯罪行为人的责任刑也会大体相似，法官基于预防等因素的考量只能在此之下，故而，所最终判定的具体刑罚量不会差异过大。因此，这也使得案件之间的相对均衡性得到了一定的技术性保障。另一方面，囿于责任主义所框定的责任刑的刑罚框架，即使在刑罚个别化以及其他刑事政策的背景下去追求预防刑，也仅能在此之下，因此不会产生被告人负担"超额"刑罚的现象，也即杜绝了量刑畸重的情形，有利于个案罪刑均衡的实现。

对比前述的美国刑事司法问题，精确的量刑指南未能有效地抑制量刑失衡现象，反而造成了量刑僵化之流弊，归根到底还是罪责原则的缺位。有学者一针见血地总结道，罪责原则在美国刑事司法实践中的理论"空场"导致以社会复归为主旨的不定期刑无下限，以报应惩罚为目标的刑罚亦无上限。盖因罪责概念作为一个"免疫"于经验主义的法学范畴无法进入美国刑事司法实务界及理论界的视野。[2]

据此而言，我国的量刑规范化改革旨在追求量刑统一化，防止量刑偏差

---

〔1〕〔日〕大谷实：《刑法讲义总论》（新版第 2 版），黎宏译，中国人民大学出版社 2008 年版，第 474 页。

〔2〕参见吕翰岳："管窥德国量刑法——兼与我国量刑规范化改革相比较"，载陈兴良主编《刑事法评论》（第 33 卷），北京大学出版社 2013 年版，第 245 页。

与量刑失衡，那么在理论层面，首先可以借鉴德、日刑法理论的做法，确立责任主义原则。这不仅从人权保障的角度可以得到证成，更重要的是，可以利用责任主义以报应刑为基础的价值预设，对量刑平衡与量刑统一带来积极助益。

2. 加强对狭义量刑基准的研究，重视实证性研究方法

周光权教授认为，从狭义角度去阐释量刑基准是日本学界的研究动向，对其本国的刑事司法实践也产生了巨大的影响，这也与我国学界诸多学者所预设的价值要义相吻合，应该引起我国学界的高度重视。[1]即使在德国所滥觞的"点、幅"理论的争议，也只是为量刑基准的明确化、确定化提供一种方法论上的途径而已。法国哲学家孔德倡言，人类社会从早期的神学阶段过渡到形而上学阶段，直至当今的实证主义阶段，科学（尤其是社会科学）也随之经历了韦伯眼中的那个"除魅"的过程，实证主义成了现代社会科学研究的新视域。因此，对于量刑问题的研究，尤其是对于量刑基准以及量刑步骤、幅度的把握，需要从实证分析的角度来进行推进。日本实务界所采取的通过统计学的手段去探寻量刑"平均值"的方法，在当今这个"大数据"时代尤其值得我们吸收借鉴。对此，有学者认识到："这种实证分析或者案例统计的方式确定个罪基准刑的方式，对于我们深入推进量刑规范改革，进一步完善规范化量刑模式，具有重要意义。"[2]特别是，在我国以法院为中心的司法信息化建设工作大力开展的现实背景下，在我国法院打造的裁判文书网上公开工作已取得广泛成效的基础上，凭借法院在裁判文书等平台上所搭建的司法数据库为今后的大数据分析提供了一定的技术性保障。

一言以蔽之，以量刑基准的确立为重心、以量刑实证化为基础的量刑精细化必然是我国未来量刑改革在应然意义上的走向。

---

〔1〕　参见周光权："量刑基准研究"，载《中国法学》1999 年第 5 期，第 133 页。

〔2〕　郑高键、孙立强：《量刑规范化理论与实务研究》，法律出版社 2017 年版，第 118 页。

第二章

量刑规范化与刑事个案公正的冲突

个案公正，旨在重视个案的特殊性以达到对特殊情况的特殊处理，而量刑规范化需要对量刑裁量与方法进行规范制约，这在某种程度上就会导致实践上以及理论上的冲突。因此，需要对量刑规范化与个案公正的背离之处进行理论以及实践上的分析阐释。

第一节 量刑规范化改革与刑事个案公正的实践冲突

我国量刑规范化改革在现实运行中与个案公正的实现有抵牾之处，综合检视量刑改革的现实运行状况，主要体现在以下几个方面：

一、价值目标上：追求"同案同判"

前已述及，我国开展量刑规范化改革的初衷在于对以往实践中的量刑失衡与量刑偏差现象进行校正，约束和规范法官自由裁量权，对既往盛行的"估堆式"的量刑方法进行改革，其主要价值目标则在于实现量刑的均衡化，用学界通俗的话语则是"同案同判"，即认为"量刑的规范化，即同罪同罚，相同的罪行相同的情节，它的量刑结果是相同的"。[1]在此无须赘述。笔者想说明的是，就"同案同判"本身而言，其在我国量刑规范化改革之初成为一种价值目标是有其合理性的。除了前述的缘由之外，"同案不同判"所导致的量刑差异往往会呈现给社会公众以及当事人最直观的司法不公正感。而囿于司法体系与现实生活世界所具有的天然鸿沟，普罗大众对个案之间感性、直

---

[1] 陈兴良："'电脑量刑'专家评审意见"，载淄博市淄川区人民法院编印：《电脑辅助量刑：淄川区人民法院规范量刑探索和实践》，山东省淄博市新闻出版局 2006 年版，第 208 页。

观的比较就成了评判法律正义的标尺，加之前述的"许某案"等个案的"放大"效益，使得官方在下决心进行量刑改革兴利除弊的同时，也不得不将"同案同判"与量刑均衡画上等号，将"同案异判"打入司法不公的另册。

（一）学界对"同案同判"的批判

然而，量刑规范化改革尤其是在改革初期将"同案同判"作为了价值目标之后，学界就对此提出了诸多质疑，批判之声不绝于耳。归纳起来，大致有以下几种批判意见：

1. "同案同判"的理论前提不存在

有学者认为，对于"同案同判"来说：一方面，如世界上没有完全相同的两片树叶一样，世界上也没有绝对的"同案"，个案与个案之间即使有很大程度的相似，也或多或少仍会有不同的地方。所以，"同案同判"这个说法本身就有问题。另一方面，既然没有绝对的"同案"那么根本也就谈不上"同判"，如果强行将本不一样的不同案件当作"同案"去作出相同的判决，反而不当。〔1〕因此，"同案同判"存在的逻辑前提本身就难以得到证成。

2. "同案同判"的运作机理不成立

"同案同判"的运作机理是为了追求量刑统一化基础上的量刑公正，以达到量刑均衡并反对量刑失衡。但是，学界有学者对此提出了质疑，除了认为前面有学者批判的绝对相同的案件不存在外，即使是从类似案件类似处理的角度而言也是不能成立的，因为类似案件本身无法判断，什么是类似案件、什么样的标准才能够达到类似的要求都是需要解决的问题。因而，"在此情况下，将不确定的标准作为量刑依据，追求刑罚的一致化，其公正性是值得怀疑的"。〔2〕还有学者对"同案同判"从反向命题的角度进行证伪，认为"同案异判"不完全等于量刑不公，量刑不均衡呈现出的量刑不公不一定是"同案异判"导致的。"同案异判"要分情况，即"事实上，'同案异判'与'量刑不均'是根本不同的两个问题。对于前者，固然非理性的'同案异判'现象，确属'量刑不均'而应当摒弃，但理性存在的'同案异判'，不仅不是'量刑不均'而且还是量刑实质公正以及量刑法律效果和社会效果相统一的现实

---

〔1〕 参见周少华："同案同判：一个虚构的法治神话"，载《法学》2015年第11期，第131~140页。

〔2〕 李荣：《公正量刑保障机制研究》，中央民族大学出版社2013年版，第242页。

表现"。[1]据此观之，不能简单地将"同案异判"与量刑失衡或量刑不公画等号。在学界，还有一种批判"同案同判"的声音，是从对量刑均衡的理解角度出发，对"同案同判"所追求的目标提出怀疑。有学者认为，从根本上讲，量刑的终极目标并非量刑均衡化。刑罚的落实需要将量刑作为手段来实现，但是这并非落实刑罚的出发点。矫正改造和抑制犯罪往往才是量刑需要遵循的目标。故而，从大致上来说，量刑需要将控制犯罪和个人矫正作为归属并与其协调一致。量刑需要兴利除弊地予以规范化革新，但是不能过于裹足不前，否则国家在刑事政策层面综合性抗制犯罪的空间就会被削弱。[2]可以说，这种观点是从量刑的最终目标出发，否认了"同案同判"的正当性。从上面几位学者的批判观点来看，整个"同案同判"的运作机理本身就存在正当性的责难。

3. "同案同判"的现实基础不牢固

无论是官方还是学界，一般归纳出量刑规范化改革的现实基础就是：实践中大量存在量刑失衡的现象，因此才有必要约束法官自由裁量权以达至"同案同判"。但是，有的学者对司法实践中的量刑失衡现象本身表示怀疑，进而对"同案同判"提出批判。其认为："在某种程度上，我国司法实践中的量刑失衡现象被夸大化，一些案件表面上看大体相同，但是需要注意的是一些看似不起眼的量刑情节就很可能导致两个大体相同的案件在量刑上较大的差异，如果我们忽视这些关键的量刑情节的存在而认为在这些大体相同的案件之间存在量刑失衡，那恐怕就太不严谨了。"[3]

4. "同案同判"背离个案公正

有学者敏锐地洞察到，一味地追求"同案同判"会妨碍对个案正义的追求。其指出："将量刑规范化等同于'同案同判'，不仅是对量刑规范化的误读，是对量刑规律的不尊重，并且是对案件具体事实的忽视，在注意一般正义的同时，会忽略个案正义。"[4]

---

〔1〕 石经海：《量刑个别化的基本原理》，法律出版社 2010 年版，第 8 页。

〔2〕 参见李本森："量刑规范化改革的'三点论'——以美国的量刑改革为参照"，载石经海、禄劲松主编：《量刑研究》（第 1 卷），法律出版社 2014 年版，第 8 页。

〔3〕 臧冬斌：《量刑自由裁量权制度研究》，法律出版社 2014 年版，第 169 页。

〔4〕 王瑞君：《量刑情节的规范识别和适用研究》，知识产权出版社 2016 年版，第 217~218 页。

（二）　对批判观点的评析

毋庸置疑，上述各种批判观点都是从不同的角度对"同案同判"进行的检视，都有一定的道理。第一种观点对"同案"这个理论前提的否认，是基于对"同案同判"进行反思的逻辑起点，具有理论意义。第二种观点对"同案异判"进行界分，将理性的"同案异判"正当化，将非理性的"同案异判"进行排斥的观点有其理论新意，提出应当从客观辩证的角度去看待"同案异判"现象，这个观点也与德国的阿尔布莱希特教授不谋而合。他认为："无论如何，在法上有理据的不均衡性与在法上无理据的不均衡性应当被区别开来。"[1]然而，何为理性的以及有理据的"同案异判"，何为非理性的无理据的"同案异判"，理性与非理性、有理据与无理据的区分标准在哪里，仍不明确。另外，对于第二种观点中量刑均衡化不是量刑的目标的观点，笔者并不赞同。量刑活动失去了量刑均衡化的制约，极易使得量刑活动从理性导向非理性，也会使得量刑的自由裁量权失去一定的约束框架。所以，关键的问题在于如何整合量刑均衡化与量刑的个案衡平化之间的冲突。这个问题留待后续的章节进行深入探讨。关于第三种观点所谓的量刑失衡现象被夸大进而可以忽略量刑失衡的存在，对此笔者难以认同，是否存在量刑失衡是需要进一步进行实证研究方能确定的问题，对量刑失衡的淡化从理论层面是可以得到证成的，但是在现实中则是需要进行经验检验的命题。对于第四种观点，认为"同案同判"有悖于个案公正的实现的观点，笔者深以为然。这也是"同案同判"价值诉求最为显著的缺陷。理由在于："同案同判"的主要目的在于防止量刑不公，也可谓量刑偏差或量刑失衡，即"同案异判"。但是"同案异判"等于"量刑不公"这个等式的前提是现实中存在真正意义上的"同案"。这个大前提是否不证自明，则是存有疑问的。法谚有云"类似者未必等同"（Nullum ismile est idem）。[2]而实际情况却是：正如"人不能两次踏入同一条河流"一般，绝对相同的"同案"在真实世界里并不存在，其往往只是理论界及立法者所臆想出来的一种"乌托邦"式的良好愿景。张明楷教授就对此举例而言："人们习惯于认为，甲盗窃5000元现金与乙盗窃5000元现金

〔1〕　[德] 汉斯-约格·阿尔布莱希特：《重罪量刑——关于刑量确立与刑量阐释的比较性理论与实证研究》，熊琦等译，法律出版社2017年版，第7页。

〔2〕　孙笑侠编译：《西方法谚精选：法、权利和司法》，法律出版社2005年版，第201页。

的案件是相同的。其实，这两个案件只有一点是相同的，即所盗窃的现金数额是相同的，而其他方面必然存在大量的不相同。同样，A 杀害一人与 B 杀害一人也被认为是相同的案件，其实，也只有在杀死一个被害人这一点上是相同的，其他方面必然存在诸多差异。量刑要考虑方方面面的事实，不可能凭借一个方面的事实或者部分事实，就是罪刑统一、量刑平衡。"[1]职是之故，严格地要求做到"同案同判"也许并不具有正当性。相反，还会在司法实践中与现实产生一定的规范抵牾。比如，在前几年发生而被社会各界广为诟病的"许某案"中，法院在一审判决里径直将"反复多次在自动取款机上取款的行为"认定为"盗窃金融机构"，虽然从形式上看，此案定性并不存在太大问题，但是法院如果漠视本案的特殊之处，而直接判处类似于之前普通盗窃金融机构的法定刑，即参照之前的"同案"，却又会导致量刑畸重，从而与普遍人的法感情相抵触，进而丧失个案的具体妥当性，有悖于个案正义。

故此，法官对案件刑罚的裁量只能是就案论案，是针对具有特殊性的个案作出的判定。因此，个案的公正才是最需要追求的价值目标，而"同案同判"在抹杀案件差异性的基础上显然会与这样的价值目标背道而驰。

二、方法论上：机械化量刑

我国的量刑规范化改革尤其是早期阶段，在价值目标上有追求"同案同判"之嫌。然而，随着改革持续推进已十年有余，理性地检视其间的经验做法不难发现，在此过程中一直存有量刑机械化之倾向。而该种思想倾向却是披着科学主义的"外衣"，头顶"司法公正"的光环，在挤压法官自由裁量权的基础上追求所谓的"同案同判"。这不仅在刑罚论体系中对并合主义范式造成了冲击，而且实际上是以"机械正义"取代了"个案正义"。因而，有必要对机械化量刑思潮进行理论清理，从而对未来我国量刑改革的顺利推进提供有益反思。

（一）量刑规范化改革中机械化量刑倾向之体现

不可否认，自量刑规范化改革以来，我国刑事司法中的量刑活动逐渐走上了理性化的发展道路，已大体改变了以往"估堆式"的量刑模式。以往

〔1〕 张明楷：《责任刑与预防刑》，北京大学出版社 2015 年版，第 335 页。

"估堆式"的量刑方法使得刑罚裁量过程呈现出了较大的主观擅断，导致了较大的量刑偏差，即学界普遍批判的"同案异判"。换言之，未能做到相似案件相似处理，进而引发了量刑差异过大的问题。由最高人民法院牵头，江苏姜堰、山东淄川等人民法院发起量刑规范化改革试点活动以来，我国量刑改革活动"经过了从过去'部分法院初步试点—全国法院全面试点—全国法院全面试行'—到当前'全国法院全面施行'的发展历程"，[1]取得了可喜的成果，出台了《人民法院量刑指导意见（试行）》和《最高人民法院、最高人民检察院、公安部、国家安全部、司法部关于规范量刑程序若干问题的意见（试行）》等全国性的规范性法律文件。地方上以省为单位，也根据各自的情况出台了各自的量刑指导意见。这一系列指导意见的出台使得全国各地的量刑规范化活动走上了一定的发展轨道，对法官的量刑活动进行了较大的约束与限制。但是，对于量刑规范化改革而言，或多或少仍然存在着量刑机械化的倾向。主要表现在以下几个方面：

1. 用量刑科技化取代量刑规范化

量刑科技化不同于量刑科学化，前者是指利用现代科技手段，尤其是计算机等信息系统，通过开发相应的量刑软件规范量刑活动；而后者的量刑科学化虽然与量刑科技化仅一字之差，意义却大相径庭。"量刑规范化的一个重要效果是以规范化获得科学化的权威，量刑企图向世人宣示，量刑不再是法官翻手为云覆手为雨的自由裁量，而是具有科学的特征。在此意义上，所谓的'规范化'，不过是科学化的另一表征而已，姑且不论'量刑规范化'在用词上的谨慎，很明显，这一举措深受近代以来强劲的科学主义的影响。职是之故，可以将'规范化'视为'科学化'的同位语。"[2]申言之，量刑科学化就是从认知的角度出发，准确把握量刑规律、总结量刑经验，从而在服从规律的角度出发来规范量刑活动。

量刑科技化最为极端的表现是电脑量刑。在理论层面，早在十几年前，赵廷光教授就倡导运用数量关系来追求量刑公正。其认为："阐明量刑空间形式与量刑情节（所反映的行为社会危害性程度和行为人人身危险性程度）之

---

〔1〕　石经海、严海杰："中国量刑规范化之十年检讨与展望"，载《法律科学（西北政法大学学报）》2015年第4期，第170页。

〔2〕　齐文远、李梁："学术表达与制度调试——我国量刑规范化的理论与实践省思"，载石经海主编：《量刑研究》（第2卷），法律出版社2015年版，第58页。

间的数量关系，是实现量刑公正性、透明性和充分说理的理论基石。"[1]他本人也推出了"辅助量刑系统"，拉开了国内电脑量刑的序幕。2004年，山东淄川区人民法院也相应开发了"量刑规范化软件系统"。随后，淄川区人民法院又开发出了"刑法常用百种罪名电脑辅助量刑系统"。这一系列量刑软件及量刑系统的开发及运用在某种程度上呈现出了以电脑量刑取代法官量刑的倾向。比如，就上述淄川区人民法院开发的量刑软件系统而言，对于个案的量刑活动，法官要做的仅仅是将案情根据电脑系统的提示进行基于一定参数的输入，电脑会根据自己的运算程序，自动生成具体的量刑结果。因此，电脑量刑的主要理念就是运用程序性数量关系以及等级，对量刑幅度进行一定程度的划分，同时将这些划分通过特定的计算程序予以精确化，最终达到限制法官恣意量刑的目的。

2. 用量刑具体化取代量刑规范化

量刑机械化的表现还在于："司法人员对量刑指导意见的细化规定过于依赖，即使发现依照量刑指导意见处理案件可能得出不合理的结果，也不敢、不愿突破量刑指导意见明文规定的范围。"[2]不可否认，在中国的法制体系内，司法解释尤其是地方性法律文件，往往会起到准立法的效果。而量刑指导意见的出台对量刑活动的具体操作提出了现实可行的行动指南。本来，量刑指导意见颁布施行的目的是规范量刑活动，而不是扼杀量刑裁量，况且，成文法本身所具有的涵摄不足之特征也必然会导致在某些场合下"徒法不足以自行"的局面，即仅仅适用量刑指导意见会导致量刑不公正。但是，现在许多地方的法官却走向了另一个极端：过度依赖量刑指导意见，不肯发挥自己的主观能动性，甚至将指导性意见奉为圭臬，特别是当量刑指导意见只是对一些常见罪名的量刑适用进行规定时，某些法官面对大量未被载明的罪名会显得无所适从。似乎，没有了规定作出裁判就会失去合法性的背书。

3. 用量刑划一化取代量刑规范化

所谓的量刑划一化，就是说量刑的整齐划一。具体而言，就是指严格按照一定的标准，开展"一刀切"式的量刑活动。主要的表现就是所谓的"同

---

[1] 赵廷光："实现量刑公正性和透明性的基本理论与方法"，载《中国刑事法杂志》2004年第4期，第2页。

[2] 王志祥、黄云波："量刑规范化实践中错误倾向之纠正"，载石经海主编：《量刑研究》（第2卷），法律出版社2015年版，第8页。

案同判"。而"同案同判"的思想背景就是法律的一体适用。早在春秋战国时期，法家代表人物韩非就倡导"一刑"思想，并主张"法不阿贵，绳不绕曲，法之所加，智者弗能辞，勇者弗敢争，刑过不避大夫，赏善不遗匹夫"。[1]到了当代，法律的一体适用观念已然成了当代司法公正价值理念的精神实质。如有学者认为："法前平等，司法公正，从东方文明到西方文明，从古至今，自有法以来就是司法的一个永恒主题，一个至高的价值追求。"[2]正是由于受到这种法前平等思想的影响，"同案同判"一直都是理论界所主导的量刑规范化改革的价值诉求。而前述的电脑量刑法的引入，其初衷也是实现所谓的"同案同判"，以达到量刑活动的整齐划一。这似乎表示，同样的案件得到同样的处理，在同样的案件中每个具体当事人得到同等的对待，这就是实现了"同案同判"，也就是实现了司法公正。然而，这个理想状态的前提是真的有相同的个案存在，如果这个前提缺失，那么这个"同案同判"等于"司法公正"的推论能否成立难免会让人心生疑窦。

综上几点，量刑规范化改革以来的上述表现在一定程度上可以说都是量刑机械化的现实体现，而本书接下来拟对量刑机械化思想进行一个追本溯源式的剖析，以便最终展示其存在的问题。

（二）机械化量刑倾向之滥觞

机械化量刑倾向早已有之，其本身也并非空穴来风，而是有一定的现实背景及思想渊源。具体梳理如下：

1. 量刑腐败、"以钱买刑"等现象使得量刑宽泛化的司法印象仍然盛行，这是机械化量刑思想产生的现实原因

量刑规范化改革以来，法官的量刑恣意得到了有效控制，同时，一些地方对量刑程序的有益探索、检察机关量刑建议等制度的施行对法官的量刑活动具有规范化作用。在一定程度上，量刑活动是需要经过一定的程序和理由方可得出具体量刑结果的司法过程。然而，在现实情况下，个别法院仍然不可排除在个别案件中存在权力寻租、量刑司法腐败等现象。毕竟，量刑规范化在量刑起点的设置上仍然有一定的具体幅度，即使是在确定基准刑的过程中，有些步骤也仍然具有一定的操作空间。而量刑指导意见本身也不是对所

---

〔1〕《韩非子·有度》。

〔2〕 徐显明："何谓司法公正"，载《文史哲》1999年第6期，第88页。

有的罪名均作出翔实的规定，很多罪名仍然属于规定盲区，需要法官根据具体情况来选择刑罚量，这就在某种程度上决定了量刑腐败与量刑不公正仍然具有一定的操作空间，使实务界形成一种主观印象，即量刑宽泛化。也就是说，量刑规范化改革下司法裁量权仍然过大，亟须进一步的约束和限制。简言之："'宽泛论'的逻辑是：法官职业素养不高→法官自由裁量权行使不当→法官裁量权范围需要缩小→细化量刑方法规定方式。"[1]而细化量刑方法的主要指导思想就是机械化量刑思路。在这种思路的引领下，电脑量刑等现象的产生也就不足为奇了。

2. 以欧陆为代表的大陆法系对法律确定性的推崇，是机械化量刑思想的法哲学肇因

我国的现代法律制度主要学习借鉴大陆法系，具有大陆法系国家法制的一些基本特征。而以欧陆为代表的大陆法系各国一直有追求法律确定性的传统，而这个确定性的诉求在哲学领域则是从对理性主义的追求过程中衍生而出的。早在古希腊，毕达哥拉斯就对数字有了崇拜，数字的确定性成了确保知识普遍必然性的前提。而自柏拉图从"理念"出发，继受赫拉克利特的"逻各斯"，并使得其后的亚里士多德循此路径构建出西方形而上学大厦雏形以来，哲学家们对理性（同时也是对现实世界的抽象确定性）的认知便成了西方哲学的价值目标。步入中世纪，经院主义哲学范畴内，以安瑟尔谟和罗瑟林为代表的"唯名论与唯实论"之争也是在理性主义的名目之下所进行的对现实事物确定性的追寻。乃至这种确定性的目的诉求经笛卡尔的"我思"、斯宾诺莎的"实体"以及德国古典哲学费希特、谢林的进一步演进，最后在黑格尔绝对精神的体系内达至顶峰，其构建出了封闭自足的形而上学"恢宏大厦"，世间万物均可被囊括于此。尽管黑格尔"头足倒置"的体系已被后来的非理性主义思潮所抛弃，同时也被新康德主义所鄙夷，随着后现代思潮"反逻各斯中心主义"的兴起而逐步被解构。但是，理性主义所代表的确定性的诉求目标一直是欧陆哲学思潮的根基。

哲学层面的价值诉求伴随着西方科技革命的兴起，使得科学主义的思潮以启蒙之名进一步侵入社会生活的各个领域。可以说，技术发展使得西方文明逐步摆脱了中世纪宗教神学的束缚，使得人自身获得了确证，也即完成了

---

〔1〕 白云飞：《规范化量刑方法研究》，中国政法大学出版社 2015 年版，第 129 页。

韦伯笔下那个"除魅"的过程，从而使得人类改造自然的自信心增强。同时，人们对欧几里得几何学和牛顿力学的尊崇，以及欧陆对以笛卡尔为代表的演绎推理的情有独钟，使得技术理性影响了社会生活的方方面面。人们逐步确信，通过预设不言自明的形而上学公理，并进行一定的抽象演绎，可以在各个领域内贯彻技术力量，从而获得真理。秉承该种思潮，其体现在法学领域便是在概念法学的指引下的法典化编纂运动。在法学方法论层面，科学主义思潮影响使得法官严格地遵循自然主义那种"逻辑三段论"式的演绎法则，仅据此去寻找个案中德沃金所倡导的那个"唯一正确的答案"，法律的确定性价值随之成了立法者的主要诉求目标。同时，基于权力分立之考虑，立法者也不愿将自由裁量权过多地给法官，同时法官也不能轻易逾越手中的司法权边界。可以说，在某种程度上，法官成了"案件的自动贩卖机"，当事人投入案件这枚"硬币"，随之就能出现"商品"（即判决书），而且这个判决书不会因人、因事、因地而异，而是一个确定性的判决结果。从这个角度来看，机械化量刑倾向的产生也似乎是顺理成章的。

（三）机械化量刑与个案公正背离之批判

尽管机械化量刑思想有一定的存在基础，在现实的运作中也对量刑裁量的精细化产生了一定的积极作用，但是该种思潮会导致很多不利后果，尤其是会与个案公正发生矛盾冲突。具体而言：

1. 忽视价值判断

一个刑事案件的量刑因素，既有规范性因素，亦有非规范性因素，量刑的过程也不仅仅是一个经验判断的问题，更是一个价值判断的问题。对个案特殊性的考量主要体现在裁量主体对价值判断的不同评价性之中，这也是个案公正的实质运作机理。于此言之，量刑活动虽然看上去是一个以规范为依据的逻辑演绎的推导过程，但实际上主要是从犯罪事实的角度以价值无涉的态度来进行的，"从而使量刑呈现出'重事实、轻价值'的特点，难以适应现实需要"。[1]申言之，机械化量刑以数字式的确定性为依归，以排除价值评价为着眼点，这就会使得刑罚裁量无法兼顾到个案的特殊性，也势必无法顺畅地运行。本书前述的《美国联邦量刑指南》强制效力的失效已经为我们敲响了警钟。前已述及，《美国联邦量刑指南》虽然从某种程度上看确实比较科学

---

〔1〕　彭文华："量刑的价值判断与公正量刑的途径"，载《现代法学》2015年第2期，第110页。

且能够对法官自由裁量权进行一定的有效制约，但是司法裁量并不是一个僵化的、数字式的机械运算，而是一个包含着价值判断和权衡选择的过程。其中，"法官的经验、理性和量刑则起到至关重要的作用"。[1]

2. 压制自由裁量

在现代社会，法治国追求的目标早已不再是形式意义上起源于柏拉图、亚里士多德模式下古典主义的普遍正义，而是需要考虑到具体情境的特殊正义。诚如美国学者哈维所言："并不存在可以直接依赖的作为规范概念的普遍正义。只存在着特定的、竞争的、分裂的和异质的正义观念和话语，它们产生于特殊的情境。"[2]在案件裁量过程中，这样的特殊正义就是个案正义。而司法审判本身也就是一个将规范化一般意义上的抽象法条适用到具体个案的过程。在这个过程中，法律适用也不仅仅是三段论式的演绎，[3]法官必然需要考虑到个案的特殊性。同时，鉴于每个案件千差万别，法官难以做到整齐划一地适用，即使勉强做到这样"一刀切"式的法律裁判，也只能是实现机械的正义，而不是个案的公正。欲在司法实践中实现个案正义，法官必须保有一定的自由裁量权。正如有学者所言："法官裁量权，乃是将立法上的罪刑均衡原则在具体案件中加以实现的必不可少的手段，而且要在个案中体现刑罚个别化，也离不开法官自由裁量权的行使。"[4]

3. 排斥并合主义

众所周知，在刑罚正当化依据的理论中，一直存在着报应刑与目的刑两种对立的思想。前者立足于刑事古典学派，主张刑罚的目的是追求对犯罪行为人所犯之罪的报复应对，刑罚的主要对象是行为人的已然之罪。而后者是刑事现代学派的主张，认为刑罚应该针对的是行为人的未然之罪，过于保守地将刑罚运用于已然之罪的追究上，无法实现社会防卫的目的。

报应刑论与目的刑论可谓各有优劣：报应刑论可以从刑罚正义性角度出发，立足于行为人行为的社会危害性进行惩罚，符合一般性的刑罚公正的朴

---

〔1〕 汪贻飞："中国式'量刑指南'能走多远——以美国联邦量刑指南的命运为参照的分析"，载《政法论坛》2010年第6期，第115页。

〔2〕 ［美］戴维·哈维：《正义、自然和差异地理学》，胡大平译，上海人民出版社2010年版，第394~399页。

〔3〕 参见［德］阿图尔·考夫曼：《法律哲学》（第2版），刘幸义等译，法律出版社2011年版，第60页。

〔4〕 周少华：《刑法之适应性——刑事法治的实践逻辑》，法律出版社2012年版，第151页。

素思想。但是，报应刑论的不足在于过于消极，不能考虑到行为人后续的矫正与改造，仅仅是对已然之罪进行消极的追究，尤其是在行为人没有再犯罪的危险，适用刑罚并无必要的情况下，严格适用报应刑论会导致不必要的刑罚仍然得以适用，这不符合刑罚谦抑性思想。但是，目的刑论的弊端也甚为明显。正如日本学者西田典之教授所言："由于目的刑论强调预防犯罪的目的，为了充分发挥刑罚预防犯罪的作用，一旦过于追求刑罚的效果，就有可能出现重刑化的弊端。例如，主张为了警戒他人，对无责任能力者与无故意、过失者也应予以处罚的观点（严格责任、结果责任），就并非没有被正当化的可能性。"[1]

正因为报应刑论与目的刑论各有侧重且各有不足，学界现在普遍认为应该采取并合主义的立场。所谓并合主义就是指刑罚的适用既要考虑行为人行为的社会危害性，同时也要考虑行为人的人身危险性。以报应刑实现责任刑，以目的刑实现预防刑，而且由责任刑来限制预防刑的上限，以防止因过分追求刑罚目的而使行为人沦为追求其他政治目的的手段，从而维护人之尊严。同时，并合主义的好处还在于可以在责任刑的范围内实现个案的特殊预防，也即根据个案的不同情形追求个案的特殊正义，即个案正义。这样便可以允许法官在预防刑的范围内，根据案件当事人的人身危险性等量刑因素去机动灵活地裁量，以达至个案化的衡平。

显而易见，在机械化量刑的场合下难有并合主义刑罚模式的适用余地，毕竟在此情形下，个案公正的实现因失去了并合主义刑罚模式的支撑而难以在司法实践中得到彰显。

三、制度设计上：涵摄不足及缺乏体系性

纵观我国的量刑规范化改革，其与个案公正的冲突还体现在：我国量刑规范化改革存在涵摄不足及缺乏体系性的制度弱点。前者是我国量刑改革视野下制度设计的表层缺陷，后者是内在的深层缺失。涵摄不足是指量刑规范化涉及的适用领域仍然有许多盲区没有被覆盖，这是从适用范围而言的。缺乏体系性表明在量刑规范化的制度构建方面，其内在支撑结构缺少融贯统一、

---

〔1〕　〔日〕西田典之：《日本刑法总论》（第2版），王昭武、刘明祥译，法律出版社2013年版，第15页。

逻辑严密的内在体系化的指导理念。而这两个方面的疲敝与个案公正的实现也会发生冲突。在此，笔者将分别予以简要探讨：

（一）关于涵摄不足

涵摄在法理学层面主要是指将特定案件归属于某一法规范的适用范围。[1] 而涵摄不足，是针对涵摄过度而言的。涵摄过度，以刑法领域为例，其是指政治国家过分运用刑罚工具（即大量刑事立法）对社会生活进行规制，也即过度犯罪化。[2] 而涵摄不足则是指法规范的适用范围过于狭窄，未能发挥出法应有的规范效能。显而易见，涵摄过度与涵摄不足是两个极端，都不足取，而在我国的量刑规范化领域则主要存在着涵摄不足的问题。具体表现为：《最新量刑指导意见》的适用范围依然过窄，存在罪名涵摄不足与刑种涵摄不足两个方面的问题，且主要表现为刑种涵摄不足。

《旧量刑指导意见》仅适用于 15 种常见罪名，2021 年颁行的《最新量刑指导意见》较之而言有所改进，对于其他罪名"可以参照量刑的指导原则、基本方法和常见量刑情节的适用规范量刑"。然而，立法者虽然将 15 种罪名列为常见罪名来予以规范化，但是这 15 种罪名是如何成为选择标准的？是因为司法实践中发生率高还是基于其他因素的考虑？这些都不无疑问。同时，理性地来看，在司法现实中，我们显然不可能强求规则制定者在《最新量刑指导意见》中对刑法分则所有的罪名都予以规定，但是仅有 23 个罪名的量刑实现了明确化，其能否为司法实践提供应有的示范和指导很令人怀疑。当然，这个问题也进入了最高司法机关的视野，2017 年 5 月 1 日，最高人民法院试行了《量刑指导意见》，将危险驾驶罪、非法吸收公众存款罪、集资诈骗罪、信用卡诈骗罪、合同诈骗罪、非法持有毒品罪、容留他人吸毒罪和引诱、容留、介绍卖淫罪 8 种罪名纳入规范范畴。因此，量刑规范化改革中存在的罪名涵摄不足的弊端，从目前来说已经得到了很大扭转，这也并非本书论述的重心。《最新量刑指导意见》仅适用于可能判处有期徒刑的案件，但是无期徒刑、死刑等"重刑"以及管制、拘役等"轻刑"和非刑罚处置措施的适用条件却付诸阙如。即使是随后以省为单位的各高级法院相继出台的实施细则，

---

〔1〕 参见 ［德］卡尔·拉伦茨：《法学方法论》，陈爱娥译，商务印书馆 2003 年版，第 33 页。

〔2〕 参见 ［美］道格拉斯·胡萨克：《过罪化及刑法的限制》，姜敏译，中国法制出版社 2015 年版，第 239 页。

大部分也都未能逾越《最新量刑指导意见》设置的藩篱。客观而言，现行的规定不能不说是一种立法缺失与不足：

第一，"在量刑实践方面，拘役、管制处于刑罚适用的边缘地带，适用率偏低并且呈下滑趋势。同时，我国罚金刑适用的不规范以及自身'执行难'的问题导致其形同虚设"。[1]同时，即使考察域外的立法体例，美国的联邦量刑指南制度也不仅仅涉及有期徒刑，其仍然包括罚金刑，集中体现在罚金刑的刑罚量表中。[2]因此，对于管制、拘役以及罚金刑的量刑都有规范化之必要。

第二，众所周知，刑法领域一直倡导刑法谦抑原则，准确地来讲，刑法谦抑原则不仅包括"罪之谦抑"，亦包括"刑之谦抑"。前者是指国家在划定犯罪圈时应当留有限度和余地；后者是指国家刑罚权的行使应当尽可能节俭，防止刑罚过剩。[3]但是，我国在司法实践中长期受"重刑主义"思潮的影响，故而在量刑领域较为忽略对"刑之谦抑"的贯彻，表现在《最新量刑指导意见》中则是，对非刑罚处置措施适用条件的规定存在空白，尤其是在刑罚轻缓化已普遍成为世界各国指导思想的当下，[4]更有必要在未来的量刑指导意见中对非刑罚处置措施的适用方式予以明确。特别是，针对某些存在情有可原之处的较为轻微的刑事案件，缺乏针对非刑罚刑处置措施的规范化的全面指引，法官往往会囿于长期以来的"重刑主义"思想或者担心周围人对其公正性的指摘，对本能够通过自由裁量"因案而异"地以非刑罚处置措施结案的案件不敢轻易适用非刑罚处置措施，不仅导致了实践中《刑法》[5]第37条因适用率过低而被束之高阁，而且还造成了刑罚过剩之弊端。

第三，从"举轻以明重"的法解释学角度出发，《最新量刑指导意见》对有期徒刑这样的"轻刑"适用条件都作出了规定，却对刑罚较之前者更为严厉的无期徒刑、死刑的适用未加明确，如此厚此薄彼难谓妥当。尤其是对

---

〔1〕　王晓丽、朱秋卫："量刑规范化之'刑'的规范化"，载《金陵法律评论》2015年第1期，第214页。

〔2〕　参见郭豫珍：《量刑与刑量——量刑辅助制度的全观微视》，元照图书出版有限公司2013年版，第11页。

〔3〕　参见陈兴良：《刑法的价值构造》，中国人民大学出版社2000年版，第400页。

〔4〕　参见赵秉志、金翼翔："论刑罚轻缓化的世界背景与中国实践"，载《法律适用》2012年第6期，第14页。

〔5〕　《刑法》，即《中华人民共和国刑法》。为表述方便，本书中涉及我国法律文件直接使用简称，省去"中华人民共和国"字样，全书统一，后不赘述。

于一些涉及死刑适用的社会热点案件，如前段时间发生在实践中的贾某龙故意杀人案，会牵涉到"杀与不杀"这类社会敏感度较高的问题，更有必要在遵循量刑规律的基础上就量刑的方法与步骤在《最新量刑指导意见》中予以明确化，以做到宽严有据。

综上而言，量刑规范化存在的涵摄不足尤其是刑种涵摄不足的问题，会对个案公正的实现造成冲击。刑种是实现刑罚目的及效果的手段，每个刑种的一般预防与特殊预防的效果和力度都不同。这就表明刑种的选择本身就是一个发挥不同刑罚效果的刑罚个别化处遇问题，也即涉及个案公正的实现力度问题。刑种缺乏统一的规范化将使得法官在量刑时针对不同的刑种有不同的运用标准，在涉及某些没有明确刑种标准的个案裁量时，其裁量步骤和结果容易流于恣意、缺乏合理性。质言之，这会妨碍法官合理、适当地适用刑种，从而为个案公正的实现人为地设置一种制度性障碍。

（二）关于缺乏体系性

以德、日为代表的大陆法系国家的刑法学一直都致力于将体系性思考作为构建自身理论基础的必要性工具。德国的罗克辛教授就曾说过一句发人深省的话："体系是一个法治国刑法不可放弃的因素。"[1]在日本，体系性思考的倾向也至为明显。松宫孝明教授就认为："法的解释和适用必须具有'同样的事情做同样的处理'这种意义上的普遍性和客观性。在每一个别问题上，如果采取的是仅在解决个别问题看似妥当的'权宜'的解释，终究无法实现社会的统一。"[2]"体系性的犯罪判断，让我们的思考经济、让法院的判决可以被预测。"[3]据此观之，体系性思考是刑法学一个较为普遍的价值诉求。

告别20世纪50年代以来继受自苏俄刑法学而带来的法律虚无主义，我国刑法学已从早期的政治意识形态刑法学过渡到注释刑法学，正迈向学界普遍认同的教义刑法学。在这个转型过程中，体系性思考一直都是构建教义刑法学应然意义上的法技术性工具并引起了学界的广泛重视。陈兴良教授就明确指出："我国刑法学现在缺乏的正是体系性思考，因而更需要强调的是体系

---

〔1〕［德］克劳斯·罗克辛："德国犯罪原理的发展与现代趋势"，王世洲译，载梁根林主编：《犯罪论体系》，北京大学出版社2007年版，第3页。

〔2〕［日］松宫孝明：《刑法总论讲义》（第4版补正版），钱叶六译，王昭武审校，中国人民大学出版社2013年版，第1版前言。

〔3〕 林东茂：《刑法纵览》，一品文化出版社2015年版，第16页。

性的思考。"[1]尤其是我国刑法学一直存在着"重犯罪论，轻刑罚论"的研究倾向，加之过度着眼于眼前问题而缺乏深入的理论推敲与实践论证，导致我国出台的量刑指导意见存在诸多问题，表现为我国的量刑规范化改革所确立的量刑制度缺乏体系性，且主要表现在以下几个方面：

1. 缺乏刑罚正当化依据的理论支撑

"刑罚必须经由法官的裁量，始得施行，刑罚系具有目的性的法律制裁手段，刑罚裁量系决定刑罚的运用方式与刑罚的轻重程度，故在决定过程中必须顾及刑罚的目的观。"[2]这里所说的刑罚的目的也即刑罚的正当化依据应贯穿于刑罚论的始终。其主要体现在脱胎于德国刑法学的罪责原则对国家预防目的制约上。换言之，量刑的思路及步骤乃至整个量刑制度的建构应该着力于责任刑与预防刑二分的基础之上，且能够使得责任刑限制预防刑之裁量。这种思路、步骤以及建构是建立在国家刑罚权正当化依据之上的体系性考量，而不是杂乱无章或主观恣意地随意编排。其不仅可以实现人权保障的机能，更重要的是提供一个具有逻辑一致性的分析工具。但就目前来看，《最新量刑指导意见》的有些规则却与之相去甚远：我国量刑情节的分类主要是建立在法定量刑情节与酌定量刑情节的区分基础之上的。《最新量刑指导意见》明确规定："量刑时应当充分考虑各种法定和酌定量刑情节，根据案件的全部犯罪事实以及量刑情节的不同情形，依法确定量刑情节的适用及其调节比例。"然后，法定量刑情节与酌定量刑情节的区分在贯彻刑罚正当化依据的体系性考量方面却未能有太多的方法论价值。反映在量刑情节的提取以及适用方面，《最新量刑指导意见》规定："对于累犯，综合考虑前后罪的性质、刑罚执行完毕或者赦免以后至再犯罪时间的长短以及前后罪罪行轻重等情况，应当增加基准刑的10%~40%，一般不少于3个月。"而累犯本身应该属于一个基于特殊预防主义的预防刑的考虑情节，根据责任主义，预防刑只能是在责任刑之下进行考虑，但是这样的规定会导致累犯这个影响预防刑的因素突破责任刑限定的刑罚上限。

2. 与具体制度的体系脱节

量刑规范化的刑罚裁量应该考虑到刑法具体制度的目的性要求，不能够

---

〔1〕　陈兴良：《教义刑法学》，中国人民大学出版社2010年版，第19页。

〔2〕　林山田：《刑法通论》（增订第10版·下册），北京大学出版社2012年版，第348页。

在思路与理念上发生冲突，从而在体系协调上发生紊乱。比如，针对量刑规范化改革下自首的裁量问题，《最新量刑指导意见》规定："对于自首情节，综合考虑自首的动机、时间、方式、罪行轻重、如实供述罪行的程度以及悔罪表现等情况，可以减少基准刑的40%以下；犯罪较轻的，可以减少基准刑的40%以上或者依法免除刑罚。恶意利用自首规避法律制裁等不足以从宽处罚的除外。"由这个规定可以看出，自首宽宥量刑的幅度基于重罪与轻罪而有所不同。如果行为人实施了重罪，那么根据其如实供述罪行的程度以及悔罪表现等情况，最多减少基准刑的40%。但如果行为人实施了轻罪，在同样供述罪行及有悔罪表现的情况下，不仅可以减少基准刑的40%以上，甚至还可以免除刑罚。因此，自首的量刑从宽的衡量标准在重罪与轻罪之间有所不同，轻罪比重罪更能从宽，或者可以认为，重罪从宽幅度小于轻罪。而对于自首制度的设立目的，有的学者认为，自首是为体现刑法目的尤其是预防犯罪目的而设立的制度。[1]但是，通说认为，自首制度的设立目的在于：一方面，鼓励犯罪分子悬崖勒马、改过自新以防止继续实施犯罪；另一方面，使得刑事案件可以及时得到侦破和审判，减少司法成本，提高司法效率。[2]然而，无论是从预防犯罪的角度来看，还是从鼓励犯罪分子改过自新以及节约司法资源的角度来看，对犯罪分子予以从宽处罚的立足点均不在于罪的轻重，而主要在于是否有改过自新的认识从而使得人身危险性降低，此外通过如实供述罪行而使得犯罪能够及时得到司法机关的处理。尽管《刑法》对自首的规定是"可以从宽而不是应当从宽"，"但是，'可以'是一种倾向性的立法规定，所以，只要没有特殊原因，对自首就要从宽处罚"。[3]申言之，对于自首的量刑，应着重考虑的不是罪行轻重与否，罪行轻重与否属于罪的本体要素，在犯罪之时便已经客观存在。对量刑从宽幅度的把握应着眼于考虑能够证明行为人自动投案、如实供述自己罪行的种种事实情节，从预防目的以及司法成本的角度来考量具体的从宽幅度。而现在的《最新量刑指导意见》在制度设计上却与此有所背离，这些都是体系性思考薄弱的表征。

总而言之，量刑规范化缺乏体系性的思考会有碍个案公正的实现。与前

---

〔1〕 参见陈兴良：《规范刑法学》（第3版·上册），中国人民大学出版社2013年版，第374页。
〔2〕 参见刘艳红主编：《刑法学》（第2版·上册），北京大学出版社2016年版，第402页。
〔3〕 张明楷：《刑法学》（第5版），法律出版社2016年版，第567页。

述涵摄不足对个案公正的影响相类似，一个缺乏体系性思考的量刑规范化制度：一方面，难以在量刑实践中贯彻刑罚的目的性思考，从而对并合主义刑罚模式的运用予以疏离；另一方面，缺乏体系性考量的量刑规范化会缺失必要的稳定性及逻辑一致性，而个案公正立足于量刑稳定性基础之上的司法灵活性，于是，一个体系性匮乏的量刑制度难以保证基本的稳定性，也会导致个案公正丧失基本的逻辑起点。

第二节　量刑规范化与刑事个案公正冲突之理论根基

前文集中分析了我国量刑规范化改革与个案公正在实践中的种种冲突及表现。接下来，本书拟对量刑规范化与个案公正冲突的深层理论缘由进行探讨，以期能够对问题进行深入的剖析。

一、运行机理冲突：抑制裁量与促进裁量之冲突

对于这个问题，前文已有所涉及，在此仅作一简要探讨，重在对价值目标冲突进行深入阐述。

此次量刑改革的主要出发点就是规范法官的自由裁量权，而前述量刑改革中或多或少存在的机械化量刑之种种表现，却使得这种"规范"走向了极端，即压制法官的自由裁量权。然而，正常化的"规范"也好，量刑规范化"异化"形态之机械化量刑中的"压制"也罢，其内在的运作机理有部分是一致的：至少都对法官自由裁量权保持审慎的态度，也即部分地抑制法官的自由裁量权，以防止其自由裁量权不当扩张。

个案公正，其重在法官对特殊具体化的个案进行妥当性的衡平，乃是具有一种权益性、衡平性、功利性的考量。在此，法官的自由裁量权必不可少。法官欲兼顾个案妥当性，而不仅仅是固守规则所预想的那种的一般性的事实性评判，不仅需要自由裁量权的存在，更需要积极地发挥主观能动性，去行使自由裁量权以进行价值判断，而不仅仅是进行一个经验判断。

由此一来，量刑规范化与个案公正会在运作机理方面表现出一种冲突，即量刑规范化需要抑制法官的自由裁量权，以防止量刑恣意。个案公正强调法官能动地行使手中的自由裁量权，而不是对规则仅仅进行形式化的理解与遵循，不必过于保守或亦步亦趋。如此这般，量刑规范化与个案公正在运作

机理上，即抑制裁量权与促进裁量权之间就表现出了一种紧张与对立。当然，这种紧张与对立还仅仅是一种裁量权运作上的表征，更深层面的紧张与对立还需要在接下来的价值目标冲突上予以深入剖析。

二、价值目标冲突：法制统一性与个案妥当性之冲突

前已述及，此次量刑规范化改革的出发点是消除量刑偏差与量刑失衡，从而在价值目标上追求一定意义上的"同案同判"。虽然绝对意义上的"同案同判"在现实中已经在一定程度被"证伪"了。然而，仔细品读内在的司法逻辑与深层理路，不难发现，"同案同判"从自身而言是存在理论上的正当性的，其体现着普通民众乃至法治国对"平等"与"公平"乃至"正义"的期待，故而才会衍生出"同等情况同等对待"的司法信条。[1]简言之，量刑规范化本就是一个寻求法制统一性的做法。而"同案同判"也好，"类似案件类似处理"也罢，均是以此为价值皈依的。反观个案公正，则意味着强调特殊场合下的特殊处理，其根本价值诉求在于个案化的妥当与权衡。质言之，维护法制的统一性为的是追求法的秩序性价值，力图保持法的明确性。但倡导个案的妥当性则是基于法之灵活性的考量。法的确定性与灵活性这对范畴自诞生伊始便一直充斥着相互对立的矛盾冲突。具体表现为：

（一）规则的抽象性与生活的具体性

法律之治乃规则之治，而规则也可被称为"规范"，即"它意指规则、标准或尺度。规范的特征——从这个概念同法律过程相关的意义上讲——乃在于它含有一种允许、命令、禁止或调整人的行为与行动的概括性声明或指令。在这一术语的惯常用法中，并不含有对个别的情形做完全特殊性的特定处理的意思"。[2]这是成文法的特点。但是，成文法这种抽象性的特点会带来两个不可欲的后果：一方面，法律的抽象性决定了其需要经过解释才能够被适用，而解释的过程往往不可避免地会掺杂一些解释主体的主观因素，从而导致最终的解释结论并非如预想的那般确定。在很多时候，解释主体对文本的解释并非仅仅是按图索骥般地去发掘客观存在而不可移易的真理，现实世界与语

---

〔1〕 参见［美］迈克尔·D. 贝勒斯：《法律的原则——一个规范的分析》，张文显等译，中国大百科全书出版社 1996 年版，第 422 页。

〔2〕 ［美］E. 博登海默：《法理学：法律哲学与法律方法》，邓正来译，中国政法大学出版社 2004 年版，第 247 页。

言之间并非一一对应的类似于罗素所构想出的那种"逻辑原子主义"视野下的"同构"性的关系，充其量是非本质主义思想下维特根斯坦眼中之"家族相似"罢了。这样的解释活动实际上是进行了一场类似于游戏的互动，在互动中，结合具体的场景综合性地进行考量。用伽达默尔的话来说，甚至是"创造性的补充法律行为"。[1]另一方面，成文法这种类型化的规范模式也会带来涵摄不足的弊端，即类型化抽象性的法律难以预先估计到所有现实中发生的具体情况，即特殊情况需要特殊处理。这样一来，法的确定性便会走向一定的不确定性，以兼顾法的灵活性的现实期许。

申言之，规则之治使得法律在具有明确性的基础上维护了法制统一性。但是，现实的状况却不能够确保法律仅仅保有这种明确一致性的倾向，法律的明确一致性必须对现实作出妥协与让步。因此，法律的抽象性与生活具体性之间的矛盾是规则本身与生俱来的成文法之局限，也呈现出了法律的确定性与灵活性之间的内在的紧张、冲突。

（二）法的封闭性与开放性

法律为了保持规则的一致性适用，较为倾向于封闭与保守，致力于将非法律因素剔除出去，从而保持法之纯粹性，进而形成一个闭锁的逻辑演绎体系，以保持法律的明确性。以凯尔森为代表的纯粹法学认为，法律这种规范体系是一个内在自洽的具有等级的体系，其规则条文的效力来源于具有最高等级的"基本规范"，这个"基本规范"是法体系内部效力的终极源泉，而规范本身在法体系内部也是被逐个创制的，故而这些规范也构成了一个逻辑严密且完备无缺，同时兼具等级结构的法体系。[2]在德国法学史上，现在持续产生巨大影响力的法教义学立场即倡导对法律进行类似于圣经教义般的信仰而不是质疑，在此基础上对法律进行体系性的解释和系统化的运用。也就是说，"法教义学是一门探究法的客观意义的科学，而非探究法的主观意义的科学。它确定法应当被如何理解，而未必是确定法被期望如何"。[3]质言之，无论是凯尔森的纯粹法学，还是法教义学，最终的目的都是达成一个体系性

---

〔1〕〔德〕汉斯-格奥尔格·伽达默尔：《真理与方法——哲学诠释学的基本特征》，洪汉鼎译，上海译文出版社 2004 年版，第 427 页。

〔2〕See Hans Kelsen, *Pure Theory of Law*, University of California Press, 1967, p. 222.

〔3〕〔德〕古斯塔夫·拉德布鲁赫："法教义学的逻辑"，白斌译，载《清华法学》2016 年第 4 期，第 200 页。

的且能够保持法律明确性的分析论证机制。

随着历史的演进，凯尔森的纯粹法学已经难以被现实的司法实践奉为圭臬，即便是现代分析法学也不否认"所有法律体系都是开放的体系"[1]这样一个事实。客观而言，"法有限而情无穷"，以纸面上的法律对纷繁复杂的社会生活进行包罗万象般的文本式网罗，总是那样不切实际，这仅仅是法学家们的一种良好愿景。法的封闭性往往被现实所裹挟而不得不呈现出一定的开放性。以民法为例，其为传统私法，以践行私法自治为己任，且鉴于民事生活世界的错综复杂，法律文本难以对如此繁复的调整对象进行事无巨细的提前规制。于是，"有法依法，无法依法理，无法理依习惯"一直被认为是理所当然，从而使得民事司法领域中的法律表现出了极大的开放性。即便是最为推崇教义学研究的刑法也不是一个封闭的体系。刑法附随后果的刑罚呈现出最严厉性与恶害性属性，这决定了其自身的保障法之地位。同时，囿于罪刑法定主义，其在司法适用层面更多的是表现出一种封闭保守倾向。然而，刑法的保守性倾向并不代表刑法的封闭性，我国的刑法教义学研究也并不是封闭自足的，而具有一定的开放性，"即倡导一种以规范研究为基础，但允许规范外诠释和验证的开放教义学研究"。[2]

总而言之，法的封闭性会带来法的确定性，法的开放性在一定程度上会对法的确定性造成冲击，进而呈现出不确定性的因素，这二者存在一种对立冲突。

（三）法的稳定性与时效性

出于法的明确性的需求，法律需要稳定，一经颁布便不可以朝令夕改，即使修改也要经过严格的法律修改程序，这是为了使得法律具有可预测性的属性，从而可以让社会大众据此安排各自的生活。法律的稳定性来自人们对于秩序及法律关系明确性的渴求，如果今天法律对一个事件的规范调整与明天的调整方式大相径庭，当事人今天被法律所安排下来的权利义务关系与不久之后发生矛盾冲突，从而导致法制秩序不统一，那么法律秩序便会荡然无存，普通民众也将失去法律的规范指引。但是，由于社会生活变动不居、时代发展日新月异，因此具备稳定性的法律需要解决实践中大量涌现的当下问

---

〔1〕 ［英］约瑟夫·拉兹：《实践理性与规范》，朱学平译，中国法制出版社 2011 年版，第 174 页。

〔2〕 李川："刑法研究面向教义学发展的维度与定位"，载《法学研究》2013 年第 1 期。

题，这便体现出了一种稳定性与时效性之间的冲突。可以说，趋向于稳定的法律呈现出滞后性的色彩，而这种滞后性可以说是法律应然意义上的宿命，这也是萨维尼反对当时的德国制定民法典的缘由之一。他认为，法典本身无法体现与民族精神相吻合的具体的生活实践，总会与现实相脱节。由此可见，法的稳定性与时效性之间的张力演绎着法的滞后性，凸显出了法制统一性与个案妥当性之间的悖论。

（四）立法规则中心主义与司法问题中心主义

前述的法的抽象性、封闭性以及稳定性，分别是从成文法的局限性和法的滞后性等多个方面来论述的，而这些方面归根到底是从法律作为一种规则之治的规则中心主义的角度来阐发的，且该种规则主要是从立法的确定与完备的角度来论证的，所以也可被称为立法规则中心主义。立法规则主义强调法条规则在社会生活方方面面的一体适用，以维护法律本身所预期的规则秩序，从而带来法的确定性的价值诉求。不可否认，法律的这种立法规则中心主义的向度是其自身独立性的必要特性。"'法律'意味着一套规则和其他规范，这些规则和规范被认为是调整这些社会制度的并被认为是由这些社会制度付诸实践的。"[1]无论是斯宾罗莎所认为的法律是一种类似于规律性的律令，[2]还是富勒所承认的那样，"法律是人的行为服从规则治理的事业"，[3]都无不印证着法律立法规则中心主义的特质。

然而，对于这个特征的过度强调会催生与德国曾经一度出现的概念法学类似的主张，即提倡诉诸人之理性而构建出逻辑严密，内容融贯、自足自洽的规则体系，且由该规则通过类似于自然科学的演绎法则而一致性地适用于社会生活，将所有的调整对象全部囊括于内，进行确定性的法律调整。立法规则中心主义以实证主义为理论底色，侧重立法的自足性，甚至在其理论意涵中蕴含着类似于马基雅维利眼中立法者万能主义的阴影。

但是，上文所揭示的法律在实践运行中的种种矛盾与尴尬，又决定了立法规则中心主义所向往的法律的明确性乃至法律秩序的一致性的构想在现实中多少有些显得像"法律人之自负"。正所谓"徒法不足以自行"，概念法学

---

〔1〕　[英] 尼尔·麦考密克、[捷] 奥塔·魏因贝格尔：《制度法论》，周叶谦译，中国政法大学出版社 2004 年版，第 69 页。

〔2〕　参见 [荷] 斯宾诺莎：《神学政治论》，温锡增译，商务印书馆 1982 年版，第 65 页。

〔3〕　[美] 富勒：《法律的道德性》，郑戈译，商务印书馆 2005 年版，第 124 页。

所臆想出的那种法学的"乌托邦"已经被历史与现实所摒弃。即使是推崇法的分析实证品性的哈特也不得不承认，立法规则中心主义所依赖的法律规则存在着先天性的不足——空缺结构，而"法律的空缺结构意味的确存在着这样的行为领域，在那里，很多东西需留待法院和法官去发展，他们根据具体情况在互相竞争的、从一个案件到另一个案件分量不等的利益之间作出平衡"。[1]

因此，立法规则中心主义所向往的法的明确性往往是一个可欲的理性追求，但事实上却会遇到种种困境，而最主要的面向则是司法问题中心主义。前述的社会生活的具体性、法的开放性、法的时效性，均或多或少地是在强调法的灵活性，法的灵活性是法保持自我变革与更新所必不可少的因素。而司法问题中心主义则是体现法的灵活性的一个现实缩影。

司法问题中心主义以问题为导向，以实用主义为理论底色，立足于实践进行个案化、功利化、权宜化的考量，以具体结果的妥当处理为最终的指南。司法问题中心以现实主义法学为主要代表，该学派的主要代表霍姆斯大法官就曾提出过耳熟能详的"法律的生命是经验而不是逻辑"的论断，也谈到过"应该从坏人的角度来了解法律是什么"的构思，这些都体现着这样一种思路，即倡导经验性的事实处理而不是纯粹的逻辑推演，重视法律的实效性而不仅是法律的存在性。实际上，法律现实主义体现着司法问题中心主义的思路，毕竟立法完备的规则最终或多或少会导向司法实践中具体问题纠纷的解决，立法的逻辑需要在现实中予以贯通并检验，这样的一个过程就将法从纸面落实到了具体的司法行动中。在通常情形下，法律规则明晰、案件事实清楚简单、遵循"三段论"的演绎推理是可以将规则直接适用到个案之中的。然而，也不排除像哈特所认为的那样，在一些个别化的边缘性的规则涵义之处，规则无法直接适用且会产生法官自我决断的情形。因此，司法问题中心主义是一种务实的司法态度。当然，也必须看到，随着之后发展到极端，法律现实主义竟然走向了规则怀疑论的境地。如弗兰克就对法律事实发表过这样的言论："事实 F 是什么，它是在森塞博与斯马特之间实际发生的事吗？大部分显然不是。它最多不过是初审法院——初审法官或陪审团——认为发生

---

〔1〕　[美] 哈特：《法律的概念》，张文显等译，中国大百科全书出版社 1996 年版，第 134 页。

过的事。"〔1〕

由此可见，立法规则中心主义与司法问题中心主义存在着一种内在紧张关系：立法规则中心主义以法的确定性为主要特征，而司法问题中心主义重在强调法的灵活性。过于保持法的确定性会带来法律僵化、封闭之弊端，过于着眼于法的灵活性则有走向法律虚无主义的危险。这二者似乎总是处在一种紧张冲突之中。

第三节　量刑规范化与刑事个案公正冲突之实质统一

前已述及，量刑规范化与个案公正在运行机理以及价值目标上都存在一定的冲突。在运行机理上体现为自由裁量权的抑制与促进之间的矛盾，在价值目标上凸显出法制统一性与个案妥当性的对立。据此，量刑规范化与个案公正才会在现实运作中表征出前述的种种背离与抵牾。但是，这种背离与抵牾并不是绝对的，就其实质而言，二者实际上是统一的。

一、量刑实体的统一：量刑个别化

（一）刑罚个别化与量刑个别化的区分

与量刑个别化相类似的概念还有刑罚个别化的概念。笔者以为，二者有很大程度的类似性，如果对刑罚作狭义的理解，那么量刑个别化的外延要大于刑罚个别化，因为刑罚只是量刑的后果之一，量刑的后果应该还包括对非刑罚处置措施的裁量。如果对量刑个别化作广义的理解，那么刑罚个别化与量刑个别化便可以在约定俗成的意义上等同。故而，为了论述方便，本书拟采用刑罚个别化等同于量刑个别化的立场，并对量刑个别化（包括刑罚个别化）与个案公正这对概念进行区分。

（二）量刑个别化与个案公正的区分

在学界，对量刑个别化（刑罚个别化）的概念有以下几种理解：

第一种观点是从与人身危险性相适应的角度而言的。如有学者认为："刑罚个别化，是指审判人员在裁量刑罚时，把犯罪人的人身危险性大小作为考虑

---

〔1〕　［美］杰罗姆·弗兰克：《初审法院——美国司法中的神话与现实》，赵承寿译，中国政法大学出版社 2007 年版，第 17 页。

判刑轻重的因素之一。刑罚的轻重与犯罪人的人身危险性即再次犯罪的可能性相适应。"[1]邱兴隆教授也持类似的观点。他认为："刑罚个别化既然奠基于个别预防论之上，而个别预防又以预防特定的个人犯罪为基点，相应地，个人的人身危险性即个别人之危害社会的可能性亦即个人之存在对于社会的危险性，构成刑罚个别化的核心。"[2]

第二种观点是从量刑与社会危害性和人身危险性均相适应的角度而言的。代表人物是翟中东教授。他考察了刑罚个别化的历史变迁，进而倡导现代意义上的刑罚个别化，"在现代刑法中，刑罚个别化不仅要考虑预防犯罪的需要，而且要考虑报应的需要，既考虑犯罪的情状，也考虑犯罪分子重新犯罪的可能性"。[3]

以上两种观点是从纯粹量刑的实体妥当性角度而言的，只不过第二种观点显然比第一种观点理解得更全面。

第三种观点与第二种观点类似，但是不仅是从量刑实体的妥当角度而言，也是从量刑的程序化特征出发对量刑个别化的概念进行阐发的。代表人物是石经海教授。其认为："所谓量刑个别化，是指在定罪基础上，把相关法律规范与具体犯罪的各种事实相结合，并在一定刑事政策、量刑原则的指导下，依一定方法形成与反映犯罪的社会危害性和犯罪的人身危险性等方面的事实相适应的量刑结果的刑事裁量活动。"[4]由这个定义可以看出，量刑个别化既有社会危害性与人身危险性相适应的实体方面，也有刑事裁量活动的程序方面，是一个实体与程序相结合的定义，较之于前两个定义更为全面、具体。

笔者认为，就量刑个别化的概念而言，本书倾向于第三种定义，但是为了与本书的论述主题个案公正相区分，笔者认为，个案公正与量刑个别化仍然不同。前者是纯粹从量刑结果妥当性这个实体的角度而言的，而后者则是应该针对量刑的程序，即量刑这个刑罚裁量活动的过程来阐述。在这个区分的基础之上，量刑规范化与个案公正在量刑的实体上是统一的。

---

〔1〕 谢正权："论量刑的刑罚个别化原则"，载《政法论坛》1988 年第 1 期，第 16 页。

〔2〕 邱兴隆："刑罚个别化否定论"，载《中国法学》2000 年第 5 期，第 99 页。

〔3〕 翟中东："刑罚个别化的蕴涵：从发展角度所作的考察——兼与邱兴隆教授商榷"，载《中国法学》2001 年第 2 期，第 41 页。

〔4〕 石经海：《量刑个别化的基本原理》，法律出版社 2010 年版，第 50 页。

（三）量刑规范化与个案公正在量刑实体的统一

量刑规范化是对量刑活动的规范化，个案公正是量刑结果上的个案正义。量刑规范化与个案公正都是在量刑的基础上而言的。然而，量刑的实体即量刑的实质性蕴含，就是量刑的个别化，即将抽象一般化的量刑文本（量刑规则）适用于具体个案的刑罚裁量活动。量刑规范化离不开量刑个别化，其是为了服务于量刑个别化，进而实现个案公正。具言之，量刑规范化塑造了量刑个别化的制约性框架，为量刑个别化提供了抽象化、合乎规律化的运作蓝本。同时，量刑的实体即量刑个别化，其虽然是一个从抽象到具体的刑罚裁量活动，但是这个活动并非一个盲目、机械、漫无目的的过程，其最终指向是个案公正。因此，在量刑个别化这个量刑实体上，量刑规范化与个案公正统合了起来。

实际上，无论是大陆法系还是英美法系，量刑的过程从本质而言，就是一个将抽象法律文本涵摄到具体普通案件的过程。在大陆法系国家，法官遵循的是演绎推理，即从不证自明的公理预设式的抽象"大前提"出发，涵摄具体案件的小前提，从而得出具体案件的量刑结果。这个过程可以说是从"一般到个别"的过程；英美法系国家虽然秉承着判例法的传统，从表面上看似乎是从"个别到个别"这样一个具体的过程，然而在实质上，其仍然是一个从抽象到具体，从一般到个别的过程，只不过是抽象的法律规范是在作为大前提的案例中提取出来的而已。这种英美法系的思路在我国传统法律制度中有所凸显。譬如，中国古代法中有"六杀"制度，其法律文本对杀人的规定不像类大陆法系国家以及我国现行刑法典规定的那样"故意杀人的，处……"，而是就杀人的六种类型（即"谋杀""故杀""斗杀""误杀""过失杀""戏杀"）分情况予以规定，并由重到轻分别配置了刑罚。这样的规定就显然是从个别出发归纳出"杀人"这种"类型化"的行为，进而适用于具体的个案，也仍然是一个由一般到个别的刑罚裁量过程。

申言之，量刑规范化较之于个案公正而言，是为个案公正服务的，最终目的仍然是个案公正。美国法学家理查德·A. 爱泼斯坦就认为："具体案件才是主权者与法官需要直接面对的问题。在现实具体语境中，大量的法律被制定而实施。在处理具体个案时，法官或者当权者的一项义不容辞的义务就是需要将一般性的法律适用于裁判事实从而作出正确的决断。而公正性的流产则会导致裁判结论的谬误。而且这是一个会从根基上腐蚀法律的道理权威的谬误，会弱化法律在调整功能上面的功效。故而，也可以做这样的理解，为了避免不公正，为什么有如此惊人数量的资源被投入法律程序的发展之中。"[1]据此而言，量刑规范化就类似于这里的程序，而个案公正才是最终的价值归属。程序无论多么精美细密，说到底还是为了服务于最终的价值皈依。是故，个案公正才是量刑规范化的目的与归宿。

之所以作出这样的理解，道理很简单，量刑规范化的主要价值内涵是基于法之确定性的需求而倡导的法制统一性，这说到底"都是基于人类目的的需要而产生的法律要求，人类不可能反过来牺牲自己的目的而固守法律的确定性这样的工具性价值"。[2]职是之故，在量刑实体是量刑个别化这个意义上，量刑规范化与个案公正是统一的。在程序意义上，量刑个别化是实现个案公正的重要手段；在实体结果的意义上，量刑个别化则是个案公正的表征。

二、哲学根基的统一：哲学上的共相与殊相

量刑规范化是对量刑活动的规范化，在较为权威性的著作里，被称为"司法审判人员在司法活动中，通过符合一定规则和标准的量刑程序和量刑标准，使刑罚裁量更具有合理性和可预测性"。[3]基于这一定义，量刑规范化针对量刑活动的规范性手段还是在于提供一定的"规则和标准"，也即有规则治理之意，其主要目的还是在于使得量刑结果"更具有合理性和可预测性"，也即量刑的统一性。此次量刑改革的出发点就是针对之前审判实践中出现的量刑失衡与量刑偏差问题进行矫正。量刑规范化说到底只是一个规则性的引导，对每个具体的个案仅能进行间接指引而不可能进行直接指引。据此而言，无论是从规则治理的层面来说，还是从量刑的统一性来讲，都凸显出了量刑规范化追求量刑规律一致性的一面，也即追求法官在诸多复杂多样的刑事案件量刑活动中共性的一面。这就决定了量刑规范化侧重于量刑活动的"共相"。而所谓的量刑偏差与量刑失衡也意味着，在量刑规则制定者的心中有一个针对具体案件的基本的量刑标尺，且类似的案件应该都符合这一标尺，否则就谈不上偏差与失衡之说了。而这个基本的量刑标尺本质上其实就是针对诸多

---

〔1〕 Richard A. Epstein, *Simple Rules for a Complex Word*, Cambridge, MA: Harvard University Press, 1995, pp. 37~38.

〔2〕 周少华：《刑法之适应性——刑事法治的实践逻辑》，法律出版社 2012 年版，第 96 页。

〔3〕 李晓林主编：《量刑规范化的理论与实践》，人民法院出版社 2015 年版，第 4 页。

类似的个案抽象出一种普遍性量刑结果，这个结果不是具体的，而是抽象的，也就是量刑个案的一种共相，是一种量刑普遍性基础上的量刑统一化。相对而言，个案公正就是具体特殊案件的殊相，是量刑特殊性基础上的量刑个别化。申言之，量刑规范化与个案公正在哲学层面是共相与殊相的关系，也可以说是一般与个别的关系。

（一）共相与殊相之争

共相与殊相这对哲学范畴在中世纪是一对从唯名论与实在论阐发的概念。唯名论认为，事物的殊相是客观实在的，个别化的事物或者说事物的殊相都是真实的，而事物的共相则具有一定的虚妄。实在论（又称唯实论）则与之相反，认为共相的事物才是真实的，而个别化的殊相仅仅是一个现象罢了，并没有实际的意义。共相与殊相之争贯穿了整个中世纪却滥觞于古希腊。

古希腊时期，继受了苏格拉底"是什么"的命题，柏拉图提出了"理念论"的立场，认为"它的基本规定性之一就是'由一种特殊性质所表明的类'"[1]。不过，在柏拉图看来，这样的"类"并不是一个抽象化的问题，而是一个能够比个别化事物更为真实的存在，也可以说是个别化事物的存在依据，它本身就是一种实在。对于不同的事物有不同的理念，对于一类事物而言，其存在的特殊样态是多样的，但是理念却是唯一且永恒不变的。理念就是一个自体而自足的存在，它比个别事物更为真实且不受制于个别性事物的制约或影响。柏拉图进而认为，理念与理念下的事物没有任何联系，个别化的事物处于偶然和相对之中，有生有灭、变动不居，而理念较之于个别事物更为稳定且仅有理念才是知识的对象。申言之，"理念是'构成世界上一切事物的本质'，它永恒不变、完美无缺"。同时，囿于感觉世界的不可靠，因此，"依靠感觉不能完全把握理念"。[2]这样一来，在柏拉图的语境中，理念与个别化的事物之间便产生了一个"分离命题"，即把事物的理念与事物本身区隔开来。这也引发了他学生的亚里士多德的批判。亚里士多德认为，"分离命题"是不存在的，个别化的事物与事物的理念之间应该是合一的，而不是分离的。自外于个别事物的理念是不可能的，二者本来就应该合二为一。他从两个方面来进行说明：其一，如果采取"分离命题"，理念这个概念的

---

[1]　张志伟：《西方哲学十五讲》，北京大学出版社 2004 年版，第 75 页。
[2]　［日］甲田烈：《图解世界哲学简史》，王丹丹译，南海出版公司 2015 年版，第 46 页。

设定就毫无作用了，因为正是为了解释个别化的事物才进行了普遍性的抽象化的命题，而如果理念与事物本身是分离的，那么不仅无助于事物的解释反而会增加认识事物的难度。毕竟，有多少种事物，就有多少种事物的"类"——理念，那么站在"分离命题"的立场，这样会徒增更多需要解释和认识的事物。由于亚里士多德本人倡导逻辑学，因此从逻辑学的角度，这样的定义也不科学。其二，"分离命题"的设定理由也存在问题。事物与理念之间往往并不是完全对应的。在很多情形下，"认识内容与认识对象并无严格的一一对应关系。比如，我们可以想象不存在的事物或已经消失的事物，但不能据此肯定与之相对应的外部现实存在。反过来，我们感觉到的对象也不全部对应于思想观念，因而不全都对应于理念型相，如污秽之物没有理念型相"。[1]

亚里士多德即是在批判柏拉图"分离命题"的基础上提出了以"形式"与"质料"为基础的"四因说"，既动力因、目的因、形式因、质料因。而在总体上，亚里士多德的原因论可被归结为形式因与质料因两种，事物是由形式与质料构成。这里的形式在一定程度上类似于柏拉图的理念，这里的质料则是充实事物构成的具体的事物。同时，他在此基础上也重点突出了事物的"形式"的重要性，为他后来建构的形而上学奠定了基石。由此可见，亚里士多德相比于柏拉图而言，其命题中渗透着一定的经验论立场。

到了中世纪，具有神秘主义色彩的新柏拉图主义促成了奥古斯丁提倡的教父哲学的产生。而在 12 世纪，围绕着共相与殊相的问题，产生了一场争论。这场争论旷日持久，而唯名论与实在论的独立也是在这个时候被阐释的。以罗瑟琳为代表的学者主张唯名论，倡导殊相的重要性，承认个别实体的存在性。而安塞尔谟则主张实在论，认为共相的事物是对感觉的抽象，更具有实在性。唯名论往往被视为异端，因为它无助于解释上帝的存在。而实在论则具有这种优势，实在论除认为超越感性世界还存在普遍真理之外，"实在论还意味着除了产生又消失的具体的个别现象之外，还存在着永恒不灭的实在。教会的学者在这一观点中找到了极好的基础，而将他们的整个理智和教会结构建立在这一基础上。上帝就是一个这样的普遍观念，高于现象存在，并比后

---

〔1〕 赵敦华：《西方哲学简史》（修订版），北京大学出版社 2012 年版，第 78 页。

者更持久"。[1]

而继受亚里士多德思想的托马斯·阿奎那造就了经院哲学,他企图调和唯名论与实在论的冲突,其本人主张温和的实在论。而托马斯主义之后的唯名论与实在论之争仍然延续并对后世产生了巨大影响。它不仅开创了英国经验主义的先河,同时也为以笛卡尔为肇始的唯理论的产生奠定了基础。随着康德对经验论与唯理论从先验范畴的角度予以调和,此后西方哲学的运行轨迹均是在经验论与唯理论这两条主线上推进,从本源上来看,其源自唯名论与实在论之争。只不过,正如经验论与唯理论由于自身的缺陷,谁也无法完全将对方统合在自己麾下,唯名论与实在论之争亦复如是。

(二)共相与殊相哲学命题在当代人文社科领域的意义

申言之,事物的认知离不开经验,实践是认识的来源,因此唯名论是存在的基础,也即没有殊相,没有个别化的事物,就不可能有共相、一般化的事物。同时,没有共相以及一般化的事物予以抽象化,便不会有对事物认知的理性升华。正如奥卡姆的威廉所认为的那样:"存在于实在事物中的相似性或相异性为关于自然事物的科学提供了可能。"[2]但是,无论如何,一般化都是以个别化为基础的,没有个别化的事物,科学的认识活动便无法展开,进而陷入脱离实际的虚无主义泥沼。这点在人文社科领域至关重要,并能够在以马克思主义哲学为代表的我国主流意识形态话语体系中得到证成。脱离个别化事物,导致黑格尔构建封闭的形而上学的体系,随之则被费尔巴哈的人本学所超越。不仅如此,青年马克思借助于费尔巴哈的人本学在《1844年——经济学哲学手稿》发掘出了"异化劳动",对黑格尔亦进行了扬弃。同时,费尔巴尔脱离了实践而僵化地将人视为类似于客观世界的凝固客体,因此,马思在1845年《关于费尔巴哈的提纲》中又提出了人的实践性的观点,进而扬弃了费尔巴哈,直至在之后的《德意志意识形态》中确立了唯物史观。因此,从"异化劳动—实践的观点—唯物史观"可以看出,马克思对理论的抽象是从个别化的殊相展开的,是立足于现实中单个无产阶级劳动者的生存境遇而进行的理论抽象,从而在具有普遍性的殊相上找到了问题的解决之道,即从

---

〔1〕[美]弗兰克·梯利:《西方哲学史》,贾辰阳、解本远译,光明日报出版社2014年版,第187页。

〔2〕[美]唐纳德·帕尔默:《看,这是哲学——哲学史里的快乐智慧》,郑华译,北京联合出版公司2016年版,第128页。

物质实践的角度去推动社会的变革。可以说，马克思的理论是具有科学前瞻性的，也指导了许多国家（包括中国）的社会主义革命实践。但是，对共相与殊相，一般与个别的把握，必须立足于个别（殊相），从实际出发走向理论，再走向实际，也就是要遵循"个别——一般—个别"的过程，而不是相反，否则就会走上脱离实际的教条主义。早期中国革命在共产国际的指导下，脱离实际地以大城市为夺取目标、以工人阶级为依靠力量的"总路线"导致了大革命的失败。之后，中国革命从城市转向农村才最终逐步取得胜利。所以，早期中国革命在共产国际的教条之下所进行的反思以及马克思主义中国化的一系列实践都表明，共相的话语必须与殊相的个体实际相一致，而不是本末倒置。

（三）量刑规范化与个案公正在共相与殊相哲学命题上的统一

对事物的认知径路不能是从共相化的一般出发，而只能是立足于殊相化的个别。是故，个别化是一般化的逻辑起点。同时，一般化最终是要回到个别化中予以检验，并服务于个别化的，只有在不断试错的过程中，一般化才能得以修正。所以，量刑规范化与个案公正是内在统一的，统一于个案公正。由量刑规范化构建起的理论大厦无论多么精巧完美，都是为了服务于实现个案公正。此外，我们也不能忽视对共相基础上的量刑规范化的把握，量刑规范化的运作过程从本质上而言就是剔除了较多个案化的差异而抽象为一种一般化的量刑规律的过程。而这一点对于我国传统思维模式来说具有内生性的"先天不足"。前已述及，我国传统思维模式是一个感性化的"象思维"，这与西方以韦伯为主导的"形式理性"视域下的形式思维不同。正如美国学者黄宗智教授所言："形式主义要求通过法律（演绎）逻辑，建立脱离具体情况的普适法则，而中国传统法律则要求寓抽象原则于实例。"[1] 因此，过于侧重个别化的事物、过于着眼于个案公正，从而脱离量刑规范化背景下对量刑规律的探寻，反而不利于个案公正的实现。对此，有学者指出："在我国当前的量刑改革中，若只强调一般即量刑统一化而忽视量刑个别化，则也是这种'左倾'错误的表现，也因违背量刑规律而必然导致失败；若片面地强调量刑个别化而忽视量刑一般化，则难免'只见树木不见森林'，出现狭隘的经验主

---

〔1〕 ［美］黄宗智：《实践与理论：中国社会、经济与法律的历史与现实研究》，法律出版社2015年版，第271页。

义，割裂不同案件、不同法官、不同法院、不同地区间的量刑联系，使量刑不能实现统一和协调，出现违背量刑规律的量刑偏差。"[1]然而，无论如何，个案都是一般化意义下之量刑规范化的起点，个案公正是量刑规范化的归属。

---

[1]　石经海：《量刑个别化的基本原理》，法律出版社 2010 年版，第 166 页。

第三章

量刑规范化对刑事个案公正实现之价值

前文已讨论了量刑规范化与个案公正既相互冲突又相互统一的一面，而刑事个案公正的判断标准为何；在量刑规范化改革这个大的现实背景下，其对个案公正的实现有何种积极意义；尤其是在当下我国刑法教义学转型的时代背景下，贯彻量刑规范化对个案公正有何种现实的突出价值？这些均有必要予以澄清。

第一节　刑事个案公正的判断标准及其法治意义

一、刑事个案公正的判断标准

法官对刑罚的裁量，既要考虑已然之罪，也要考虑未然之罪；既要考虑报应刑，也要考虑预防刑，这已经成了学界的通说，无需赘言，本书也无意于此过多地进行论证与论据罗列。换言之，从刑罚正义的角度，刑罚正义＝报应正义＋预防正义。报应正义是在责任刑的角度上对罪中的各种情节予以考量，而形成相对稳定的报应刑的裁量结果。同时，在这个基础之上去考量罪前与罪后涉及行为人预防必要性的情节，酌情决定预防刑，同时这个酌情的决定是在报应刑限定刑罚上限的基础之上作出的。因此，刑事个案公正从内在的判断标准而言，也即从刑罚的正当化依据来说，是在报应刑制约预防刑基础上，报应正义对预防正义的兼顾。对此，笔者拟对三个问题予以分别阐述。

1. 为什么必须是"兼顾"

笔者之所以主张在报应正义基础上兼顾预防正义，即是一种"兼顾"而不是"并驾齐驱"，其主要的考虑就在于：不受报应刑制约的预防刑会导致诸多不利后果。对此，邱兴隆教授就曾表示过一个忧虑，其对刑罚个别化持否定态度，认为一味地强调个别化而使得其脱离了报应刑的制约，会导致"无罪施罚""轻罪重罚"以及"行刑不公"等后果。[1]在这里，邱兴隆教授是将刑罚个别化仅仅局限于预防主义的角度而展开的批判。虽然，现在对刑罚个别化的理解已经摆脱了仅仅狭隘地局限于纯粹预防主义的视角，但是邱兴隆教授对脱离报应刑制约的预防刑的怵惕仍然具有现实意义。

预防刑从本质上说仍然是功利主义的考量，其背后潜伏着强大的政治国家刑罚工具主义色彩。因此，如果脱离了报应刑的制约，对于预防刑而言，如果是考虑一般预防，则可能会提高刑罚的上限而追求国家预防犯罪的政治目的，从而将人"手段化"；即使是考虑特殊预防，失去了报应刑的刑罚框架，也极有可能导致这样一种情形，即为了防止犯罪人再犯罪危险性的消除而对已经刑满应当释放的人不当延长刑期，这些做法都有侵犯人权之虞。

相对而言，报应刑本身体现出了一种法治国所要求的比例性原则，既能够满足于人们朴素的刑罚公正意识，防止对无辜者施用刑罚，也避免了不必要的过度刑罚，而这些优点恰恰能够保持刑罚的基本稳定与均衡，这也是我国量刑改革的应有之义，因此，应该凸显出报应正义的主导地位。陈兴良教授也倡导这种观念。其认为："报应与预防的统一，并且以报应为主、预防为辅，指的是刑罚总体上以报应为主要目的，预防为附属目的，从而保持刑罚的公正性与功利性。"[2]

由此可见，对于刑法个案公正的内在标准，只能是在报应刑正义基础之上的预防刑正义。"报应公正是我国刑罚的首要目的，合乎逻辑的结论是，在量刑时必须首先顾及罪刑相适应原则，在此基础上，再考虑刑罚个别化，考虑刑罚的预防犯罪的功利目的。"[3]一言以蔽之，报应正义仍然是处于第一位的，而预防正义只能是次要的考量标准。

2. 预防正义不包括一般预防，而只包括特殊预防

一般而言，预防主义既包括一般预防也包括特殊预防。因此，笼统的预防正义也似乎包含着特殊预防正义与一般预防正义。但笔者认为，此处的预防

---

[1]　参见邱兴隆："刑罚个别化否定论"，载《中国法学》2000年第5期，第102~103页。

[2]　陈兴良：《规范刑法学》（第3版·上册），中国人民大学出版社2013年版，第309页。

[3]　徐久生：《刑罚目的及其实现》，中国方正出版社2011年版，第148页。

正义只能是特殊预防正义，而不包括一般预防正义。[1]理由如下：

（1）一般预防具有诸多难以克服的缺陷。具体表现为：

第一，一般预防会导致无限重刑化。脱胎于费尔巴哈威慑主义的一般预防刑论，其本身无法清晰地界定出威慑的范围，所以，抑制一般的民众不敢犯罪的界限在何处是不能够明确化的。通常而言，刑罚越严厉，威慑效果越好，一般民众不涉及刑罚的可能性越高。这体现出了一种基于国家威权主义视域刑罚扩张化的倾向，也是一味倡导一般预防主义会导致的现实结局，于是无限重刑化就会滋生，刑罚在急剧扩张的冲动下会失去理性制约，而为现代法治国家所难以容忍。

第二，一般预防会造成人之"手段化"。先抛开一般预防主义对于激情犯、冲动犯是否有威慑效果，其最为致命的缺陷在于为了对他人"以儆效尤"而进行刑罚惩罚，但是"这种'儆戒'是将受处罚的个人作为实现犯罪预防这一社会利益的手段而加以利用"。[2]"人是目的而非手段"这种康德式的哲学命题，虽然在当代有形而上学化之嫌，但却是现代法治国的基本价值预设，也是刑法学责任主义原则的内在理论根基，具有积极的人权保障机能。因此，这种价值预设不可颠覆，而一般预防主义则与之背道而驰，足不可取。

第三，一般预防不应是量刑阶段考量之内容。一般而言，一般预防并非被完全排除出刑法学，在制定刑法的过程中，一般预防必然是立法者首要考虑的因素。立法者制定乃至配置相关的法定刑，必定是针对一般人而言的，以期通过刑罚法规的制定与适用达到遏制犯罪的目的。在量刑阶段，法官主要考量的因素则是报应主义与特殊预防主义。在行刑阶段，结合对犯罪人的改造与矫正，侧重于考虑特殊预防。实际上，一般预防在现实中往往会被作为其他刑罚正当化依据的伴随性效果而得以满足。赵秉志教授就认为："一般预防不过是报应的附产品，报应的本身就依附着一般预防的要求。"[3]周少华教授在此基础上也认为："一般预防不仅是报应的附产品，它同样也是特殊预防的'附产品'。"[4]因为，针对特殊预防必要性的考虑，从而在报应刑基础

---

〔1〕 当然，鉴于积极的一般预防并未成为理论上的主要探讨学说，因此，此处的一般预防仅指消极的一般预防。

〔2〕 ［日〕松原芳博：《刑法总论重要问题》，王昭武译，中国政法大学出版社2014年版，第5页。

〔3〕 赵秉志：《刑法基本理论专题研究》，法律出版社2005年版，第597页。

〔4〕 周少华："刑罚目的观之理论清理"，载《东方法学》2012年第1期，第23页。

上对行为人实际判处刑罚，这本身就能够对社会一般民众的心理产生一定的预防效果。城下裕二教授也持类似观点，他立足于量刑阶段对特殊预防主义的考量，认为在量刑中对一般预防的实现之理解只能是：作为以行为人再社会化为基点科处刑罚的一种反射效果意义上的间接满足。[1]故而，将一般预防排除在量刑考量范围之外是一个较为理性的选择。

（2）特殊预防能够符合特殊化考量的需要。特殊预防是针对行为人的再犯可能性进行考量的预防主义措施。详言之，再犯可能性的衡量本身就需要对行为人的不同状况进行区别对待，也即对行为人的人身危险性进行案前与案后各个方面的考虑，其从根本上着眼于个案的特殊性。而个案公正本质上就是一个区别对待的特殊化考量的法技术概念。因此，特殊预防正义自然是个案公正的应有之义，需要在个案的情境中结合具体的因素予以综合判定。正如张明楷教授所主张的那样，量刑阶段重在考量刑罚之个别化，并且这个目标于预防刑判定之后方可实现。因此，责任刑被确定完毕以后，主要考察的因素是行为人的人身危险性，职是之故，特殊预防成了量刑阶段的主要侧重点。[2]

二、刑事个案公正内在标准之不足

毋庸置疑，依托于刑罚的目的抑或刑罚的正当化依据，于此展开的量刑个案公正内在标准的研究进路，能够将报应正义与预防正义（特殊预防）这对范畴填充进个案公正实体性框架，从而构成个案公正的实质性衡量标准，这对于刑事个案公正的研究具有积极的理论意义。然而，不可否认的一个事实是：报应正义与预防正义这对范畴在学界的讨论也早已有之，立足于其上的德、日责任主义原则以及衍生出的"点、幅"理论之争，这些虽然构成了当今刑事个案公正研究的实体，但却仍然存在以下诸多不足之处：

（一）个案公正内在标准具有不明确性

实际上，考察刑罚正当化依据的理论嬗变以及司法实践不难发现，以刑罚正当化依据作为内在标准具有很大的不明确性。而这种不明确性，从特殊

---

〔1〕 参见［日］城下裕二：《量刑理论的现代课题》（增补版），黎其武、赵姗姗译，法律出版社 2016 年版，第 5~6 页。

〔2〕 参见张明楷："论预防刑的裁量"，载《现代法学》2015 年第 1 期，第 103 页。

预防主义来衡量是较为容易理解的。毕竟，量刑个案公正具体体现为一定的量刑灵活性，而特殊预防主义本就表现为一定的差别化对待与处遇。有鉴于此，本书拟对报应刑论与预防刑论（特殊预防）这两种刑罚正当化依据进行考察，且重在对看似能够保证罪刑均衡化的报应主义进行探讨，以揭示内在标准的不明确性之弊端。

1. 报应主义

考察报应主义的历史沿革：在早期是神示报应论，其是从对上天神明触犯的角度寻求刑罚报应的基础。但不久之后，这种报应刑论就被康德的道义报应论所取代。康德立足于绝对主义，诉诸人之绝对理性而倡导等量报应论。他认为："公共的正义可以作为它的原则和标准的惩罚方式与尺度是什么？这只能是平等原则。根据这个原则，在公平的天平上，指针就不会偏向一边的，换句话说，任何一个人对人民当中的某个个人所做的恶行，可以看作是他对自己作恶。"[1]据此，康德的等量报应论是基于"绝对命令"式的类似于"同态复仇"般的报应主义。这种报应主义思想对于确立"人是目的"之主体性以及反对封建刑法之罪刑擅断具有积极意义，在很大程度上可以划定国家刑罚权的边界，防止政治国家不当扩张刑罚权。

但是，康德式的等量报应论不久就被黑格尔的等价报应论所取代。其最主要的缘由就在于：等量报应论所内在的一种"同态复仇"般的报应主义不具有可行性。因为，在黑格尔看来，观察等量报应论的内涵，"很容易指出刑罚上同态报复的荒诞不经（例如以窃还窃，以盗还盗，以眼还眼，以牙还牙；同时我们还可以想到行为人是个"独眼龙"或者全口牙齿都已经脱落等情况）"。[2]因此，黑格尔对报应主义进行了一定的抽象，不再寻求外观层面的等同，而是从犯罪对法权破坏的有无以及程度来寻求价值层面等价性换算的等同。这种报应已不再是经验性的客观报应，而是超验性的抽象报应。在黑格尔看来，对于犯罪不再是从道义报应的角度去找寻自我证成的依据，而是从"否定之否定"的辩证法角度，同时从法律报应的角度去证明刑罚的正当性，即犯罪是对法的否定，从抽象层面是对法权的侵害，而刑罚作为一种

---

〔1〕［德］康德：《法的形而上学原理——权利的科学》，沈叔平译，林荣远校，商务印书馆1991年版，第165页。

〔2〕［德］黑格尔：《法哲学原理》，范扬、张企泰译，商务印书馆1961年版，第105页。

暴力也是对法的否定之否定。因而，学理上一般将黑格尔纳入法律报应论的范畴。

对比康德式的等量报应论，黑格尔的等价报应论是对等量报应论的扬弃，具有合理性。其一，确如黑格尔所批判的那样，等量报应论不具有现实可行性。许多外在形态上的客观化同态复仇无法推行。每个人的身体机能不同，未必能够进行等量的交换以达至"以牙还牙，以眼还眼"的平等状态。其二，从"人永远也无法两次踏入同一条河流"的永恒运动的角度审视，即使是能够进行等量的补偿（如打伤别人一条左腿的人，其自己的左腿也被打伤到同样的程度），他人的左腿与自己的左腿之间也不会具有等同性。其三，黑格尔对康德的批判是从客观面来进行的，但是，如果从犯罪实体不法与罪责相结合的角度来看，康德式的等量报应论也不具有可行性。因为，不同犯罪之间的差异未必只落在客观现象，也可能落在行为人的主观面。例如故意持刀砍伤他人手臂和过失持刀砍伤他人手臂的差别是在主观不法，要如何以种类上等同的方式反映出两者不法评价的落差？难道要判处过失行为人也被过失地砍一刀？相同的道理，涉及内在面的减免罪责事由也无法以种类上等同的报复来反映。其四，从实际来讲，存在虽然发生了犯罪，但无法被发现或无法被侦破的情形，即"犯罪黑数"。因此，等量报应论在实际效果上也会大打折扣。

反观黑格尔的等价报应论，等价报应论虽然在一定程度上克服了康德等量报应论缺陷，但是其理论仍然具有一定的缺陷。体现为：

第一，等价报应中的"等价性"过于抽象化，导致了经验性的"免疫"。黑格尔等价报应论是抛开了经验层面的论证，而仅在超验领域所进行的探讨，形成了一个封闭自洽的形而上学体系。其从理论的逻辑学论证上可以行得通，但是却与经验世界完全隔绝。正是基于这一理论性的先天性"缺陷"，在20世纪后半叶德国出现的以雅科布斯为代表的积极的一般预防理论也染上了这样的"痼疾"。在理论脉络上，积极一般预防论是在黑格尔的基础之上得以衍生与发展的，亦未摆脱黑格尔式的从法之抽象性损害角度去证成犯罪与刑罚本质的研究范式。雅科布斯以规范论为其理论基础，而以规范论为基础的积极一般预防与黑格尔一样，都将犯罪看成是对抽象化内容的侵犯，只不过在黑格尔那里表现为抽象的"法权"，在雅科布斯那里则体现为对规范同一性的有效性信赖。雅科布斯与黑格尔都是在"正—反—合"的命题上对犯罪的惩罚提供正当化依据。只不过，在雅科布斯那里，其将黑格尔眼中的"法的否定之否定"替换为"规范效力的否定之否定"，以至于雅科布斯显然在"去经验化"的道路上走得更远，因为按照雅科布斯的路径，"规范的效力必须依赖强制力，没有强制力的规范是愚蠢的，可是强制力又从何而来呢？规范给的"！〔1〕至此，规范与经验事实发生了脱离，以至于许迺曼教授对其批判道："这种方法论导致的后果是建立起完全循环的论证，在这背后才以纯粹决断论的方式作出真正的决定。"〔2〕

第二，等价报应论中的报应仅局限于客观危害。黑格尔认为："犯罪的扬弃是报复，因为从概念说，报复是对侵害的侵害，又按定在说，犯罪具有在质和量上的一定范围……"〔3〕而这里所谈及的"质和量"也仅仅是从客观面的损害而言的，将犯罪的"质和量"作为衡量刑罚有无及大小的标尺，只不过相比于康德而言，犯罪的"质和量"较之于物质形态的"损害"进行了一定的抽象。然而，对犯罪的罪行轻重的衡量，不仅是从客观危害的角度来考虑，还需要结合主观罪过。是故，几乎所有国家的刑法理论都会认为：故意杀人罪的严重程度超过过失致人死亡罪，因而，在量刑上也会使得前者更重。正是基于这个缘故，陈兴良教授才批判道："黑格尔强调通过法律报应消除犯罪带来的社会危害性，虽然有一定道理，但以法律报应却难以消除犯罪人的主观恶性。"〔4〕

第三，等价报应论易导致刑罚权的扩张。等价报应论对报应予以抽象化的同时，在某种程度上，也失去了早先康德等量报应论对处罚界限予以明确化的优点，更使得犯罪与刑罚之间具体的关联性丧失了，从而容易导致国家刑罚权边界模糊不清。故而，学者才会一针见血地指出："自同态复仇与等量报应之后，就再也无法从犯罪中找到个人刑罚的明确界限。"〔5〕实际上，我们立足于黑格尔式的等价报应论，具体的刑罚量是难以从具体犯罪的"质和量"上推演出来的。究其缘由：一方面，现在的刑罚体系主要体现为自由刑和财

---

〔1〕 许玉秀：《当代刑法思潮》，中国民主法制出版社2005年版，第20页。

〔2〕 ［德］许迺曼："批判德国刑法学思潮"，钟豪峰、彭文茂译，载许玉秀、陈志辉编：《不移不惑献身法与正义：许迺曼教授刑事法论文选辑》，新学林图书出版有限公司2006年版，第79页。

〔3〕 ［德］黑格尔：《法哲学原理》，范扬、张企泰译，商务印书馆1961年版，第104页。

〔4〕 陈兴良：《刑法哲学》（下），中国政法大学出版社2009年版，第360~361页。

〔5〕 陈金林："从等价报应到积极的一般预防——黑格尔刑罚理论的新解读及其启示"，载《清华法学》2014年第5期，第160页。

产刑，很多国家甚至废除了死刑。然而，我们对于某些犯罪的量刑无法予以数字般的精确化。可以说，故意杀死一人较之于故意重伤一人，在犯罪的"质和量"上更为严重，但是到底严重到多少则无法予以绝对的量化。另一方面，前面举出的例子是重伤与死亡，基本上我们可以说这两者有一定的质的方面的同一性，从而有程度上的区分及比较的可能。但是，对于在质的方面存在根本性不同的犯罪，比如盗窃与故意伤害，我们就不能武断地认为，由于人身权方面的法益重于财产，所以故意伤害一定比盗窃严重。因为，故意伤害尚有重伤与轻伤之分，盗窃的数额大小也千差万别，不好去轻易地对量刑结论下评判。由此可见，在等价报应论扬弃了等量报应论而进行了罪刑抽象化之后，在政治国家刑法日益刑事政策化且刑罚被越来越多地运用到工具化的社会治理层面的当下，仅仅依靠等价报应论而强调抽象化的法律报应是难以对国家刑罚权的界限进行限制的，甚至有导致国家刑罚权扩张之虞。

2. 预防主义（特殊预防）

前文考察了报应主义视野下的报应刑论，发现报应正义往往并不十分确定。而预防主义下的特殊预防的正义则更是如此。

预防刑针对的本来就是未然之罪，特殊预防主义更是出于功利目的的考虑，以犯罪人的人身危险性作为连接犯罪与刑罚的纽带。从理论上，这并不难得到理论上正当化的证成，但是，在实践中，预防正义较之于报应正义更难以具有明确性。因为"在现阶段，很难根据经验科学预测科刑所具有的一般预防和特别预防效果，在具体的适用刑罚的场合，也难以对'对谁应当科处什么程度的刑罚'进行功利主义的解答"。[1]另外，对特殊预防所依据的人身危险性的评定也是一个极其不确定的判定过程。毕竟，人身危险性以及再犯罪的可能性都不是基于法益损坏而言的，走向极端会导致一种"不定期刑"的倾向。在政治伦理层面，特殊预防也会产生危机，因为特殊预防尤其是以教育与改造为目的的特殊预防，倡导对犯罪行为人的人身危险性进行一定的"矫正"。但是，如此一来，"这样的诉求无异于肯认国家可以对人民进行思想改造，以重新塑造犯罪人新的人格。这种强迫教育的方式，亦有侵害

---

〔1〕［日］曾根威彦：《刑法学基础》，黎宏译，法律出版社2005年版，第52页。

人民人格权与人性尊严之嫌"。[1]

通过上述对刑罚正当化依据的考察，不难发现，报应刑论虽然在学理上一般是罪刑均衡化的基本保障，是量刑结果稳定性的基础，尤其是当配合着责任主义原则的时候，其还有保障人权与限制国家刑罚权的机能。但是，在现实的量刑领域，报应刑论却并未像所预期的那样能够收获完全罪刑均衡的效果。对于预防刑（特殊预防）而言，虽然有利于实现刑罚特殊化的考量而兼顾量刑的灵活性，但这样的机制本身依然存在不明确性。另外，虽然预防刑（特殊预防）本身较为明确，但是由于量刑的灵活性也需要建立在稳定性之上，也即报应刑所带来的罪刑均衡之上，囿于诉诸报应刑难以提供这样一个量刑稳定性的罪刑均衡基础，是故量刑个案公正的实质内核，即刑罚个别化考量下之个案妥当性，亦难以在实践中予以推进。申言之，量刑个案公正的衡量标准既然作为一种标准，就首先需要面对量刑实践明确性的拷问，以便于司法实践操作。而由上面的分析可见，仅凭内在标准是无法达到这样的要求的。因此，需要寻找能够提供一定实证化、客观化的外在标准，作为个案公正的辅助性判断标准。

（二）内在标准与正义哲学谱系的发展趋势相悖

个案公正也即个案正义，而何谓正义的命题并没有绝对正确的答案。实际上，法律命题往往与哲学命题具有一定的通约性。一套法学话语同时也是哲学话语，并且正义的本体论与认识论发展脉络只有在哲学层面才能够得到更为连贯、深入的阐释。因此，有必要在哲学层面进行一个知识论脉络的简要梳理，从而廓清论证对象的阐释场域及理论背景。

1. 正义的本体论——从绝对走向相对

如果进行一个简单的哲学本体论谱系的考察，便会发现，正义的命题在本体论意义上已经过渡到了一个从"绝对"到"相对"的过程。

古希腊时期，在柏拉图看来，所谓的正义就是使"金质""银质""铜质"这三类人在类似于金字塔的社会阶层地位上"各司其职"。[2]亚里士多德并未将正义简单化，而是一分为二，区分为"分配正义"与"矫正正义"。前者与立法相关，重在对资源的分配；后者则与司法互动，旨在于对被打破

---

[1] 王皇玉：《刑法总则》，新学林图书出版有限公司 2015 年版，第 22 页。

[2] 参见沈湘平、万琴编著：《走进西方哲学》，中国社会出版社 2009 年版，第 28 页。

的平衡进行一定的恢复，对错误之处进行改正。在古罗马，在深深继受斯多葛派思想的西塞罗看来，正义就是一种合乎自然法的理性，这种理性遍布宇宙且支配着人们的生活。因此，理性与法律乃至正义是一个相互融通的命题。在《优士丁尼法典》里面，正义也是永久性存在的愿望。可以说，在古希腊与古罗马时代，思想家们从朴素直观性的思维模式出发，在宇宙生成论的基础上，对正义的原则进行了纯粹哲学的思辨。尤其是自继受巴门尼德的"两个世界"的划分而凸显出"存在"这个哲学范畴以来，亚里士多德随之将"形而上学"作为了整个哲学的基础。因而，这个时代的正义观是与自然主义的自然法相贯通的，其呈现出形而上学的先验性，也即一种绝对意义上的终极性。

到了中世纪，阿奎那对于正义的思想阐释得较为充分，他基于其所划分的"四分法"（即永恒法、自然法、人法、神法）对奥古斯丁所划分的"上帝之城"与"世俗之城"两个领域进行了进一步的规则分配，并认为上帝宰制整个宇宙的永恒法乃是最高法则，而实施于人间的人法应该与自然法性吻合。因为，对于正义而言，"'如果法律是非正义的，它就不能存在。'所以法律是否有效，取决于它的正义性。但在人类事务中，当一件事情能够正确地符合理性的法则时，它才可以说是合乎正义的……"〔1〕据此而言，在阿奎那的语境中，理性本身就与自然法相互等同，故而，这也构成了正义的实质内涵。但是，与亚里士多德不同的是，除了分配正义与矫正正义，阿奎那强调的是个人对于整体之义务，即正义的第三种范式，即法律正义。只不过，这里的法律正义是重在凸显出类似于当代社会法的色彩。在中世纪，神学宰制了生活，巫魅取代了科学，神性挤压了人性，信仰僭越了理性。因而，整个中世纪的正义观仍然是依托于上帝，在极端化形而上学的道路上去寻找正义的基础。因此，其也仍然是一个绝对意义的终极性正义观。

跨入近代，由于受到了文艺复兴与宗教改革思想的熏陶，西方思想家对正义的探求则是从自然状态、自然权利与社会契约的理论假设中推进的。在格劳秀斯看来，人性是倾向于交往与互助的。故而，"正义是对自己、对他人均有用的品德，因此，正直的人绝不会伤害自己，或其任何伙伴，也不会给自

---

〔1〕　［意］阿奎那：《阿奎那政治著作选》，马清槐译，商务印书馆1963年版，第116页。

己造成痛苦和忧伤".[1]而霍布斯的理解则与之不同。他认为，人性恶，在自然状态中呈现为一种"狼对狼"般的永恒争斗与无序。因此，自然权利的实际享有需要凭借政治国家，由一个拥有巨大权力的"利维坦"般的国家来进行定分止争。因此，"没有共同权力的地方就没有法律，而没有法律的地方就无所谓不公正".[2]斯宾诺莎与霍布斯对正义的论证路径类似，也是基于人性恶的价值预设，是从政治国家权力的集中对正义的促进角度来说明的。只不过，斯宾诺莎比起霍布斯来说，对政治国家权力在实现正义过程中所可能带来的不利后果怀有一种审慎。斯宾诺莎认为，国家权力至少应该保留公民一定的言论和思想自由。[3]如果说，上述正义观的论证是从人性的角度入手，而落脚于对个人主义与政治国家正当性的考虑的话，那么对于洛克和卢梭而言，则是从分权制衡以及社会契约的角度阐释自然法，从捍卫自然权利的角度来阐释正义。比如，卢梭就倡导公意，认为体现公意就体现了正义，对于法律上的正义也是如此，因为"约定的法律把权利和义务结合在一起，并使正义能符合它的目的".[4]

古典自然法时代是基于人文主义与个人权利，从抽象化、原子化的个人形象出发，诉诸理性，探寻法与正义以及国家正当化的基础。尤其是随着康德树立起了"绝对命令"的至上性，理性成了颠覆传统形而上学的基础，并被填充到了新的形而上学框架中。由于以人的主体性为导向的理性主义仍然坚持着形而上学的路径，因而也可谓之一种"抽象主体""同一性"与"理性"三者相结合的形而上学主义，此时的正义观也仍然是追求绝对终极意义上的正义。

不可否认，启蒙运动所带来的理性主义取得了巨大的进步，完成了韦伯笔下那个"除魅"的过程，将理性主义世俗化，将人从神的枷锁中解放出来，将正义的正当性基础还原到抽象化的个人身上。"然而，伴随着现代社会的发展，理性主义的普遍性日渐暴露出弱点，理性的同一性放逐和排斥了'理性的他者'；理性的主体性以解放主体的旗帜，却造成了体制对主体的奴役。理性的建构性以推动人类进步的名义，施加了专制主义的统治和殖民主义的

---

〔1〕［荷］格劳秀斯：《捕获法》，张乃根等译，张乃根校，上海人民出版社2006年版，第13页。

〔2〕［英］霍布斯：《利维坦》，黎思复、黎廷弼译，杨昌裕校，商务印书馆1985年版，第96页。

〔3〕参见［荷］斯宾诺莎：《神学政治论》，温锡增译，商务印书馆1982年版，第274~275页。

〔4〕［法］卢梭：《社会契约论》（修订第2版），何兆武译，商务印书馆1980年版，第36页。

压迫。"〔1〕因此，这也导致了西方一些思想家对理性主义的形而上学基础产生了怀疑和批判。其中，以后现代主义与法兰克福学派为显著代表，绝对主义的正义观也随之走向了相对主义。

在后现代主义看来，现代性的基础需要被解构。主要表现为：首先，解构的前提是摧毁传统形而上学以及理性主义形而上学的同一性基础。在后现代主义看来，现代社会的危机在于西方传统的语音中心主义以及逻各斯中心主义一统天下。因此，德里达倡导关注边缘，反对中心化，颠覆逻各斯中心主义的形而上学大厦，因为，逻各斯中心主义"将自身强加于当下世界并且支配着同一种秩序时，基本上不过是最原始和最强烈的人种中心主义"。〔2〕其次，解构的过程是破除对理性的盲从。尼采在"重估一切价值"之后，在"权力意志"的基础上主张多元主义的正义观。因为，理性所构筑的世界并不是绝对可靠的，"世界是可以不同解说，它没有什么隐含的意义，而是具有无数的意义，此即'视角主义'"。〔3〕福柯也指出，理性的时代将"疯癫"视为了与文明相悖的现象，也呈现出了"理性对非理性的征服"。〔4〕而这本身也体现为以一种绝对主义的理性化准则去排斥"他者"。最后，解构的结果是对抽象个人主体的颠覆。如果说，列维-施特劳斯用"无意识"取代了"有意识"，进而在"结构"的意义上取代了"主体"，那么巴尔特则是用"身体"的范畴偷换了传统的"主体"。因为在他看来，之所以要这样做，目的就是将被传统区隔开来的二分法予以颠覆，即将主体与客体、理性与感性之间的对立予以打破，同时将前者处于优越地位的状况予以根本扭转。

据此而观，后现代主义者们的批判锋芒虽然均是指向了传统的理性、抽象主体与同一性这三位一体的形而上学根基，但是，实际上他们的理论却使得抽象、普适、终极性意义上的正义观滑向了相对主义。他们所倡导的对边缘的关注、对特殊的关切，以及对局部差异性的认同，都隐喻着建立在现代性基础上的社会难以建构起绝对意义上的正义观。毕竟，"一般一种文明被赋予或被承认绝对的优越性，牺牲差异性和多义性，不顾一切向它看齐就是不

---

〔1〕 高鸿钧：《心寄治邦：法理学论集》，法律出版社 2015 年版，第 83 页。

〔2〕 ［法］雅克·德里达：《论文字学》，汪堂家译，上海译文出版社 1999 年版，第 4 页。

〔3〕 ［德］尼采：《权力意志》（上卷），孙周兴译，商务印书馆 2007 年版，第 363 页。

〔4〕 ［法］米歇尔·福柯：《疯癫与文明：理性时代的疯癫史》，刘北成、杨远婴译，生活·读书·新知三联书店 2003 年版，第 2 页。

可避免"。[1]因此，解构主义视野下的后现代主义向我们敲响了警钟，完美状态下的正义遥不可及，法律上的正义亦是如此。[2]

与后现代主义对理性主义提出怀疑并将正义推向相对化相呼应，法兰克福学派也高举了对理性进行批判的大旗。法兰克福学派素以批判著称，他们继承了马克思对资本主义的批判的内在精神，面对当代西方资本主义的发展与传统马克思的分析路径不一致的困境，即传统马克思批判的那种无产阶级之物质匮乏不复存在且资本主义日益克服早期的"不发达现象"所造成的"福山"悖论，[3]法兰克福学派从对工具理性的异化入手来展开批判。霍克海默与阿多诺认为，启蒙运动完成了"除魅"，将人从盲从和迷信中解放出来，对人自身进行了确证。然而，就在启蒙精神一路高歌猛进的同时，启蒙运动所带来的工具理性的发展却反过来成了"异化"的力量，对人本身进行了宰制，导致启蒙呈现出一种悖论。[4]而这个悖论在阿多诺那里以"否定的辩证法"的方式延续着。阿多诺剔除了黑格尔辩证法中的"否定之否定"所蕴含的肯定因素，而倡导彻底否定的辩证法。[5]很显然，阿多诺的观点为后现代思潮埋下了伏笔。与阿多诺"否定辩证法"之否定精神相伴生的是马尔库塞的"单向度性"之批判。他洞察到，资本主义的工业发展使得工人阶级的生存境遇大幅改善，在福利政策以及大众传媒等消遣文件的熏染下，现代人已失去了批判的向度，而仅仅有顺从的品性，进而成了"单向度的人"。而促成这种蜕变的发达工业社会实际上也是一个"单向度的社会"，在这种"'新极权主义'中，有民主而不自由，有富裕而不幸福，有科学但无理性"。[6]

站在法兰克福学派的立场上，学者们的批判都是在经历了纳粹的梦魇之后，基于对后工业时代福利资本主义对人之生存境遇的隐忧，从意识形态层面展开的。尽管如此，虽然正义的命题均是隐含于政治正当性的命题之中，

---

[1] 张汝伦：《现代西方哲学十五讲》，北京大学出版社 2003 年版，第 365 页。

[2] 参见李栗燕：《后现代法学思潮评析》，气象出版社 2010 年版，第 11 页。

[3] 参见张一兵、胡大平：《西方马克思主义哲学的历史逻辑》，南京大学出版社 2003 年版，第 322 页。

[4] [德] 马克斯·霍克海默、特奥多·威·阿多尔诺：《启蒙辩证法（哲学片断）》，洪佩郁、蔺月峰译，重庆出版社 1990 年版，第 10 页。

[5] 参见 [德] 阿多尔诺：《否定的辩证法》，张峰译，重庆出版社 1993 年版，第 156 页。

[6] [美] 赫伯特·马尔库塞：《单向度的人——发达工业社会意识形态研究》，张峰、吕世平译，重庆出版 1988 年版，第 19~20 页。

但是，正如没有脱离了政治的正义，法律上的正义问题亦复如是。抽丝剥茧便不难发现，法兰克福学派从不同于后现代主义的另一个向度，对正义的问题进行了相对化的处理，尤其是以阿多诺的"否定的辩证法"命题为代表的法兰克福学派，正是一种对启蒙主义的同一性理性的解构化处理。就此而言，法兰克福学派与后现代主义有异曲同工之妙，都将绝对正义推向了相对正义，不同的仅仅是批判的进路。

由此可见，在本体论意义上，随着西方形而上学的确立发展乃至部分的解构，正义的实体内容从绝对走向了相对。

2. 正义的认识论——从抽象走向具体

上文探讨的是本体论意义上的正义观念，然而，对正义的认知不仅仅是探讨正义的本体内容是什么，更重要的是探讨人类如何认识到具体的正义，是通过何种途径来认知正义。为了简明扼要且突出问题，本书将西方认识论模式大致划分为三种模式，即形而上学本体论模式、"笛卡尔-康德"模式、"康德-哈贝马斯"模式，分别对应着"形而上学""形而上学重构""后形而上学"三个阶段。

在笛卡尔之前，西方的哲学围绕着由古希腊自然哲学观确立的本体论，是以研究形而上学为主旨的，也即世界究竟是什么这一本原性的问题。即使是中世纪，西方哲学也是以上帝的名义去建构形而上学的基础，用神的意旨去偷换了古希腊自然理性的概念。在形而上学本体论看来，世界呈现出自身原本的存在，而这种呈现就是一种客观存在，与我们的认识无关。同时，世间万物都是依赖于一个本原意义上的终极性的事物，只不过，我们可以通过理性或者信仰来达到这个终极性的事物，从而获得不证自明的认知。在此时的形而上学本体论模式下，存在一个认识论的"空场"。在这样一个认识论"空场"的阶段，正如"越抽象的东西，越难以认识"一样，在正义的本体论呈现出前述绝对性特质的前提下，此时对正义的认知是缺乏方式与方法的。于此言之，在认识论层面，此刻的正义表现出了抽象性的特点。

自唯名论动摇了基督教哲学的形而上学根基之后，在弗兰西斯·培根实验哲学的过渡下，笛卡尔创立了"我思故我在"的命题，在普遍怀疑而最终寻找不可怀疑基点的基础上确立了近代哲学的人之主体性。自此，一个认识论转向运动应运而生，也即哲学关注的重心部分地转移到了作为主体的人是如何认识客观世界这样一个命题上。康德部分继承了笛卡尔的思想，演绎出了一套类似于哥白尼式的认识论革命，从先天知性与理性区分以及"现象"与"物自体"二分的角度去缓和了经验论与唯理论的对立。

"笛卡尔-康德"模式的认识论有两个显著特征：一是仍然在试图重构形而上学的基础，只不过在笛卡尔那里体现为理性的逻辑演绎推理，在康德那里则体现为确立了不可认知的"物自体"的概念。二是对事物的认识有具体化的操作路径，部分超越了传统的"主-客"二分法的认识论路径。而第二个特征与本书讨论的主题结合得尤为紧密。

在此尤其要提到康德所提出的实践理性的命题，因为"在康德的道德哲学那里，自然和权利，权利和正当性，正当性和法之间有着一种层层推进的历史和道德上的递进关系，但在逻辑上几乎是同义反复的"。[1]是故，正义尤其是法律意义上的正义问题离不开康德哲学的理论寻根，而正义的命题恰好是在康德实践理性的命题中得到论证。在康德看来，实践理性高于理论理性，前者不受制于自然因果律而作用于物自体领域，而后者是受自然因果律支配且仅仅作用于现象界。在物自体领域虽说是不可知的，但是却树立了"人具有主体性的自由"这样一种理论预设，于此便导出了人的"绝对命令"式的行动指南，即人的行为不可以把别人视为实现自己主观目的的手段，而应该等同视之。换言之，一个行为是否正当，是否符合正义性原则，主要在于其能否符合实践理性指引下的绝对命令。这样便导出了一系列义务性要求："比如，我们不能给出理由说所有人都可以采纳欺骗的原则（这是康德最喜爱的例子之一），或者伤害的原则，或是强迫的原则，因为我们不能逻辑一致地预设所有人都能够采纳这些原则：我们知道，一旦它们被广泛采纳（即使不是全部采纳），那些以这些原则指导行动的人至少会获得一些成功，因此他们获得成功的地方，就有人成为受害者，而这些受害者就无法同时在同样的原则指导下行动，因此，它们就不能够被普遍采纳。对这些原则的拒斥给了我们建构更加详尽的正义原则的起点。"[2]申言之，康德的实践理性使得对正义原则的认识方法有了具体性的特质。康德虽然没有给出何谓正义（绝对命令下的正当性义务）一个具体的定义，但是却给人们认识何谓正义提供了一个认

---

〔1〕 张旭东：《全球化时代的文化认同：西方普遍主义话语的历史批判》，北京大学出版社 2005 年版，第 72 页。

〔2〕 [英] O. 奥尼尔："康德的正义与康德主义的正义"，陈晓旭译，载《世界哲学》2010 年第 5 期，第 29 页。

识论路径。该路径在中国的语境中体现为，对类似于"己所不欲，勿施于人"式道德准则的认知与把握。于此而言，康德对正义原则的探讨使得正义原则的内容既在一定程度上摆脱了早期形而上学框架内的抽象性而呈现出一定的具体性，同时，这种内容的具体性虽然有"人是目的"这样一个形而上学根基的支撑，但由于其倡导以先天知性与理性相结合的方式来进行事物认知，在一定程度上使康德超越了"主-客"传统二分的唯知论的认知路径。于是乎，也具有了一定"主体-主体"的认识论成分，这也为接下来的哈贝马斯的交往理性埋下了伏笔。

在康德开启了新的认识论路径不久之后，随着黑格尔"同一性"逻辑下形而上学的根本性瓦解，西方学界在步入后形而上学时代的同时，也进一步剔除了康德哲学中形而上学的残余并转向更为细致、具体的认识论探索。在这期间，哈贝马斯的交往理性最引人瞩目。在后形而上学时代，社会整合发生了正当性危机，而作为社会控制工具的法律在宗教神学的"失力"与形而上学解体的现实背景下，也同样面临着正当化危机。重构法律的正当性由此构成了哈贝马斯理论体系的中心。受语言哲学转向的影响，哈贝马斯对韦伯形式理性对社会生活"铁笼"般的宰制进行了批判。其认为不能仅仅将理性局限于韦伯所限定的目的理性与工具理性，而应当对理性进行新的诠释。在此基础上，在认识论层面，哈贝马斯对法兰克福学派的前辈们进行了一定程度的超越。他认为，仅仅聚焦于工具理性批判只会陷入意识哲学而难以自拔，这是法兰克福学派前辈的一个通病，问题的症结在于"没有找到批判意识哲学的根基，在以意识哲学的主—客关系来批判工具理性的主—客关系，最终不可避免地陷入了自我指涉与循环论证"。[1]而问题的解决之道在于，扬弃"主-客"体模式而转向到"主-主"体模式，即从主体间性出发重新发掘出交往理性，而"交往理性是以重构康德的实践理性为基础的"。[2]

哈贝马斯的交往理性依然像康德实践理性那样尊重人的主体性。因为，具体得以证成的规范不是来自外部的强制，而是主体与主体之间商谈的结果，每个商谈的主体既是规范的制定者也是规范的受约束者。只不过，哈贝马斯

---

〔1〕 高鸿钧："走向交往理性的政治哲学和法学理论（上）——哈贝马斯的民主法治思想及对中国的借鉴意义"，载《政法论坛》2008 年第 5 期，第 14~15 页。

〔2〕 吕勇："重构法律正当性的理性基础——从康德实践理性到哈贝马斯交往理性转向的法哲学意义"，载《大连大学学报》2009 年第 4 期，第 21 页。

用主体间性替代了康德实践理性主体性思想。但是，哈贝马斯的交往理性与康德实践理性的区分也是较为明显的：其不仅进一步摒弃了康德实践理性中的形而上学因素，而且诉诸交往理性并不在于导出具体特定的规范，而是重在通过商谈提供一个导出具体规范的框架，或者说是规范的输出机制。因此，商谈出的规范（法律）也不具有绝对唯一性，而是可以在实践检验中得到试错。[1]申言之，相较之于康德，在认识论层面，哈贝马斯对规范正当性（正义性）的建构更聚焦于程序性建构，因而，对正义的认识路径也更为具体。

综合起来，在"笛卡尔–康德"模式下，认知是对客观现实的描述，认为内心可以完整无误地对客观世界进行反映，这种反映类似于罗蒂所描述的"心灵之镜"。而此刻对正义理念的认知方式是抽象的，缺乏认知正义的具体途径。而自康德创造性地提出实践理性之后，这种认识论现状有所改观。直至"笛卡尔–康德"模式在康德实践理性的过渡下发展为"康德–哈贝马斯"模式，人们对事物的认识方式才越来越走向具体化，越来越侧重于对如何达到真理性认识的途径而不是绝对真理的具体内容进行探索。一言以蔽之，从认识论角度出发，人们对正义的认知从抽象走向了具体，更侧重于从方法论的角度去展开对正义问题的探索。

3. 内在标准与正义本体论与认识论发展的相悖性

结合上述对正义哲学谱系发展脉络的考察，不难发现：一方面，内在标准所勾勒出的报应正义与预防正义的本体论内容，具有终极性与先验性的特质，也即过度地呈现出形而上学化的色彩，而这与正义本体论发展的相对化及去形而上学化的趋势不相吻合。具言之，个案公正的内在标准是针对刑事个案而言的，是一个本体论意义上对个案正义性的评价标尺。然而，什么样的责任刑制约了刑罚的上限从而达到一个比较合理的预防刑，进而实现了报应正义与预防正义的融贯？这个问题虽说是从刑罚目的与正当化依据入手所进行的探讨，似乎也在逻辑上能够进行一场顺利的教义学推演，但是，这样一种推演出的结论，在面临具体的个案时，也只能是何以适用于个案的问题。譬如，故意杀人致使一人死亡的案件，在量刑时，法官依据内在标准，即报应正义与预防正义相结合的要求，参照相关的量刑情节予以综合考量作出最

---

[1] 参见［德］于尔根·哈贝马斯：《后形而上学思想》，曹卫东、付德根译，译林出版社 2001 年版，第 44 页。

后裁量。但法官在整个裁量过程中，也依然是依据单个个案。在此情形下，是否达到了个案的正义性要求似乎并非那么不言自明。因此，内在标准衡量仍然具有过于抽象化之嫌。另一方面，内在标准过于强调实体性内容，却对如何认识和达到实体性内容的程序性方法付诸阙如，这与近年来学界越来越重视正义认识论研究的理论趋势相脱节，同时也难以达到我国量刑改革所追求的量刑均衡与约束法官自由裁量权滥用的价值目标。缺乏客观具体的方法论建构，难以为判断法官量刑活动的个案公正与否提供一个外在明确的评判标准。另外，如何从个案内在标准的把握中达到《最新量刑指导意见》所期许的那种"对于同一地区同一时期案情相似的案件，所判处的刑罚应当基本均衡"的要求，也似乎并不能从内在标准中推演出一个具体的行动指南。

（三）内在标准与法理学领域正义变迁之不相协调

上述对正义的探讨是立足于西方哲学的话语路径，侧重于对正义命题在西方学界的发展脉络所进行的一个理论深描。但也必须承认，虽然有些正义命题与法学联系较为紧密，比如前述的亚里士多德、康德、哈贝马斯的正义论，但是法学作为规范法学有其特殊之处。故而，本书接下来拟在法理学领域对正义的命题进行一番探讨，进而勾勒出正义命题在法学领域的大致发展图景。鉴于自然法学与实证主义法学乃是当代西方法学的两条主线，笔者接下来对正义的阐释欲立足于这两条主线，同时在兼顾其他法学及社会政治理论的基础上对正义问题进行一个概括式的论证。

1. 自然法学

之所以将自然法学思想作为法律正义命题考察的首要维度，原因在于自然法与正义的命题都是一个高于现实且批判现实的工具，均蕴含着实然与应然区分基础之上的价值性诉求，二者在产生、发展与演化的过程中呈现出了一定的同步性。

对于自然法学来说，正义是法律对自然法的符合与一致，也可以说是对自然法的反映。而前已述及，滥觞于古希腊与古罗马法的古代自然法，是诉诸超验、绝对的形而上学寻求法律的正当性基础，并以此阐释法的正义性命题。自中世纪之后，自然法剔除了其中的神学因素，从而使得古典自然法学家们从自然权利、社会契约中寻求法的正义性。此时的自然法依然是在寻求法的先验、绝对的基础，而正义也是依托于此而得以阐释的，只不过此时由于受到启蒙思想的影响，古典自然法隐喻着革命性与颠覆性的需要，更多的是从政治哲学与分权制衡的角度去论证法的正义性问题。

及至现代自然法学，自富勒将法的道德命题进行内外界分并由此提出法的"内在道德"评价标准的法治"八原则"之后，自然法学便呈现出一个鲜明的特点，即不再纠结于自然法的实体性内容，而更侧重于将自然法程序性向度从幕后推向前台，从认识方法具体构建的角度去阐释自然法的命题，而正义也是在这样一个转向中逐步展示出了一种转型的内在张力。对此，罗尔斯应该是一个典型代表，他将西方学界对正义的自然法关注问题从个人导向了社会制度。其认为，正义包括两个原则：一个是平等自由原则；一个是差别原则（包括帕累托最优原则与机会平等原则）。[1] 而值得关注的是，他的正义论有两个理论前提：一是将利益分配的程序性保障作为他的理论出发点，从而提出了"无知之幕"的概念。二是提出原初状态的假设而部分借用了古典自然法社会契约论的命题，但又与之相去甚远，因为原初状态自始都不是一个时间维度的先验的概念，"而是一个认识论意义上的哲学概念"。[2] 因此，罗尔斯的正义论已经不同于之前的古代自然法与古典自然法，不是完全着眼于构建先验绝对的形而上学基础，而是着重在如何搭建一个通向正义的途径。

罗尔斯自然法意义下的正义论之论证思路在菲尼斯的新自然法思想中体现得淋漓尽致。他认为，自然法体现为人们所共同促成的一种共同的善，这构成了自然法的内涵，大致包括生命、知识、娱乐、审美体验、社交等几个方面。[3] 注意，这里的共同的善虽然具有一定永恒先验的特征，但是却有两个特点：一是这些共同的善仅是列举，而不是一种穷举。二是这些共同的善之间不存在价值位阶之别，这两点明显不同于传统的自然法思想。

在当代，在自然法与实证主义法学长期论战并稍显低迷的时刻，菲尼斯的自然权利命题的提出，给自然法的发展注入了一针"强心剂"。他主张，正义是通过实践理性推导而出的，而对于实践理性如何推导促成共同的善进从

---

〔1〕 参见［美］约翰·罗尔斯：《作为公平的正义——正义新论》，姚大志译，上海三联书店 2002 年版，第 70 页。

〔2〕 吕亚萍："个人自主与社会联合之间：罗尔斯正义理论述评"，载高鸿钧、於兴中主编：《清华法治论衡》（第 23 辑·法律与正义），清华大学出版社 2016 年版，第 145 页。

〔3〕 参见［英］约翰·菲尼斯：《自然法与自然权利》，董娇娇、杨奕、梁晓晖译，苏苗罕、张卓明统校，中国政法大学出版社 2005 年版，第 74 页。

而实现正义，他则重点从方法论的角度，从内在生活计划的合理预期性、不偏重某人及某些价值、在生活中保持超然的姿态等九个方面去进行具体论证。[1]

而正义包含三方面内容：①需要兼顾他人，以他们为行为的导向性而处理人际关系；②彼此相互尊重各自的权利义务，并均对社会尽责；③正义的要旨在于平等或者说是符合比例性的要求，而此处的平等不是绝对意义的平均化的均等，而是相对性的平衡。[2]尤其是菲尼斯正义原则的第三个内容，即相对平衡而不是绝对均等的思想充分体现了新自然法学在坚持自然法普遍性立场的基础上不再过度预设形而上学的绝对性话语，从而在弱化自然法与西方基督神学关联性的时代隐喻下，更多地面向了价值多元主义，从而使得其理论更具公共运用性与实践操作性。

据此观之，传统意义上的自然法学有两个弊端：一是过于片面强调自然法的形而上学本体论内容而忽视了认识论基础之上的方法论建构。故而，从富勒、罗尔斯到菲尼斯，其理论均是试图弥补这一缺陷而进行的理论尝试。二是有损于法的明确性与稳定性。对此，拉兹基于实证分析的立场，力倡仅仅局限于形式主义的法治观，即"法治是一种理念：法律应当遵守的一个标准，但是，法律可能（并且有时）的确彻底而系统地违背这一标准"。[3]但这样的法律仍然是法律，因为这有助于实现法的指引功能，进而维护法的明确、稳定的优良品性。由此可见，自然法学具有与生俱来的缺陷，且所具有的缺陷也必然会同时体现在其话语体系的正义观之中。而作为自然法学对立面的实证主义法学能否克服这种缺陷，能否为正义法律命题提供一个圆满的解决方案，则是接下来亟须讨论的问题。

2. 实证主义法学

实证主义法学以实然存在的法为研究对象，拒斥形而上学价值性因素对实在法进行侵蚀，这在一定程度上有助于实现法律的明确性与稳定性。但是，

---

[1]　参见［英］约翰·菲尼斯：《自然法与自然权利》，董娇娇、杨奕、梁晓晖译，苏苗罕、张卓明统校，中国政法大学出版社 2005 年版，第 84~103 页。

[2]　参见［英］约翰·菲尼斯：《自然法与自然权利》，董娇娇、杨奕、梁晓晖译，苏苗罕、张卓明统校，中国政法大学出版社 2005 年版，第 132~134 页。

[3]　［英］约瑟夫·拉兹：《法律的权威：法律与道德论文集》，朱峰译，法律出版社 2005 年版，第 194 页。

如此一来，由于正义的命题与生俱来地与道德问题有着千丝万缕的联系，而道德也是实证主义法学所试图从实在法中剔除的因素，因此，从正义的命题在实证主义法学的范畴看来，就是不需要刻意进行讨论的问题。凯尔森的纯粹法学的思想则为典型代表。凯尔森直言不讳道，正义就是一个法律范畴之下的正义，"'正义'就意味着'合法'（legal）。当一条一般规则依其内容适用于其所应适用的所有案件时，便是'公正'的"。[1]实际上，凯尔森并不是否认正义的存在，只是持有一种正义相对主义的论调，在他看来，正义的内涵具有非理性的特质，具有主观性和不确定性。故而，正义的这种特性会冲击实在法的稳定性及科学性，会动摇孔德所倡导的实证主义根基。

职是之故，在实证主义法学看来，正义命题可以简单地化约为"合法条性"的命题。这较之于传统自然法学来说，具有了两方面的进展：一是由于拒绝将形而上学价值性命题导入法学的研究范畴，自然法学那种过于强调正义本体论向度之流弊在这里得到了一定程度的缓和；二是"合法条性"在一定程度上使得正义的判断有了一定的实证性标准，毕竟实在法是客观存在的，因而，实证主义法学在正义问题的方法论的向度上有所长，尽管这里的"所长"是十分简单而粗疏的。

但是，实证主义法学存在的缺陷甚为明显，那就是过于倾向于法的封闭性，丧失了法的批判功能。尤其是在第二次世界大战之后，实证主义法学对纳粹暴行缺乏法律上的否定性评价机能，不仅使得拉德布鲁赫自身立场发生了"转向"——一个实证主义法学的虔诚信徒投向了自然法学的怀抱。同时伴随着实证主义法学对传统奥斯丁纯粹意义上"主权命令说"所带来的人权保障缺失的反思，实证主义法学在不断受到诘难的同时，自身也不得不作出调试。以至于连实证主义法学的大师哈特也不得不承认，法乃最低限度自然法的命题。由此可见，对正义的命题，既不能在自然法学的话语中得到方法论的认知，也无法在实证主义法学的语境中获得本体论内容，甚至有被排除出法律体系之嫌。因此，问题的症结在于如何将正义命题在法学两大主线之中进行一定的超越。

---

〔1〕 於兴中："正义：从抽象到具体"，载高鸿钧、於兴中主编：《清华法治论衡》（第23辑·法律与正义），清华大学出版社2016年版，第10~11页。

3. 二者的超越

继传统的自然法学与实证主义法学之后，法学的发展呈现出对二者进行一定超越的态势，正义的命题也随着这种超越焕发出了新的活力，同时也被时代赋予了新的内容与认知途径。

就传统自然法学的超越而言，最为显著的当属施塔姆勒，自新康德主义法学使得事实与价值产生联系以来，施塔姆勒基于此提出了"内容可变的自然法"的命题，认为法律应当拥有正义性的基础，且评价法律正义的尺度是一个具体内容变动不居的"自然法"，这个"自然法"是形式固定而内容多样的。在此之后，在博登海默的综合性法理学思想中，"正义有着一张普罗透斯的脸（a Protean face）"，[1]在不同场景之中呈现出不同面容。就此而言，传统自然法学中的绝对正义逐步被超越而走向了相对正义。

对于实证主义法学的超越来讲，最值得一提的是制度法学所带来的冲击。制度法学代表人物麦考密克与魏因贝格尔倡导"分析-辩证"的正义观。该观点主张："没有人能够客观地和确定地知道什么是正义，正义也得不到证明。"[2]因为，普适性的绝对正义是不存在的。在这一点上，"分析-辩证"的正义观坚持了实证主义对形而上学本体论拒斥的研究路径。但与传统实证主义法学对正义命题进行消极的"投闲置散"不同，在绝对性正义难以得到证明的理论假设之下，"分析-辩证"的正义观重在阐释这样一个立场：正义的合理性是可以得到论证的。同时，人们能够对何谓正义的认识方法进行有益的探索与尝试。人们的日常行为并非杂乱无章而是有迹可循的。故而，人类社会能够对正当性（正义性）观念达成一致。尤其是"虽然在正义与效用二者之间并不存在罗尔斯所说的绝对先定的优先次序，然而，最低限度的形式正义要求（即形式上的平等）和审判中对案件事实的正确认定，具有绝对的优先性，不应该因追求效用而被忽略或牺牲"。[3]据此而论，制度法学延续了实证主义的分析路径，促使正义的命题重新回归到实在法层面，并从方法论上具体着手探讨正义的规范效用。

---

〔1〕　〔美〕E. 博登海默：《法理学：法律哲学与法律方法》，邓正来译，中国政法大学出版社2004年版，第261页。

〔2〕　〔英〕麦考密克、〔捷〕魏因贝格尔：《制度法论》，周叶谦译，中国政法大学出版社1994年版，第250页。

〔3〕　严存生主编：《西方法律思想史》（第3版），法律出版社2015年版，第311页。

考夫曼曾经认为："只要人们坚持要么选择自然法，要么选择实证主义，不考虑第三者，就不可能有一个令人满意的答案。"[1]结合以上论述，我们可以得到一个结论：对正义命题的阐释需要在一定程度上超越自然法学与实证主义法学，"超越自然法理论，意味着法哲学必须放弃把法律建构在总体性规律基础上的努力；超越法律实证主义，则意味着法哲学必须保持对现实法律制度的批判能力"。[2]是故，对于正义命题的探讨，既不能完全追求绝对唯一性的形而上学本体论基础，而忽视了方法论的建构；也不能完全遵循纯粹化的实证主义进路，矫枉过正地将自然法学的本体论因素全部剔除出规范法学，从而在丧失了法的批判功能的同时滑向相对主义与怀疑主义。

4. 内在标准与法理学正义观发展趋势之抵牾

分析了法理学两大法学流派正义观的相对超越性，回到本书内在标准来进行检视便不难发现：探讨刑事个案公正内在标准是从刑罚的正当化依据入手的，而对这种理论依据性的讨论，无论如何也离不开对形而上学基础性的考量，是一种终极意义上的目的性建构，这构筑起了刑罚正当化的内在基础。客观而言，这对于限制国家刑罚权，赋予政治国家公权力在刑罚层面一定的合法性是十分必要的。因此，内在标准的设立是有其必要性的，否则就容易重蹈纯粹实证主义法学发展的覆辙而丧失自我批评的机能。但是，内在标准就法理学的发展脉络而言，也存在一定问题，那就是难以提供一个相对实证化的方法论基础，如何发挥裁量主体的能动性去认识个案的公正性基础，何以评判个案的公正性及其程度，都不能从内在标准中得出明确的答案。

综上所述，刑事个案公正的内在标准的正当性存在一定的不足之处，因此，有必要从其他方面对内在标准的不足进行一定的补足，以期实现量刑个案公正衡量标准的合理化。

（四）外在标准——比较基础上之正义

鉴于上述刑事个案公正内在标准有诸多不足，对此，本书在此拟先提出解决问题的观点，并在后文中予以分析论成。本书提出的观点是应该辅以外在的判断标准，即在对个案与个案进行比较基础上之正义。

---

〔1〕[德]阿图尔·考夫曼："法哲学的问题史"，载[德]阿图尔·考夫曼、温弗里德·哈斯默尔主编：《当代法哲学和法律理论导论》，郑永流译，法律出版社2002年版，第122页。

〔2〕葛洪义：《法与实践理性》，中国政法大学出版社2002年版，第161页。

1. 外在标准的内涵

本书认为，立足于个案比较基础上的正义，其判断标准主要包括两个方面的内容：一方面，对于个案的刑罚裁量结果，需要结合指导性案例以及其他同类地区的类似案例，在相同与不同、类似与差异的基础上对量刑结果进行一定的比对与参照。另一方面，以省为单位的各高级人民法院在制定各自的实施细则时，应该考虑同一区域内、一定时间段内的类似案件，进行基于大数据样本的考查，从而在量刑步骤上进行一定的实证分析，进而得出具体罪名量刑起点、增加基准刑幅度的刑罚量值以及相关数值比例。在全国层面，最高人民法院就共同性问题所制定的《最新量刑指导意见》在此类问题上亦复如是。总体来说，外在标准实际上是从司法裁量与立法设计两个方面而言的，第一个方面是从现实司法裁量来说的，第二个方面则是从规则制定的角度而言的。两个方面虽然向度迥异，但却均是以经验数据的归纳对比为基础的。

另外，个案量刑公正外在标准的设立会面临一个指摘，即绝对相同的"同案"不存在，进而推导出"同案"同判是不成立的理论预设，那么为何还需要对个案进行比较，在比较基础上对量刑结果要求趋同？实际上，对于这个问题，白建军教授作了较好的解答。他认为，这种指摘是不能成立的，因为同案同判也是相对而言的，个案之间的相同性，实际上是在寻找不同案件之间所涉及的相同的法律问题。正如认识到案件的不同性是司法者的责任一样，认识到不同案件的相同性也是一项更为重要的司法活动。这里的相同性，仅仅是从相同的法律条文适用于相同的法律问题的角度而言的。[1]

2. 外在标准的必要性

前已述及，内在标准在法的明确性、哲学发展趋势、法理学正义观的理论嬗变三个方面均存在着诸多不足。但是，这些不足并不能直接证立外在标准的存在合理性，因为，需要对外在标准的必要性进行一个直接的理论证成。具体而言：

（1）外在标准在本体论上具有可行性。前文已经谈到，现代无论是西方哲学界还是法理学界，都普遍认为绝对正确的正义是难以企及的。而个案比较基础上的正义无异于追求绝对的正义，毕竟，待判的甲案与类似已判的乙

---

[1] 参见白建军："基于法官集体经验的量刑预测研究"，载《法学研究》2016年第6期，第153页。

案之间在量刑结果上保持相对一致性，并不能够表明甲案就一定是达到了个案公正，但是至少当类似的个案之间在量刑上表现出巨大的差异时，能够客观地指引出不公正的评判标示。印度学者阿玛蒂亚·森就坦言，正义的理念树立并不等于实现了正义，过于关注正义会忽视生活中的非正义。[1]因此，"正义与非正义是一对对立统一体，只有借助正义，才能识别何为非正义，而识别非正义的过程，也是界定正义的过程"。[2]魏德士教授也持相同的认识。在他看来："正义概念的作用在于认识明显的、严重的不公。换言之，正义概念的作用在于界定非正义。"通常而言，"对什么是不公正的达成一致，较之对什么是'公正'的达成一致的机会要大"。[3]考夫曼亦是在这个思维路径上批判了功利主义的正义观，基于何谓幸福无法达成一致性的结论，故而倡导"只要可能有不幸，且尽可能避免许多人遭受不幸"[4]这样一种反面功利论。由此可见，在界定个案公正时，虽然难以就何谓绝对的公正（正义）达成本体论上的认识一致性，但相同（这里指的是类似）情况却不同对待的情形（反映在量刑上则是"类案异判"）却是个案不公正的显著且实证的评价标尺，在这一点上至少可以达成共识。尤其是在利益多元化的今天，在我国各个地区经济发展、民俗、习惯等诸多方面有较大差异的当下，认同类似情况类似对待的这种外在量刑公正标准具有现实的可行性。

（2）外在标准有认识论模式上的优势。前文已然论证，西方学界认识论从"笛卡尔-康德"模式走向了"康德-哈贝马斯"模式，人们对事物的认识方法产生了革命性的变化：前者只是用静止的眼光去看待外界事物，即"主-客"体认识模式侧重于探寻终极意义上的真理性认识；而后者乃是"主体-主体"之主体间性模式，是用动态的眼光去审视事物的本质规定性且重在构建出一种认知方式。因此，认识论发生了正义命题的认知路径从抽象到具体的变迁。在康德的实践理性看来，法律的正当性命题蕴含于实践理性之中，一种"己所不欲，勿施于人"式的行为准则要求我们同等地对待作为主体的个

---

[1] 参见［印］阿马蒂亚·森：《正义的理念》，王磊、李航译，中国人民大学出版社2012年版，第90页。

[2] 高鸿钧："《薄伽梵歌》的正义观——兼评《正义的理念》"，载高鸿钧、於兴中主编：《清华法治论衡》（第23辑·法律与正义），清华大学出版社2016年版，第137页。

[3] ［德］魏德士：《法理学》，丁晓春、吴越译，法律出版社2013年版，第175页。

[4] ［德］阿图尔·考夫曼：《法律哲学》（第2版），刘幸义等译，法律出版社2011年版，第195页。

人，对个体行为的评价应当兼顾类似情况下个体的反应。这是一种不同于自然科学演绎推理的思维逻辑。正如葛洪义教授所指出的那样："我们用于处理法律问题的标准既不是纯粹客观（客观自然界意义上的客观）的，又不是纯粹主观的，而是建立在主体之间的关系的客观性基础上。"[1]哈贝马斯的主体间性的思想也依然是贯彻着康德式实践理性的理论内核，只不过他较于康德在认识论程序上构建得更为详尽。可以说，只要我们承认，法律的命题不同于自然科学上绝对唯一性的命题，而生活于社会当中的个人也并非离群索居的孤立原子式的个人，而是受生活于其中的社会道德、伦理等潜移默化影响的话，那么对个人行为正当与否的评价就应该取决于生活于类似情境下个人的行为评价因素。因此，在量刑时类似情况类似处理这种比较基础上的正义观就应该得到证成。这不仅使得个案公正的评判标准有了相对可行的认知标准，即个案之间的比较，从而契合了哲学领域认识论发展变化的趋势；更为关键的是，类似情况类似处理着眼于"情境性"，即特殊的类似情况，而不是寻求绝对的平等性对待。这样一来，可以在一定程度上防止机械化的"一刀切"做法，从而保持量刑的动态灵活开放性。譬如，在东部地区盗窃 2000 元与在西部地区盗窃 2000 元，在量刑实践上每个法官都会有所不同，盗窃行为的社会危害性以及行为人的人身危险性程度也会有所区别。再比如，同样是侵犯少数民族风俗习惯罪的量刑，在少数民族聚居区较多的西部地区与非少数民族聚集区之间，行为的量刑评价与法官的量刑实践必然也会有所不同。因此，务实的方法是参照实践中以地域为单位的个案，从而得出是否实现了个案量刑公正的结论。

（3）外在标准可以弥补内在标准在个案裁量之不足。前文已述，内在标准存在许多难以克服的理论缺陷，对此不再过多展开。但是，如果从个案化量刑裁量的层面审视，归结起来有两个方面的不足：

一方面，内在标准使得理论证成薄弱。报应正义与预防正义的命题，说到底也仍然是一个应然意义上的命题，并非一个实然层面的论证。因此，仅就刑事个案公正的内在标准而言，其只是一个自证而非他证的命题，而自证本身则烘托出了一种形而上学的理论品性。追根溯源，何谓达到报应正义，何谓人身危险性，怎样才是预防正义，这在面对个案化的裁量时，是一个基

---

〔1〕　葛洪义：《法与实践理性》，中国政法大学出版社 2002 年版，第 188 页。

于预设的价值目标而展开的个案演绎，呈现出来的是一种解释主义的范式，而非实证主义的经验归纳。由是之故，德国学者阿尔布莱希特教授才认为，对量刑均衡性的普遍重视的根本原因就在于对有责的不法所确定的刑罚乃至预防刑多少才能有效果均难以证实，因此才退而求其次，从平等对待的角度去寻求刑罚的正当化依据，这样才能使得理论更有说服力。[1]申言之，量刑本身就是一个实践理性的运作过程，是面向具体丰富的人类世界和客观世界的一种世俗化的经验判断，过于侧重本体论内容会在方法论上存在偏重自证而缺乏他证的先天不足，会削弱个案公正的自我证成效力。

另一方面，量化分析的弱化。无法否认，个案化的考量是具体而生动的，具有形象化的优势，赋予了刑事个案公正的内在实体性内容，故而是整个刑事个案公正的主体框架。然而，过于侧重个案会导致量化分析的不足。个案研究的一个显著特点是其不能代表一定的普适性，而是具有特殊性与情境性，偏重质性分析而缺乏量化分析。当刑事法官面对一个具体的案件进行刑罚裁量的时候，在凭借内在标准而对个案进行衡量时，虽然可以在责任刑与预防刑相区分的基础上对量刑情节进行一定程度的归纳，不至于让影响预防刑的情节不当地增加刑罚上限的情形出现（如本书前述对《最新量刑指导意见》累犯增加基准刑做法的批判），但是，具体适用某个情节的多少比例可以裁量出报应刑而达到报应正义，预防刑情节在责任刑之下的哪个幅度范围比较合适，进而方认为可以达到预防正义，这些并非都是那样的不证自明，这是基于个案化考量的先天缺陷。故而，张明楷教授也才由衷地感叹道："事实上，不管采取什么样的理论，量刑的标准都难以精确化，因为我们对犯罪没有计算单位。"[2]

然而，如果在量刑个案公正的内在标准之上辅以外在标准作为评价因素，不仅会使得个案公正的评判从内在抽象走向外在具体，还可赋予法官以及量刑规则制定者一定的外部直观评价参照对象，进而增强案件正当性的证明力度。而且，由于外在标准的存在，人为割裂个案与个案之间关联的现象可以避免，从而使得个案比较基础上的经验归纳成为可能，个案量刑的量化分析

---

〔1〕 参见［德］汉斯-约格·阿尔布莱希特：《重罪量刑——关于刑量确立与刑量阐释的比较性理论与实证研究》，熊琦等译校，法律出版社 2017 年版，第 6 页。

〔2〕 张明楷：《责任刑与预防刑》，北京大学出版社 2015 年版，第 50 页。

的正当性评判也才会有立足点。这就像大谷实教授所提倡的"量刑计量化"那样，即"事先计算出一般法官的量刑。例如，对于一般法官来说，在 X 的伤害案件中，考虑的是，是判处罚金还是徒刑，是否得判处实刑"。[1]然后，在此基础上，斟酌个案的不同因素进行比较权衡，进而得到参照个案对比基础上的量刑结果。这里的"量刑计量化"实际上就是量刑的量化分析，而这个分析的前提就是对个案与个案经验一般化的量刑指数的提取与比较。

由此可见，个案公正的内在标准构建出了本体论的基本内容，保持了作为规范法学的明确性与稳定性，而外在标准以个案比较基础上的正义为依托，给予了一个法学方法论上的认识论途径，具有一定的实证性品格。换言之，外在标准在弥补个案内在标准证明力弱化与量化分析不足的基础上，具有了实践上的可操作性。同时，由于内在标准仍然居于量刑个案公正的主导地位，因此，依然保持了对个案公正的自我评判性的标尺，防止了个案正当性评价的自我指涉与循环论证，从而达至了前述当代法理学领域自然法与实证主义法学相对超越性的理论诉求。

（4）外在标准有利于实现量刑改革的目标。我国量刑规范化改革的目标归纳起来可分为规范法官自由裁量权和实现量刑公正两个方面。对于前者，重在对法官的自由裁量权进行一定程度的合理约束，而外在标准的存在，由于个案比较乃至个案与个案的经验归纳有客观实证的品性，因此会在无形之中形成针对法官量刑裁量的外在约束机制，从而增强量刑的合理性与量刑过程的透明性，对该点应该是较为容易理解的。关键在于后者目标的实现问题。笔者认为，外在标准的设立有助于个案量刑公正目标的实现。表现为：

一方面，将文书结合司法实践理解。依据《最新量刑指导意见》的精神，此处虽然论及刑公正，但结合《最新量刑指导意见》中"对于同一地区同一时期案情相似的案件，所判处的刑罚应当基本均衡"的量刑指导原则，故而，量刑改革中量刑公正的主要向度可以从克服不合理的量刑偏差与量刑失衡进行考量，也即实现量刑均衡。而当前的量刑理论普遍认为，量刑均衡不再是个案之间绝对意义上的"基数的均衡"而是"序数的均衡"。具言之，

---

　　[1]　[日] 大谷实：《刑法讲义总论》（新版第 2 版），黎宏译，中国人民大学出版社 2008 年版，第 475 页。

罪刑均衡不再是追求个案与个案绝对的形式上的量刑等同，而是在承认存在个案差异性的基础上，追求个案之间的相对比例性均衡。[1]这与亚里士多德的思想相一致。其认为："所谓'公正'，它的真实含义，主要在于'平等'。"[2]且这里的平等不是平均主义意义上的平均，而是"相同情况相同对待，不同情况不同对待；正义就是合乎比例，非正义就是比例失调"。[3]由是之故，个案公正外在标准的构建赋予了相对罪刑均衡实现的可能。理由正如我国学者所述："通过统计计算得出各种罪名的'均值刑'和'高频刑'，以其作为具体罪名的刑罚裁量的'参照刑'，应当是量刑规范化改革促进量刑均衡的比较可行并具有可操作性的方式。"[4]而此处所提的"均值刑"与"高频刑"衍生的前提就是个案之比较。

另一方面，从量刑理论考察。量刑个案公正虽然也是依托于法治国的平等原则，但是又与报应主义的同等处罚意义上的平等不同。如白建军教授所言："我们不仅要在被告人与被害人的关系中考察司法公正问题，还要在被告人与国家惩罚权之间的关系中考察司法公正。"[5]同时，这也意味着量刑公正与私法上的公正不同，私法上平等意义上的公正旨在损害与赔偿的对等性，"而公法上的平等，正如从犯罪与刑罚中所看到的，国家与个人在纵的关系中的分配性平等，因而是要实现给当事人以平等权利之正义的平等"。[6]也即量刑上类似情况类似对待，不同情况不同对待。尤其前已述及，当报应主义与预防主义的刑罚根据都不足以清晰地划定国家刑罚权的边界时，于此情形下，"现实的方法就是使各犯罪之间相称，而不是与罪行相称"。[7]树立起外在标准，在个案与个案之间相对平等地分配国家刑罚权是一个较为可行的做法，

---

〔1〕 参见张苏："德日刑法中的责任理论及对我国量刑的启示"，载《河北法学》2014年第9期，第157页。

〔2〕 [古希腊] 亚里士多德：《政治学》，吴寿彭译，商务印书馆1981年版，第153页。

〔3〕 [爱尔兰] 约翰·莫里斯·凯利：《西方法律思想简史》，王笑红译，法律出版社2010年版，第23页。

〔4〕 李本森："量刑规范化改革的'三点论'——以美国的量刑改革为参照"，载石经海、禄劲松主编：《量刑研究》（第1卷），法律出版社2014年版，第7页。

〔5〕 白建军：《公正底线——刑事司法公正性实证研究》，北京大学出版社2008年版，第53页。

〔6〕 [日] 铃木敬夫：《相对主义法哲学与东亚法研究——一位日本拉德布鲁赫主义者的理论追求》，法律出版社2012年版，第167页。

〔7〕 [美] 约书亚·德雷斯勒：《美国刑法精解》（第4版），王秀梅等译，北京大学出版社2009年版，第48页。

有助于实现理论层面上的量刑公正。

三、刑事个案公正的法治意义

本书之所以阐释刑事个案公正，而不是笼统地阐述刑事公正，主要是因为在量刑改革的当下，刑事个案公正具有以下几个方面的积极效能：

（一）从抽象法治走向具体法治的基本途径

法治不仅体现为一系列的抽象观念和宏观的制度设计，更体现为具体的法律实践。正义也不单单是抽象的法律原则，更是需要形象地体现在法官对案件的具体裁判之中。实际上，社会公众对于司法公正的认识主要还是来自法院具体的判决。没有局部的、具体的个案公正，也就没有整体的、一般的普遍公正。陈兴良教授认为："在刑事法律活动中，个别公正之所以重要，主要是因为刑事立法所确立的一般公正由于法律规范本身的局限性，在适用于个别案件时，这种一般公正不能'天然地'转化为个别公正，而有待于能动的刑事司法活动。"[1]申言之，一般公正仅仅是立法层面的抽象意义的普遍性公正，是抽象的法治诉求，而个案具体公正是司法层面的具体性公正，是具体法治的体现。能动的刑事司法活动具有个案特殊性的特征，可以在某种程度上弥合法律的抽象性与案件具体性之间的矛盾。因此，立足于刑事个案公正的实现才能够使得一般公正转化为具体公正，从而构建起抽象法治走向具体法治的桥梁。

（二）从形式正义到实质正义的关键环节

法律首先必须具备形式理性的品性。正如黑格尔所言："法的东西要成为法律，不仅首先必须获得它的普遍性的形式，而且必须获得它的真实的规定性。"[2]因此，法的形式理性是法必须具备的外在的技术性要素，且这些要素大致说来，主要就是法律规则的普遍性、可预测性、可操作性等几个方面。具有这些外在的技术性要素即可以达到法的形式正义的要求。法的形式正义如果从法治国家角度而言，可以维持制度稳定性，使得国民的行为能够形成一种稳定的预期，尤其是对于刑法来说，形式正义具有人权保障的机能，从而被赋予了更高价值。职是之故，韦伯才会着眼于规则体系的完备性与一体

---

〔1〕　陈兴良：《刑法的价值构造》（第2版），中国人民大学出版社2006年版，第280页。

〔2〕　［德］黑格尔：《法哲学原理》，范扬、张企泰译，商务印书馆1961年版，第218页。

适用，力倡形式理性的法律而侧重于法的形式正义的向度。[1]

然而，法律的形式正义只是一种外在的存在形态，其内核并非毫无意义倾向或价值无涉。恰恰相反，法的形式正义是手段的正义，而法的实质正义是目的的正义。在通常情况下，手段的正义之实现即可实现目的之正义，即实质正义。但是在某些情况下，形式正义的实现不代表实质正义诉求的满足。此时，就应该考虑实质正义，以手段服从目的，而不是本末倒置。即使在较为坚守形式正义的刑法学领域，特别是崇尚体系性思考的德国犯罪论场合，实质正义的价值也从未被轻视过。德国有学者认为，在犯罪论体系中，"犯罪论中所概括的犯罪概念的一般特征，使合理的、与事实相适应的和均衡的判决成为可能，而且它对维护法安全是起到很大作用的。但人们也不能忽视落入非常抽象的程式化的刑法解释学（Stafrechtsdogmaik）的危险。该危险存在于法官机械地信赖理论上的概念，从而忽视具体案件的特殊性。重要的是要解决实际问题"。[2]此处提到的具体案件的特殊性，也即个案公正的实现。但是，不可忽视的一点是：片面侧重于实质正义的实现会有法律失去规则稳定预期性的危险，这对于以刑罚为法律后果的刑法而言是尤其需要避免的危险。反之，过于固守法律的形式正义，又会使得法律为了手段而丧失了目的价值诉求，因难以得到合理性的证成而陷入概念法学机械形式主义的泥淖。如此一来，形式正义与实质正义之间就形成了法治国一种非此即彼的矛盾。

据此而观，如何调和法律形式正义与实质正义的矛盾成了刑法学一直以来的主要议题。而笔者认为，刑事个案公正能够较为合理地调和这对矛盾：一方面，刑事个案公正的实现旨在关注个案的妥当性与合理性，其本身就彰显着刑法的实质正义。另一方面，本书提出的刑事个案公正的评价标准有内、外两个方面的向度，内在标准侧重于自身的本体论内容，赋予了刑事个案裁量的稳定性框架。更为重要的是，外在标准立足于个案与个案之间的比较，使得个案与个案产生了形式上的一致性关联，保持了法律作为规则之治的形式理性。同时，这种个案之间的比较并不完全是强行推行"同案同判"而维

---

〔1〕 参见［德］韦伯：《法律社会学》，康乐、简惠美译，远流图书出版有限公司2003年版，第31页。

〔2〕 ［德］汉斯·海因里希·耶赛克、托马斯·魏根特：《德国刑法教科书》，徐久生译，中国法制出版社2001年版，第242页。

护形式机械的判决一致性，其重在以比较为基础，在此基础之上结合个案自身的特殊性去综合考量，进而实现具体的实质正义。申言之，比较基础上之比较是求"同"基础上的存"异"，是类案正义基础之上的个案正义。换言之，在这种案件比较的情形下，形式正义仍然处于优先考虑的位阶，是在维护刑法形式理性品格实现形式正义的前提下去追求个案的实质正义。由此可见，刑事个案公正能够在一定程度上调和形式正义与实质正义之间的对立，从而将二者有机统合起来。

（三）提高司法公信力，彰显司法公正的重要内容

刑事司法是司法公正最敏感的部分，社会关注度较高，很容易引起公众的强烈反应，再加之媒体的放大效应，这些因素均对刑事司法公信力造成了极大的损害。因而，"同案"不同判，量刑失衡等现象成了被官方、民间与主流学界广为诟病的现象，"同案"同判也被视为提高司法公信力进而彰显量刑公正的一剂良药，量刑改革也是在这个现实背景之下应运而生的。

的确，社会公众对刑事司法公正最直观的感受往往是案件处理结果上的比较，此案与彼案量刑结果上的等同容易给人以公正量刑之感。但是，笔者认为，对此也不能绝对化，司法公信力提升与量刑公正的追求不能仅仅片面地执念于"同案"同判所带着的量刑结果上的一致性，这仅仅是一种机械、抽象、形式的量刑公正，短时间内虽然能够形成一个司法公信力提升的表象，但是，从长远来看，从量刑的本体与实质出发，刑事司法量刑公正与司法公信力的提升不能囿于量刑结果的一致性，而是量刑的裁量标准的一致性。只有加大量刑标准的客观性与量刑过程的透明度，使得刑事司法以一种可见的正义方式来运行，尽可能地弥合社会公正与刑事司法的鸿沟以增强社会认同度，于具体的个案中落实现实的量刑个案公正，才是解决问题的根本之道。否则，下一个"许某案"的出现，又会再次使得民众对司法公信力产生怀疑，进而拷问刑法的正义性。由是之故，有学者发出务实感言："事实上，冷静地审视就会发现，量刑公信力低、量刑效果差等问题的最关键缘由，不是'同案异判''同罪异罚'，而是量刑个别化被漠视并没有以公开、透明的方式显现出来。"[1]

---

〔1〕　石经海：《量刑个别化的基本原理》，法律出版社 2010 年版，第 12 页。

第二节　量刑规范化对刑事个案公正的价值

前已述及，量刑规范化与刑事个案公正既有相互冲突的一面又有内在统一的一面。但是，不容忽视的问题是，从维护罪刑均衡与防止量刑偏差的角度而言，量刑规范化的实现并不代表着刑事个案公正的实现，实现刑事个案公正的难度往往要大于实现量刑的规范化。理由在于：

一方面，刑事个案的公正着眼于具体个案的本质性认识。一般而言，许多个案之间往往在形式上会表现出较大的相似性，如果仅仅从案中诸如危害结果、行为的方式等客观方面衡量，一般并不会有较大差别。然而，假如对案件进行深层剖析，对案件的其他隐形相关因素（如行为人的生活经历、被害人以及亲属的内心感受、案件发生的具体时空情状等）予以把握的话，许多形式上看似较为相似的个案之间会存在很大的差异性。而这种案件的迥异情状如果不从法律专业化的角度予以精细化的梳理与甄别，个案的具体实质的公正就将难以实现。显而易见，这个量刑精细化工作的难度会大于由追求量刑均衡化带来的量刑规范化。

另一方面，从量刑规范化在量刑方法的革新角度而言，量刑规范化对个案公正的促进也是有限的。不能认为量刑规范化的量刑方法可以使得实质意义上的量刑公正绝对地实现，这是过高地估计了量刑规范化的作用。因为，"其一，量刑方法不过是一种量刑程序和手段，从根本上讲，解决不了诸如立法缺陷、法官个人素养等问题；其二，对特殊类型的案件，规范化量刑方法存在着天然的缺陷。正所谓'法有限，情无穷'，案件类型千差万别，无法被一一归纳总结出来，这也不是单纯研究一套科学量刑方法所能解决的问题"。[1]

是故，量刑规范化与刑事个案公正不能被直接画等号。明晰这一点，有助于我们深刻地认识量刑规范化与刑事个案公正在司法实践中践行的层次性，由此也引发了一个需要进一步阐释的问题，即量刑改革以来，量刑领域规范化的种种举措无疑具有诸多理论与现实的积极意义，对此无需赘言。但是，仅从实现刑事个案公正的角度而言，量刑规范化会带来哪些积极的作用？笔

---

〔1〕　白云飞：《规范化量刑方法研究》，中国政法大学出版社2015年版，第124页。

者认为，积极作用主要体现在以下几个方面：

一、给定大致框架，提供制度保障

（一）量刑规范化可以提供统一的量刑标准，减少不当的量刑偏差与失衡

出于绝对相同的案件并不存在这个大前提考虑，量刑偏差与量刑失衡的存在本也无可厚非，但是量刑偏差与失衡存在一个合理的界限。如果案情明显十分类似的个案之间量刑结果却大相径庭，那么就难谓是合理的。何谓合理，何谓不合理？其界限在于法官在针对个案作出裁量时有无依据统一的量刑标准，如果是依据统一的量刑标准，再结合个案的特殊情况予以斟酌，那么即使相似的此案与彼案之间的量刑结果存在一定的差异，这样的差异也是相对合理的，并非量刑改革需要予以杜绝的现象。我国的量刑改革以"同案"同判为出发点，根本就在于维护量刑的统一性，进而维护法制统一性。现行的《最新量刑指导意见》对量刑的步骤、程序以及相应量刑情节的调节幅度都作了较为明确的规定，其根本的目的就在于杜绝"罪同而论异"式的量刑差异过大情形的出现，防止不同法官仅仅依照自己的主观量刑经验或其他个人因素对类似案件进行差异过大的量刑评判。申言之，量刑规范化的主要功能就在于为刑罚的裁量提供一个明晰、合理化的裁量标准，通过这个标准的适用而使得量刑实践中的刑罚裁量过程经得起推敲，以"看得见"的方式来推演出具体的量刑结果，于此基础上维护以量刑统一为依归的法制统一性。而刑事案件个案公正与法制统一原则的关系就是实质正义与形式正义、个别正义与一般正义的关系。换言之，实现个案审判的公正性实际上就是在法制统一原则下的追求，是建立在形式正义与一般正义基础之上的实质正义与个体正义。因此，量刑标准的统一，从客观上为个案公正的实现提供了制度支撑。

（二）量刑规范化可以减少自由裁量权的滥用

从对刑事个案公正的促进角度观之，量刑规范化可以提供一致性的量刑标准，这是从客观方面而言的。但是，量刑标准的统一，仅仅是在制度层面为个案公正提供一个大致稳定的框架，如果仅限于此，尚不能确保量刑个案公正目标的实现，由于具体个案千差万别，量刑标准的统一化只是对法官的裁量活动划定了一个相对明确化的界限，在这个界限之内，法官仍然需要依据个体的生活经历、文化素养、量刑经验等主观因素来综合性地作出评判。在这个过程中，如何尽可能减少法官自由裁量的恣意性也仍然是十分必要的。

犹如拉伦茨所认识到的那样："使法官的决定空间（于此范围内，他只需要作决定）尽量缩小，这也是法学的任务之一。"[1] 由此可见，在量刑活动中，尽管我们不能全部剔除法官的自由裁量权，但是尽可能地减少法官的裁量空间，这对于实现量刑公正仍然是一个必要的量刑价值诉求。而量刑规范化是对传统"估堆式"量刑方法的扬弃，同时也是对定量分析等量刑方法的引进，从而确保了量刑活动不再是一个完全主观化、神秘化的过程，而是一个相对透明化的过程。以往的人情案、关系案等量刑腐败的现象虽不能说完全得到了遏制，但至少大幅度减少了人为操作空间。毕竟，法官具体的量刑结果需要依据一定的量刑步骤与方法，在遵循统一的量刑标准的基础之上作出。这就使得量刑规范化从主观方面，为法官发挥主观能动性、合理行使自由裁量权，进而实现个案公正提供了另一种制度性约束。

（三）量刑规范化可以提供社会公众认同的基础

刑事个案公正最直接地体现为具体案件的量刑结果。但是，个案量刑结果的得出虽说是要根据报应主义与预防主义的需要，在罪刑相适应基础上得出，但是具体的量刑结果也仍然需要获得社会公正的认同，这是刑事个案公正社会效果考虑的面向。一般而言，社会公众并非专业的法律专家，他们只会从最朴素、直观的公平角度出发，对个案公正的感受也主要出自同类案件之间的比较。这种横向比较的结果一旦超出了社会公众心理的预期，公众便会对量刑的正当性产生怀疑。对此，量刑规范化举措的实施使得这种质疑的概率大为降低。理由在于，量刑规范化主要侧重于矫正以往的"估堆式"量刑，透明化量刑过程与步骤，进而实现量刑均衡化，防止出现过大的量刑偏差与失衡。这样一来，当法官为了追求个案的具体公正而依据个案的特殊性去作出不同于类似案件的裁量时，由于这个裁量结果的得出仍然是在量刑规范化给定的框架内所作出，故而可以在很大程度上消解社会公众对量刑结果不一致的疑问，进而获得一定的社会认同感。申言之，量刑规范化为个案公正的实现提供了社会认同的心理基础。

二、矫正传统思维，赋予智力支持

量刑是一种智力活动，因此，量刑规范化对个案公正意义的阐释，也难

---

〔1〕 ［德］卡尔·拉伦茨：《法学方法论》，陈爱娥译，商务印书馆 2003 年版，第 177 页。

以离开思想层面的挖掘。本书的第一部分已然论及，"估堆式"量刑法除了受"重定罪、轻量刑"的司法理念影响外，更主要的还在于文化传统所带来的直观式和有机式的思维方式。这种思维方式在潜移默化地影响着司法人员的价值取向与行动逻辑。从本质上审视，传统的思维模式投射在法制传统层面，会导致一种"理念有余，技术不足"的弊端，且这种弊端对于刑事个案公正的实现会形成一定的阻碍，而量刑规范化的实施可以减少这些负面影响，进而为个案公正的实现提供一个思想层面的智力支持。具体而言：

直观式的思维方式抑制了抽象思维的发展，剥离事物千差万别外形的"逻各斯"式的形式化思维难以展开；有机式的思维方式使得精确化、定量化分析出现了"空场"。是故，一种"重实质轻形式，重定性轻定量"的思维模式应运而生，反映在法治文化传统上则表现为一种"理念有余，技术不足"的倾向。这里的"理念有余"是指实质化伦理法的色彩浓厚，且这里的理念主要是"工具理念"，其主旨在于法律仅仅是维护皇权统治的工具，主要功能在于定分止争。韩非谓之"二柄者，刑德也"。[1] 吕思勉先生说："刑之始，盖所以待异族。"[2] 均是对此而言。而之所以称传统法制"技术不足"，则是指法律缺乏形式理性的技术性手段，难以从制度层面去落实法的价值理性。

作为欧陆民法技术集大成者的德国，自黑格尔发表《哲学史讲演录》为起点，走向了对历史精髓的"挖掘"并发展出了概念法学。而就法的技术成就而言，概念法学可谓登峰造极。笔者在此处提及概念法学，往往会引起学界对此多加挞伐。因为在大多数人的印象中，概念法学是一个"从概念到概念，从法条到法条"的一种僵化、机械的封闭体系。然而，只要我们简要地回顾一下民法的发展史，概念法学的成就竟是如此的辉煌：近代自 1804 年《法国民法典》之后，欧洲许多国家兴起的民法法典化运动应当首要归功于概念法学；1900 年《德国民法典》的"五编制"编纂体例先河之开创，也是基于以萨维尼、温德沙依德为首的"潘德克顿"学派之成就。从民法具体制度来看，从法律行为到物权行为，无不被打上概念法学的烙印。引用尹田教授的一句感言："我主张超越概念法学的，但我也不得不承认，我们承受概念法

---

〔1〕《韩非子·二柄》。

〔2〕 吕思勉：《先秦史》，上海古籍出版社 1982 年版，第 425 页。

学的恩惠是如此之多。"〔1〕细心分析便不难发现，概念法学之所有取得如此大的成功，主要归因于其对法律"形式理性"的推崇，而对形式理性的推崇要求我们极为强调和注重法律的体系化、技术化和形式上的完善。正如艾伦、沃森所说，"民法是极具形式理性的"〔2〕，概念法学的研究方法把握住了法律技术化层面的要诀。中国古代法本身就不是形式主义的工具理性的法律，用公丕祥教授的话来说，是实质的伦理法——追求道德上的正义性而非规范的法律。〔3〕

就上述"理念有余、技术不足"之流弊，有学者一针见血地指出："'天下之权，寄之天下之人'属价值理性；'如何实现之'则涉及工具理性。中国传统中的道德价值一元化、寡头化致使工具理性以及与工具理性内在相关的现代经济、现代政治、现代法律无从独立化、自主化，导致政治学、法学的失位，使现代价值理性无从落实。"〔4〕而法的工具理性层面之技术性手段的匮乏对于刑事个案公正的实现无疑会造成不利影响。因为刑事个案公正是个案化、妥当性的衡平。仅此论之，似乎实质化的法律传统就倾向于个案化的衡平，我国传统法制中历来不乏"法外施刑""法外开恩"的例子，但是，这样的个案化的衡平方式由于没有法制统一性作为保障，难以得到制度技术的支持，从而不具有可行性。申言之，现代法治的重心在于以法的明确性为底色的规则中心主义，其重在发挥法的规范指引功能，这在当代社会具有正当性。在早期社会，法律的作用主要在于定分止争，法律更多是作为裁判规范而出现。但是，进入现代社会，宗教和其他形而上学的价值体系解体之后，传统的社会整合机制已然丧失，新的整合机制在价值多元化的时代难以形成。〔5〕在此情形下，法律已成为社会控制的主要工具，其更多的是通过普遍的行为指引来发挥作用，而纠纷解决则退居为法律的次要作用。〔6〕用庞德的话来说："它是依照在司法和行政过程中使用的权威性法令来实施的高度专门形式的社

---

〔1〕 尹田：《物权法理论评析与思考》，中国人民大学出版社 2004 年版，第 4 页。
〔2〕 〔美〕艾伦·沃森：《民法法系的演变及形成》，李静冰、姚新华译，中国法制出版社 2009 年版，第 32 页。
〔3〕 公丕祥：《法制现代化的理论逻辑》，中国政法大学出版社 1999 年版，第 41 页。
〔4〕 高在敏：《商法的理念与理念的商法》，陕西人民出版社 2000 年版，序言。
〔5〕 参见高鸿钧："法规范与合法性：哈贝马斯法现代性理论评析"，载高鸿钧、马剑银主编：《社会理论之法：解读与评析》，清华大学出版社 2006 年版，第 318 页。
〔6〕 参见刘星：《法律是什么》，中国政法大学出版社 1998 年版，第 85 页。

会控制。"〔1〕也即法律"是根据行为规范，而不是制裁规范来导向法益保护的"。〔2〕那么，在法律发挥规范指引功能的同时，法秩序应该具有一致性。尤其是在当今法与道德相互区分的趋势下，更应如此。倘若否认法制统一性，那么法律形塑社会生活之目的难免落空。而维系这种法制统一性的法律技术性手段就是法律的工具理性的制度性保障措施。其中，对于量刑层面而言，就是量刑规范化的举措。量刑规范化重在提供一个量刑活动形式理性的平台，它使得法官的量刑活动有迹可循，有据可查，有步骤地推进，既使得量刑活动超越了感性直观而遵从量刑规律，又使得量刑活动在量刑定量化、精细化的层面得以展开，这样的量刑活动得出的量刑结果能够最大限度地排除人为因素，从而导向确定性与一致性。同时，法官个案妥当性的诉求是立足于其上而予以推进的。

一言以蔽之，如果说个案公正是量刑活动的本体，是一个崇高的价值理念，那么量刑规范化则为法官在具体的刑罚裁量中落实这个崇高理念构建出一个技术性的保障措施。就此而言，量刑规范化的实施在我国法治文化思想传统层面提供了一个际遇，给我国的立法者以及司法者无疑带来了一场思想上的革命。

三、弥补封闭教义，贯彻刑事政策

此处谈及的"教义"乃是指刑法教义学。量刑理论并非与犯罪论完全脱节，从体系化的角度而言，量刑理论与犯罪论需要衔接起来并综合起来予以把握。而在我国刑法学发展目前处于教义学转型的现实背景下，从理论层面出发，在量刑规范化的框架内落实刑事个案公正，对于我国刑法教义学的建构还有特殊意义，而目前学界对此却鲜有论及。故而，本书拟进行一个尝试性的理论探讨，以期揭示其中的价值蕴意。

（一）刑法教义学的封闭性与开放性

1. 刑法教义学之封闭性

近些年来，我国刑法学界展开了轰轰烈烈的刑法教义学转型运动，其主

---

〔1〕　［美］罗斯科·庞德：《通过法律的社会控制》，沈宗灵译，楼邦彦校，商务印书馆 1984 年版，第 22 页。

〔2〕　［日］高桥则夫：《规范论和刑法解释论》，戴波、李世阳译，中国人民大学出版社 2011 年版，第 8 页。

要基于以下几点考虑：

第一，以人权保障为皈依。刑法往往以刑罚作为其法律后果，是一种"必要的恶"。而自启蒙以降，主权在民的思想深入人心，罪刑法定原则成了法治国家人权保障的基石。故而，如何限制国家刑罚权，保持刑法的谦抑性一直是刑法学孜孜以求的目标。而教义学最能契合罪刑法定原则背景下形式理性的诉求，因为"教义学是以自身已经确定而无须再作任何检验的信条为前提的"，这意味着重于对前提（规范文本）的解释与描述，"而不是对该前提进行批判性检验"。[1]从而能够最大限度地保证刑法适用的明确性与可预测性，以防政治国家刑罚权不当地扩张与滥用。

第二，与意识形态相区隔。新中国成立后，基于当时的政治生态，我国的法学主要立基于苏俄法学。改革开放之后，我国摒弃了纯粹"法律工具论"。各个部门法都以重拾"学术"、重建"教义学"为要务，刑法教义学在此时成了开展这项工作的有力工具。教义学的优势在于：可以考虑到法律上的裁判趋向于过往且相对稳定，而政治抉择导向于当下且变动不居。[2]进而以体系化为导向的教义学成了意识形态话语对刑法学"渗透"的一个天然过滤机制。

第三，与学科建构相契合。教义学对知识体系化的梳理，可以提供一个学术交流与传承的平台。这意味着，"如果没有法教义学对法律知识的整理，每一代法科学生都必须从零开始自学"。[3]同时，教义学也为刑法学提供了一个"程式"，在"程式"中，每个法律实践者均可以在同一个话语体系中对类似的案件作出类似的判断，而无须对每个案件的解决方案单独进行论证，从而维系了法律自主的确定性构架。

一言以蔽之，教义学方法的适用是我国刑法学的应然走向。但是，不能忽视的是：以体系化为主导的刑法教义学成为学界应然意义上的学术诉求的同时，也造成了刑法教义学的封闭性。体系化之显著特点便是"一个卓有成效、具有结构性的刑法理论排除了任意性，并且使得一个受规则引导的刑法

---

〔1〕［德］沃尔福冈·弗里希："法教义学对刑法发展的意义"，赵书鸿译，载《比较法研究》2012 年第 1 期，第 143 页。

〔2〕参见［德］拉尔夫·波舍："裁判理论的普遍谬误：为法教义学辩护"，隋愿译，载《清华法学》2012 年第 4 期，第 110 页。

〔3〕纪海龙："法教义学：力量与弱点"，载《交大法学》2015 年第 2 期，第 94 页。

适用成为可能"。[1]申言之，体系化引导下的刑法教义学可以防止刑法的偶然性与人为的擅断。于是乎，罗克辛教授才发出感言："体系是一个法治国刑法不可放弃的因素。"[2]但是，这样一来，体系化的运作容易过于追求内部自洽而抗拒法外价值判断的介入。正如劳东燕教授所指出的那样："诚然内在视角的研究对提升刑法理论的层次不可或缺，却也容易使刑法学的发展与社会变迁脱节。"[3]这样的一种脱节常常导致实践中"徒法不足以自行"之局面，也随之呈现出刑法教义学封闭性与开放性之紧张关系。

2. 刑法教义学之开放性

刑法教义学的封闭性会面临开放性的挑战，这种挑战在教义学之封闭性与开放性的对立关系中得以凸显。主要体现在以下两个方面：

一方面，形式性与个案特殊性之对立。刑法教义学的体系化侧重于形式理性的推理，进而通过体系内部的演绎导出一致性的处理结论。但是，这样一种推导结论往往会导致教义学演绎与个案特殊性相抵牾。譬如，"贾某龙杀人案"核准死刑一事在学界产生了巨大争议，一石激起千层浪，诸多学者一边倒地呼吁"刀下留人"。这或多或少地凸显出了实务与学界那种"剪不断，理还乱"的相互抵牾。透过这些司法困境与焦灼，不难发现：类似事件的发生都有一个统一的现实背景，即均是由城市化导致的尖锐社会矛盾引发的。我国"占世界 1/6 的人口，带来了历史上从未有过的最迅猛的依托城市的工业化进程"。[4]"贾某龙杀人案"之所以触发了激昂的民意而被各界所关注，根本就在于严格适用法律与其情可悯之间存在冲突：严格遵循官方文本的教义学分析路径，会得出死刑立即执行的结论，但是考虑到事情发生的现实背景，适用死刑立即执行又会与学者和普通民众的法感情产生背离。无怪乎有学者感叹，本案不能归类于严格教义学意义上的被害人过错因素，最高人民法院刑三庭对本案给出的答问遵循着三段论式的演绎推理，于逻辑上也并无

---

〔1〕［德］埃里克·希尔根多夫：《德国刑法学：从传统到现代》，江溯等译，北京大学出版社 2015 年版，第 177 页。

〔2〕［德］克劳斯·罗克辛："德国犯罪原理的发展与现代趋势"，王世洲译，载梁根林主编：《犯罪论体系》，北京大学出版社 2007 年版，第 3 页。

〔3〕劳东燕："公共政策与风险社会的刑法"，载《中国社会科学》2007 年第 3 期，第 126 页。

〔4〕［美］爱德华·W. 苏贾：《寻求空间正义》，高春花等译，高春花、陈伟功审校，社会科学文献出版社 2016 年版，第 188 页。

不当，但是却未能考虑到本案系民间矛盾引发这一可以宽宥的因素，从而弱化了判决的可接受性。[1]而农民丁某忠的死刑判决之所以一波三折，主要还是在于仅仅从死亡二人的危害结果进行纯粹的教义学推演，判处死刑立即执行似乎也并无不妥，也较为符合以往"死亡二人"型杀人案件的量刑推导逻辑。但是，该案经媒体宣传，引发了普罗大众对处于弱势的被拆迁户的恻隐之心，于是司法机关不得不重新考量强拆的案发事由，进而"刀下留人"，改判为死缓。

另一方面，稳定性与应变性之对立。刑法教义学的体系性之旨要就是保持刑法学的稳定性，进而形成稳定的知识体系，以提供一个学术交流传承与司法应用的工具。但是，刑法教义学无法只局限于封闭性的视角，仅仅从内生变量进行考量，更多的现实是：刑法学基于时代变迁而进行外生变量的考查，并给刑法学体系性造成了一定程度的冲击，具有代表性的就是风险刑法理论的引入。随着工业化风险的加剧以及迫于社会公共治理压力，刑法的罪刑结构发生了一定变化，较之于传统的犯罪论体系呈现出法益侵害前置化、刑事处罚早期化、责任主义的动摇等方面的变迁。[2]这些变迁均是刑法教义学应对当下的现实需求而作出回应的显著例证，也表明了应变性的现实需要使得刑法教义学表现出了一定的开放性特征。

3. 刑法教义学开放性之实质

经过分析便可以发现：刑法教义学一直在封闭性与开放性的张力中展现出自身的理论姿态。然而，实际上，刑法并非价值无涉，刑法教义学也难谓圆融自洽。自步入现代社会伊始，刑法教义学固有封闭性所面对的个案特殊性、应变性的挑战，其根本归结于意识形态话语下的刑事政策的现实需要。具言之：一方面，法律是一种权力话语的表达，而权力话语表达的首要之义则是意识形态的贯彻，也即构建出一个意识形态输出的话语机制。无论我国刑法学对意识形态话语怀有何种忧惕，抑或我们可以从高于实在法的角度对刑法进行应然命题的界定（譬如法益保护规范），从而与意识形态话语保持距离，在实然上的刑法都必然要体现国家意识形态，这是毋庸置疑的。德国法

---

[1] 参见陈劲阳："仇恨型故意杀人案件死刑裁量反思——贾敬龙案量刑妥当性多维分析"，载《吉林大学社会科学学报》2017年第3期，第68~70页。

[2] 参见劳东燕："风险社会与变动中的刑法理论"，载《中外法学》2014年第1期，第70~102页。

学家达博就清醒地认识到："刑法学者既不要在一种越来越独立的学理中迷失自己，也不能否认这个事实，刑法是行使国家权力的一种形式，因而也就是一种政治。"[1]意识形态的政治话语体现在刑法学中则为刑事政策。近年来，刑法学界关注的"风险刑法"到"预防刑法"，是意识形态表达之刑事政策为应对时代变迁而进行的刑法延伸，其均是在探寻如何在保持刑法谦抑性基础之上对意识形态输出的限度及方式进行一个法教义学的论证。另一方面，个案的特殊性与应变性构成了教义学的外在张力，其本质上是一种以目的为导向的价值判断，而非纯粹教义学演绎的事实性判断。作为对抗犯罪综合性手段的刑事政策，恰恰是以意识形态话语为内在驱动，从价值性权衡入手来达成国家功利性目的。

总而言之，刑法教义学一直面临着自外于体系的刑事政策压力，并不得不呈现出一定的开放性。过于坚守法教义学的体系封闭性，倡导古典刑法时代的李斯特"鸿沟"，严格将刑法与刑事政策完全予以区隔是不现实的。因此，问题的关键在于刑法教义学如何贯彻刑事政策，如何将政治话语转换为学术话语，并外化为具体的法律实践逻辑。同时，刑法教义学又无法背离自己的"初衷"，从而防止刑事政策过度"跨越"罪刑法定原则所构筑的"藩篱"，以免不当扩张刑罚权，对刑法形式理性的基本诉求造成过度冲击。对这个问题有必要予以重点探讨。

（二）既有研究范式对于落实刑事政策导向下个案公正之批判检视

现阶段，我国刑事司法领域一直贯彻着宽严相济的刑事政策，随着我国刑法学界对刑事政策研究的逐步展开，学界就刑法规范应当受到刑事政策影响以及刑法教义学应当贯彻刑事政策这一问题已取得共识，有所分歧的只是如何贯彻落实刑事政策。另外，以"该宽则宽，该严则严"为主要内涵的宽严相济刑事政策本身就彰显着一个裁判可接受性的问题。这种以目的导向性与价值权衡性为色彩的刑事政策其实就体现为个案妥当性，也即个案公正的问题。只不过，这里的个案公正更多的是从高于法规范的层面分析，从政治与社会需要的角度来展开的。因此，有必要简要探讨刑事政策导向下个案公正在刑法教义学落实的途径与方法上的问题。

---

〔1〕［美］马库斯·德克·达博："积极的一般预防与法益理论"，杨萌译，载陈兴良主编：《刑事法评论》（第21卷），北京大学出版社2007年版，第466页。

另外，近年来，无论是理论界还是实务界，在刑事政策导入刑法教义学的问题上，对刑法的民生保障问题均投入了很大关注。而弱势群体保护问题更是隐喻其中并引发了学界诸多讨论。有学者直言不讳地主张："走向民生的刑事法最为迫切的举措是，对弱势群体进行倾斜性保护，贯彻宽严相济的刑事政策和宽容的人文精神，进而实现刑事司法的利益平衡和社会的长治久安。"[1]再加之，随着我国城市化进程的不断推进，城乡二元结构导致的城乡差距进一步拉大，社会矛盾日益凸显，且2015年4月习近平总书记针对城市化发展主持了中央政治局集体学习，强调加快推进城乡发展一体化，落实"四个全面"的战略布局，以及党的十九大报告中提出的乡村振兴战略。这说明该问题在官方意识形态话语体系中业已得到确认。尤其是在中国的经济发展已取得举世瞩目成就而社会公平问题凸显的今天，在城市成为人类生活主要场域，我国致力于打造"法治中国"且城市化向纵深推进的时代背景下，法律如何作出应对是一个紧迫的现实话题。因此，为了使论述更有针对性，本书拟从由城市化诱发的对农民工和被征地、拆迁户等弱势群体加以保护（尤其是对此类弱势群体犯罪的宽宥）这一政策性导向问题入手，就既有学理对落实刑事政策的研究范式进行一番批判检视。

1. 立法论范式

通过立法的方式落实刑事政策是一种最为直接的制度性举措，尤其是以刑法修正案的形式对刑事政策的关注问题予以落实更是屡见不鲜。譬如，为了保障公共安全的需要而将"醉驾入刑"；为了体现传统中国的"矜老"传统，而对老年人犯罪进行特殊化处理。但是，立法的方法对于刑事政策的贯彻并不见得就是现实有效的。

就立法论而言，我国刑法对农民工弱势群体权益保障方面呈现出"立法象征化"的问题。所谓"立法象征化"，即立法并未发挥出预期的规范机能，其仅仅是为了回应现实需要而发挥出了潜在的规范性宣示功能。以2011年颁行的《刑法修正案（八）》增设的拒不支付劳动报酬罪为例，随着我国城市化的发展，施工单位拖欠农民工工资从而导致农民工为讨薪而跳楼、集体上访等事件频发，使得立法者将本属于传统民法调整的债务不履行行为予以犯罪化。

将恶意拖欠薪资者一律绳之以"刑"似乎是"顺乎民意"的一种立法动

---

[1] 雷小政：《民生与民声：刑事法的返璞归真》，法律出版社2012年版，第6页。

议，但在现实中却遭到了诸多质疑：其一，混淆了刑法的功能，有违其谦抑性原则。作为刑法附随后果的刑罚呈现出最严厉性与恶害性属性，决定了其自身的保障法之地位。是故，刑法应保持谦抑性已是不言自明之理，也决定了刑罚的发动有"以恶制恶"的意蕴且应是不得已而用之。就在建设工程领域发生较多的拖欠农民工薪资现象而言，其往往是由建设工程施工自身的行业惯例[1]以及中小企业融资难等多方面的深层社会原因所造就的。将恶意欠薪入刑有复杂问题简单化之嫌，在混淆自身定位的同时不当扩张了刑罚权。诚如斯言："刑法被当做恐吓欠薪单位的武器，通过高悬的'刑罚'达摩克利斯之剑来威吓以使之履行薪酬支付的义务；刑法被作为管理社会的手段，而不是伸张正义的利器。"[2]其二，立法流于纸面。从笔者在最高人民法院的"中国裁判文书网"检索到的 2013 年至 2015 年间全国一审拒不支付劳动报酬罪的案件来考察，发现涉案数为 1357 件，但被拖欠劳动报酬被全部支付的案件却仅有 21 件，只占全部涉案数的 1.5%。据此，通过刑事诉讼对被欠薪者的损失予以刑事救济显得收效甚微。其三，对于农民工讨薪之艰难，立法者本应俯身倾听来自农民工的呼声，并在斟酌损益的基础上作出立法决策。然而，讨薪者在极端事件中勾勒出的弱者形象通过媒体的放大效应，使得"民意"为之哀其不幸、愤其不平。可是，令人为之担忧的是：这种"立法回应"属"头痛医头、脚痛医脚"之举，难以形成一种长效机制，会使得立法活动丧失其自身的立场。

2. 解释论范式

国内比较有代表性的当属姜涛教授，其曾在论述弱势群体保障问题时提出过"人之图像"这个概念，将刑法学的关注重点聚焦于具体情形下的人，并基于差异性原则而倡导采取"轻轻，重重"的刑事政策以及解释原则。其认为："应该注意，这里所说的'人类图像'不同于'人权保障'，'人权保障'属于在刑法机能的范畴，它并不涉及具体的人，也不会对人进行分类、分层，而'人之图像'则不仅处理人与国家、集体之间的关系，而且涉及人

---

〔1〕 一般而言，建设工程行业施工的惯例往往是甲方预先拨付一部分启动资金，施工方就开始施工，待到工程验收合格之后，一般才能陆续收回尾款。一次性全部付清施工款的情形在现实中极为少见。

〔2〕 刘艳红："当下中国刑事立法应当如何谦抑？——以恶意欠薪行为入罪为例之批判性分析"，载《环球法律评论》2012 年第 2 期，第 65 页。

与人之间的具体差异，比如劳动者与资本者、男人与女人、成年人与未成年人等之间的角色与实力差异。"[1]申言之，通过这种"人之图像"对具体差异化的个人关注，在刑事政策层面贯彻"轻轻、重重"的政策，对在刑事个案中处于不利地位的人予以从宽解释，对处于有利地位的人进行从严解释。

不可否认，就以"人之图像"为代表的解释论范式而言，通过"人之图像"这一概念，可以清晰地凸显出对差异性个人的关注，在刑事政策层面贯彻"轻轻、重重"的解释原则。可以说，这种范式的论证路径是较有见地的。但该范式在面对由城市化诱发的对农民工以及被征地、拆迁户等弱势群体权益加以保护这一问题时却未必能够奏效。具言之：

一方面，现阶段让法官通过解释论的娴熟运用去实现个案的妥当与正义是十分困难的。解释论立场存在的主要问题在于，刑法解释论并未形成一个相对统一的教义学体系，刑法解释本身是否存有位阶、刑法解释的目标等都是极富争议且尚未达成一致共识的。从伽达默尔释义学的立场看，文本解释本来就不是一个寻求客观真理的过程。[2]因此，客观解释论所认为的每个解释都有客观的真理等待去发现的思想并不一定符合现实状况。故此，解释结论的相对确定性难以保证，极有可能导致法官断案呈现出"操两可之说，设无穷之辞"的局面。

另一方面，在实践层面，农民工以及被征地、拆迁户等弱势群体在很多情况下往往处于政府的对立面，尤其是在暴力强拆抗拒执法构成妨害公务罪或者农民工讨薪构成扰乱社会秩序罪等场合下，将处于弱势的个人宽宥之任务委身于法官的有利解释抑或在刑事政策口号式感召下的司法酌定裁量，这种实际效果难免会让人心生疑窦。

3. 人格刑法学范式

人格刑法学理论内部虽有诸多分歧，但是一般均认为刑法教义学与刑事政策相区隔的"李斯特鸿沟"并不足取，应该在定罪中就重视犯罪人的人格性要素，将刑事政策导引下的刑罚目的嫁接进犯罪论体系，从而对行为刑法"抽象理性人"过于忽视特殊性处遇这一流弊起到矫正的功效。[3]尤其是可以

---

〔1〕 姜涛："人之图像与刑法实质解释"，载《政法论坛》2013 年第 3 期，第 40 页。

〔2〕 参见高鸿钧："伽达默尔的解释学与中国法律解释"，载《政法论坛》2015 年第 2 期。

〔3〕 参见李波："行为人刑法转型与当代中国的选择"，载《政法论丛》2015 年第 4 期，第 47 页。

体现出我国以人为本的刑事政策，实现刑法的人文关怀。[1]弱势群体犯罪的特殊化处遇问题也随之在这个话语体系中得到贯彻。国内张文教授率先树起了人格刑法学的大旗。早在 20 世纪中叶，团藤重光教授就提出了人格刑法学思想。其认为："行为是人格的体现。此外，行为不仅仅是性格的自然的、必然的流露，而是人格与环境的相互作用过程中，根据行为人的主体态度而实施的事物，人格是在主体意义上被现实化的事物。"[2]秉承该思想，张文教授提倡人格刑法学，其主张人格要素不仅在量刑方面起到实质作用，更应该在定罪部分得到贯彻。[3]从而在定罪中凸显出人的要素。

对人格刑法学范式来说。不可否认，该理论可谓初衷良好，可以考虑到犯罪行为人的人格因素，但是仍然存在以下问题：

第一，缺乏可操作性。如陈兴良教授所言："以犯罪人格作为犯罪人成立的要件，最大的问题还在于司法上的可操作性。行为刑法之所以被人接受，与对于行为认定的标准明确可行，是具有密切关系的。因为行为是客观的，可以把握的，因而具有明确性，可以作为罪刑法定主义的基础。"[4]同时，犯罪人格这个概念也难以进行专业的司法测量，难以将其作为定罪条件。[5]

第二，难以在哲学伦理层面得到证成。在哲学史上，为了调和休谟极端"经验论"导致的不可知论以及"莱布尼茨-沃尔夫"绝对唯理论体系所带来的对人之自由的否定，康德树立了"人是目的而非手段"的哲学命题，且该命题虽然在其后黑格尔"头足倒置"般的绝对精神的体系中予以短暂消隐，但之后随着"认识论转向"运动而业已成为广泛共识。人与人均为"目的本身"，难以在主体人格上评价出高低优劣。从存在主义角度而言，人本身就是"自为的存在"，是存在先于本质规定性的，[6]这也是现代民主国家的基本价值预设。故此，只有人的行为的非价与否方可在价值论意义上进行评判。毕

---

〔1〕　参见郑延谱："从罪刑均衡到罪责刑相适应——兼论刑法中'人'的消隐与凸显"，载《法律科学（西北政法大学学报）》2014 年第 6 期，第 53 页。

〔2〕　[日] 团藤重光：《刑法纲要总论》，创文社 1990 年版，第 106 页。

〔3〕　参见张文、刘艳红、甘怡群：《人格刑法导论》，法律出版社 2005 年版，第 63 页。

〔4〕　陈兴良："人格刑法学：以犯罪论体系为视角的分析"，载《华东政法大学学报》2009 年第 6 期，第 25 页。

〔5〕　参见翟中东：《刑法中的人格问题研究》，中国法制出版社 2003 年版，第 109~110 页。

〔6〕　参见 [法] 让-保罗·萨特：《存在与虚无》，陈宣良等译，杜小真校，生活·读书·新知三联书店 1987 年版，第 3 页。

竟，行为在客观世界中是可以对外界产生这样或那样的影响的，换言之，行为可以进行量定与评判。而这个前提就是将行为与行为人本身予以分离。然而，人格刑法学或多或少地将行为与行为人予以了混淆。

4. 功能性罪责范式

对于刑法政策的刑法教义学的贯彻问题，不能不提到罗克辛教授的功能性罪责理论。罗克辛教授所倡导的目的理性的犯罪论体系，其最主要的价值就在于打破"李斯特鸿沟"，将犯罪的刑事政策判断因素贯穿于犯罪论体系的罪责之中，进而形成"罗克辛之贯通"。具言之，基于个人意志自由的非决定论，罪责原则在法治国发挥着限制国家刑罚权发动的机能。而自新康德主义以来，价值论渗透到了原来以物本逻辑为基础的"李斯特–贝林"犯罪论体系，尤其是自近代以来，功能性的刑法体系逐步放逐了实证体系，将其承载的刑事政策任务以机能主义的刑法模式呈现出来。最具代表性的当属德国罗克辛教授所主张的"目的理性犯罪论体系"。该理论主张应该在原有的罪责基础上加入预防必要性，对于犯罪的成立，除了具有构成要件该当性、违法性以及传统罪责要件，还须有预防必要性要件，且由预防必要性与传统罪责共同的上位概念"答责性"要件替换传统的单一罪责要件。换言之，也即将原有以非难可能性为内涵的传统罪责，由原本的可罚性充分必要条件转变为仅仅是必要条件。[1] 通过这种功能性罪责的运作，似乎将预防必要性关于行为人的因素予以了考量，进而将弱势群体保护的思想贯穿其中，但是功能性罪责范式仍然存在问题。

一方面，从理论本身而言，功能性罪责理论就存在尚未解决的问题。对此，德国赫尔茨教授指出，功能性罪责使得刑罚论过度延伸到犯罪论的罪责评价，使得罪责本身被空洞化，从而使得罪责限制国家刑罚权之机能丧失。另外，正如林钰雄教授批判的那样，功能性罪责使得传统的三阶层犯罪论体系实际上变为了四阶，且传统的罪责排除事由含有一定程度的预防必要性要件。[2]

另一方面，从现实性而言，我国刑法学正处于去苏俄化，教义学化的转

---

〔1〕 参见［德］许迺曼："刑法体系与刑事政策"，王效文译，载徐玉秀、陈志辉合编：《不移不惑献身法与正义：许迺曼教授六秩寿辰》，新学林图书出版有限公司2006年版，第55页。

〔2〕 参见林钰雄：《新刑法总则》，中国人民大学出版社2009年版，第225页。

型的现实背景下，而阶层式犯罪论体系尚未完全构建起来，仅寄望于通过构建功能性罪责理论来解决弱势群体的倾向性保护问题，难以解决当下的现实问题。更何况，预防必要性概念也是一个需要意义填充的概念，如何填充、填充后会不会对犯罪论体系造成冲击都是存有疑问的。

职是之故，有学者中肯地指出，刑事政策的价值判断与刑法文本的规范判断之别决定了刑事政策的任务通过犯罪论各构成要件来落实的想法不可行，德国的目的理性以及功能性罪责理论对三阶层体系构成要件的渗透已经对原有的阶层体系的层级性优势造成了破坏。[1] 纵观以上向度迥异的研究范式，要么没有结合当下量刑改革的状况以及我国犯罪论体系转型的现实背景，从而不能与时代发展相契合；要么仅仅停留在理论层面，不具有现实可操作性。同时，上述的研究思路存在一个显著的问题：均致力于对犯罪论领域的构建，而忽视了刑罚论领域对具体刑事政策的探索，在一定程度上，其仍然延续了"重定罪，轻量刑"的研究趋势。实际上，我国量刑规范化改革出台的相关规范性法律文件中就体现了刑事政策的规定。比如，《最新量刑指导意见》在"量刑的基本原则"中就规定："量刑应当贯彻宽严相济的刑事政策，做到该宽则宽，当严则严，宽严相济，罚当其罪，确保裁判政治效果、法律效果和社会效果的统一。"在具体的制度上，《最新量刑指导意见》也体现了关怀弱势群体的刑事政策。如其在"常见量刑情节的适用"里面就规定："对于犯罪对象为未成年人、老年人、残疾人、孕妇等弱势人员的，综合考虑犯罪的性质、犯罪的严重程度等情况，可以增加基准刑的20%以下。"因此，笔者认为，学界既有的对于贯彻刑事政策的理论性研究对于量刑领域的关注不够，尤其是在量刑规范化的现实背景下，有必要加大量刑规范化改革对刑事政策实现这一问题的研究力度，这也是本书接下来即将集中论证的问题。

（三）刑事政策在量刑领域贯彻之可行性——以量刑规范化视野下之个案
　　　公正为基点

通过上述分析同时结合当下量刑规范化改革的时代背景，笔者认为，在量刑领域贯彻刑事政策诉求是具有可行性的，尤其是以量刑规范化为前提去落实个案公正的方式来贯彻刑事政策。对此，仍以由城市化诱发的对农民工

---

〔1〕 参见聂慧苹："刑事政策的刑法转化与限制——以我国刑事政策研究现状为视角"，载《中国刑事法杂志》2014 年第 4 期，第 10 页。

以及被征地、拆迁户等弱势群体加以倾斜性保护问题为例，同时考虑到本书章节编排的需要，在此仅作一个大致的理论性证成论述，具体的运作方式将在本书第五章中集中论述。

1. 从刑事政策的滥觞考察之可行性

早先，李斯特为了保证法罪刑法定原则的确立主张："不得为了公共利益而无原则地牺牲个人自由。尽管保护个人自由因不同历史时期人们对国家和法的任务的认识不同而有所不同，但是，有一点是一致的，即在法制国家，只有当行为人的敌对思想以明文规定的行为表现出来，始可科处行为人刑罚。"[1]据此，李斯特强调罪刑法定原则对刑事政策的制约，并将刑事政策限定在刑法教义学之外。然而，李斯特本人倡导的严格恪守客观主义的刑法教义学本身就是仅限于犯罪论体系的，刑罚论才是贯彻刑事政策的领域。毕竟，刑事政策是以目的为导向的，这与李斯特所主张的刑罚论之目的刑思想不谋而合。据此而言，考虑到刑罚论与刑事政策在根基上的同源性，在量刑领域贯彻刑事政策之任务不具有任何障碍。

2. 从我国刑法学转型时代背景考察之可行性

笔者在前文已经分析，前述几种研究范式之所以难以在短期内奏效，一则是因为前几种范式本质上均是在犯罪论体系中引入实质性评价因素，虽然对刑法体系的封闭性有一定程度的缓和，却易对刑法的明确性与可预见性造成严重破坏，[2]有意识形态话语过分冲击刑法教义学之嫌。尤其是刑事政策所天然具有的易于侵入刑法教义学体系的性质，使得当下"李斯特鸿沟"仍具有现实意义。正如陈兴良教授提出的那样，现阶段，我国刑法学有两个艰巨任务：不仅要巩固罪刑法定原则的基本地位以维护刑法的形式理性品格，而且还要防止规范外价值的过度渗透。因此，当下我国仍需探寻"李斯特鸿沟"的价值意义，[3]而量刑规范化从本质属性上而言就是一个防止量刑偏差与失衡的制度性机制，重在保障量刑结果的稳定性与一致性，以确保刑法的形式理性为要旨。二则是鉴于我国长期以来受苏联"四要件"说的影响，且

---

〔1〕 ［德］李斯特著，［德］施密特修订：《德国刑法教科书》（修订译本），徐久生译，何秉松校，法律出版社 2006 年版，第 23 页。

〔2〕 参见周少华：《刑法之适应性——刑事法治的实践逻辑》，法律出版社 2012 年版，第 351 页。

〔3〕 参见陈兴良、周光权：《刑法学的现代展开》（第 2 版·Ⅱ），中国人民大学出版社 2015 年版，第 593 页。

在司法实践中已经产生了相当大的路径依赖，因此，犯罪论体系的构建就不是一蹴而就之事。同时，我国量刑规范化改革已稳步推进了十年有余且已全面施行。[1]若将弱势群体保护之刑事政策导入量刑规范化的研究路径，问题的解决就会变得更具时效性，也相对简便易行。毕竟，"定罪的实质意义与其说是对犯罪行为进行定性，不如说是给量刑提供必要的前提和恰当基准"。[2]因此，完全可以从刑法适用结果的妥当性（即个案量刑公正）的维度去落实刑事政策的目的及价值目标。申言之，保持犯罪论体系的相对稳定，进而将弱势群体倾斜性保护的任务委托于刑罚裁量的量刑宽宥，可以节约更多的立法成本和理论投入，从而起到立竿见影的效果。

3. 从量刑规范化运作机理考察之可行性

本书针对由城市化诱发的对弱势群体犯罪之刑罚宽宥问题给出的解决思路是：通过在我国量刑改革之量刑规范化的基础上促进个案公正的方式予以解决。具体来说，是通过酌定量刑情节法定化的路径去处理此类问题。此处所讲的酌定量刑情节法定化之"法"，并不是指刑法，而是指类似于2021年7月1日起经修订后施行的《最新量刑指导意见》等具有司法解释性质的规范性法律文件。由于本书第五章对此仍将予以集中论述，故而仅就宏观的可行性思路进行分析：

第一，确保刑事政策在形式正义的基础上追求实质正义。大陆法系国家对法之确定性的追求以及对权力分立的考虑，需要以量刑规范化为前提，在确定性的基础上追求灵活性。同时，从现实来讲，具体个案中的行为人不一定关注罪之定性，其更倾向于关注刑之量定。[3]死刑与死缓虽然只是一字之差，却是"生死两重天"的结局。而缓刑与实刑也关乎坐牢与否，二者具有天壤之别。而且，"刑事审判之量刑，旨在实现刑罚权之分配的正义，故科刑判决之量刑应符合罪刑相当原则，使罚当其罪，以契合人民之法律感情"。据此观之，刑事司法成了司法公正最敏感的部分，而作为刑事司法最直观结果的刑罚量定，则易遭到社会公众对刑法公正与否的拷问，也关乎案件当事人

---

〔1〕　参见石经海、严海杰："中国量刑规范化之十年检讨与展望"，载《法律科学（西北政法大学学报）》2015年第4期，第170页。

〔2〕　石经海：《量刑个别化的基本原理》，法律出版社2010年版，第1页。

〔3〕　参见［日］城下裕二：《量刑理论的现代课题》（增补版），黎其武、赵姗姗译，法律出版社2016年版，第1页。

及案外人对刑法的认同。"贾某龙杀人案"之所以会引起学界与民间如此大的反响，归根到底还是归结于死刑立即执行这样的刑罚是否适当。近年来，我国开展了如火如荼的量刑规范化改革运动并取得了巨大成就，因此完全可以结合当下的现实背景，尝试在量刑规范化的前提下，从考量具体个案裁量妥当性的角度解决由城市化诱发的弱势群体保护问题。具言之，酌定量刑情节法定化之特点在于：提取一定的酌定量刑情节，通过《最新量刑指导意见》等全国性法律文件对其适用条件和步骤予以明确。同时，由各省、自治区、直辖市高级人民法院和省级人民检察院在《最新量刑指导意见》基础上，根据各自的情况制定本辖区范围内的实施细则，并且由实施细则在《最新量刑指导意见》已明确的量刑方法及幅度内对其适用条件予以规定。毕竟，同样是基于农民工讨薪而妨害公务的案件，抑或同样是针对征地拆迁补偿不满而致死、致伤强拆者的案件，由于东西部地区城市化差异性较大，案件发生率以及案件的预防必要性考量也必然随之不同，因此有必要区别对待。这样就能够在确保刑法确定性的基础上追求灵活性，也即在保证刑法形式正义的基础上实现实质正义，进而在实现个案公正的同时实现刑事政策的目的性诉求。

第二，克服前述刑法立法论模式在处理弱势群体犯罪问题上之不足。量刑意义如此重大且直接影响量刑结果的是量刑情节，[1]而量刑情节又有法定与酌定之分，且前者是针对一般性罪名的通适性量刑情节，但"往往酌定量刑情节的认定与适用是个案公正的实现方式"。[2]现实中，农民工以及被征地、拆迁户在司法实践中所触犯的只是一些个罪。比如，妨害公务、聚众扰乱社会秩序等。而且一般是针对征地拆迁补偿、农民工讨要工资、强迫劳动等个别情形而言。因此，对这些具体个罪以及在个别情形下量刑轻重的判断要基于酌定量刑情节。具言之，可以在限定罪名的同时限定犯罪的场合，从而勾勒出具体从宽裁量的场域，而不是仅仅根据"农民工""被拆迁户"等弱势性"标签"去一味地、不加区分地贯彻宽宥的刑事政策，从而使得刑事政策目标的落实有的放矢，以防止过分宽宥而有违刑法之平等性原则。

第三，保障了刑事政策落实的力度。一般而言，一个案件的最终量定，需要考虑多种量刑情节，但在现实个案里往往不一定存在法定量刑情节，却

---

〔1〕 参见王瑞君：《量刑情节的规范识别和适用研究》，知识产权出版社 2016 年版，第 2 页。
〔2〕 李荣：《公正量刑保障机制研究》，中央民族大学出版社 2013 年版，第 121 页。

一定或多或少地存在酌定量刑情节。酌定量刑情节可以对量刑结果起到调节与矫正作用。然而，酌定量刑情节的"酌定"二字，使得其存在效力不足之弊端。以故意杀人场合下的被害人过错这一酌定量刑情节为例，地方法院对此往往很少加以考虑。理由主要是：酌定从轻情节并非法律强行规定必须从轻处断，不从轻也并不存在不当。[1]同时，弱势群体引发的刑事案件具有一个显著特点，即当事人双方力量对比不平衡。比如农民工为了讨薪而将雇主打伤并上街封堵路面阻塞交通很有可能触犯故意伤害罪及聚众扰乱交通秩序罪。在前罪中，农民工面对的是比自身更具经济优势的业主，后者看似没有具体的针对对象，实际上面对的却是具有强大公权力的政府。但是，酌定量刑情节法定化则不同，《最新量刑指导意见》"虽名为'指导意见'，但《指导意见》在适用效力上却是强制性的"。[2]通过将酌定量刑情节在《最新量刑指导意见》中予以明确载明，从而弥补其效力上的"短板"，可以使得个案中法官原则上对此类情节必须慎重对待进而从宽处罚，既为针对弱势群体的倾斜性保护提供了一定强制性的立法保障，同时也给法官以行动指南，在一定程度上杜绝了案外因素的介入，保证了法官的审判独立性。

第四，体现了贯彻刑事政策之时效性。先抛开以刑法修正案形式的刑法修改程序十分复杂不论，单就我国是成文法国家而言，囿于成文法所天然具有的滞后性，因此其法典文本无法对所有新出现的问题及时作出应对。当面临纷繁复杂的社会生活时，倘若动辄将一个新的酌定量刑情节以刑法典的方式予以法定化，必然难以顾及新的发展变化，不仅会破坏刑法典的稳定性，甚至会出现一定体系适用上的紊乱。有鉴于此，可以通过类似于司法解释的《最新量刑指导意见》对典型案件的酌定量刑情节予以细化。[3]这样"既可以兼顾对既有经验的归纳及超前的预见，又能通过这一动态进程弥补刑法权威性和稳定性所伴生的滞后性，实为不错之选择"。[4]

综上所述，虽然笔者并不认为立法的方式、犯罪论体系改造方式抑或刑

---

〔1〕　参见中华人民共和国最高人民法院刑事审判第一庭、第二庭编：《刑事审判案例》，法律出版社 2002 年版，第 97~98 页。

〔2〕　白云飞：《规范化量刑方法研究》，中国政法大学出版社 2015 年版，第 186 页。

〔3〕　参见卢建平、朱贺："酌定量刑情节法定化的路径选择及评析——以我国《刑法》第 383 条第 3 款为例"，载《政治与法律》2016 年第 3 期，第 9 页。

〔4〕　许美：《酌定量刑情节规范适用研究》，黑龙江人民出版社 2016 年版，第 176 页。

法解释的方式是一个刑事政策贯彻的长远性途径，但是，考虑到当前我国刑法学转型以及量刑规范化改革的现实背景、考虑到在某些情形下（笔者此处阐述的对弱势群体的保护）刑事政策落实的可行性，量刑规范化范式，即在量刑规范化的前提下去落实个案的公正性，在规范化量刑过程中去具体考量刑事政策的目的性以及价值权衡性诉求，应当是一个务实的选择。

第四章

量刑规范化对个案公正实现之观念指引

通常来说："观念指导着人们的行为，科学、正确的观念有利于人们做出正确行为。同理，科学、正确的量刑观念有利于选择科学正确的量刑措施。"[1]因此，正确的观念对于引导人们作出正确的决策，进而导向正确的结论具有现实意义，这对于量刑活动而言亦复如是。张明楷教授就曾指出："就量刑而言，观念比方法更重要，如果缺乏好的观念，仅仅凭借技术性的方法，也会使量刑变得不合理。"[2]因此，首先有必要对量刑规范化背景下实现个案公正的观念进行梳理和澄清。同时，考虑到指导性的观念也存在层次之分，有的针对整体性的宏观，有的指涉具体性的微观；有的出于规则的制定，有的重在规则的适用。职是之故，本书拟将针对理念从指导与操作两个层面予以阐释。

第一节　指导理念

指导理念贯穿量刑的始终，是量刑规范化话语体系下实现个案公正的基本观念，而本书主张个案公正的衡量标准应该从内在和外在两个向度予以考量，前者重在报应刑与预防刑协调的角度下，树立其个案公正的量刑本体论构建；后者侧重于从个案之间的比较，建立起个案公正的认识论途径。是故，对于指导理念也针对个案公正的内、外两个标准，应分别确立体系性思考下之并合主义与类型化思考下之差别主义两个量刑指导理念。接下来分而述之。

---

〔1〕　李荣：《公正量刑保障机制研究》，中央民族大学出版社 2013 年版，第 257 页。
〔2〕　张明楷："量刑的三大观念批判"，载梁根林主编：《当代刑法思潮论坛》（第 3 卷·刑事政策与刑法变迁），北京大学出版社 2016 年版，第 43 页。

一、体系性思考下之并合主义

(一) 体系性思考的优越性

体系性思考在前文已多有论及，其在刑法教义学与刑法解释领域运用甚广，对此无须赘述。然而，如果从契合本书的主题，即量刑规范化对个案公正的促进与实现的角度出发，那么体系性思考还有其特殊的价值，主要体现两个方面：

一方面，体系性思考可以给法官提供一个具有逻辑一致性的分析工具，防止法官在具体量刑过程中过于机械。刑法本来就是一种抽象的法律规范，量刑规则亦是如此。我国量刑改革颁布的《最新量刑指导意见》虽然说是对刑事裁量下抽象的量刑活动进行的细化，但是仍然是需要进行解释方可适用的。由此，各高级人民法院以实施细则的方式在《最新量刑指导意见》的基础上制定了更为细化的量刑适用规则。概言之，"这些实施细则本身就已说明量刑指导意见也需要进一步进行解释"。[1]而解释适用的过程"并不是单独地孤立观察某个法律规范，而是要观察这个规范与其他规范的关联；这个法律规范和其他法律规范都是共同被规定在某个特定法领域中"，[2]在法律体系协调一致的角度下去确定某个具体法律规范所具有的真实涵义。否则，仅仅望文生义地对具体案件进行刑罚裁量，不能够结合其他法律规范进行综合把握，就会出现"见木不见林"式的机械化量刑现象。譬如，针对弱势群体犯罪，《最新量刑指导意见》规定："对于犯罪对象为未成年人、老年人、残疾人、孕妇等弱势人员的，综合考虑犯罪的性质、犯罪的严重程度等情况，可以增加基准刑的20%以下。"然而，倘若犯罪行为人触犯《刑法》第262条之一的"组织儿童乞讨罪"，就切不可机械照搬《最新量刑指导意见》而对行为人增加基准刑20%以下的刑罚。因为，根据体系性思考，此处的未成年人已经在犯罪成立层面作出了否定性的评价，也即罪责所确立的有责的不法程度已经确立，不能够再作为量刑情节予以评价，从而增加不必要的刑罚，否则不仅有违"禁止重复评价"的要求，也与后边即将谈到的并合主义刑罚观

---

〔1〕 王志祥、黄云波："量刑规范化实践中错误倾向之纠正"，载石经海主编：《量刑研究》（第2卷），法律出版社2015年版，第12页。

〔2〕 ［德］英格博格·普珀：《法学思维小学堂：法律人的6堂思维训练课》，蔡圣伟译，北京大学出版社2011年版，第56页。

相悖。

另一方面，体系性思考可以弥补量刑规则涵摄不足的弊端，为个案公正的实现提供基本的规则蓝本。无论《最新量刑指导意见》制定得多么完备，抑或各高级人民法院针对《最新量刑指导意见》所制定的实施细则多么细密，都不可能涵盖所有需要在量刑活动中予以调整的情形，这是一个基本常理。尤其是现行的《最新量刑指导意见》也仅仅是针对 23 个常见罪名以及判处有期徒刑和拘役的情形作出了规定，而对其他情形只是指明了可以参照适用。那么，如何针对《最新量刑指导意见》没有涉及的情形提炼出量刑规则便是一个必须面对的问题。而解决之道就是通过体系性思考，比较个案与个案的异同之处，进而从《最新量刑指导意见》已有的"显性量刑规则"中推导出待处理案件的"隐性量刑规则"。申言之，"通过体系性思考，可以将每个个案的争议问题清楚地定位，并进而比较出不同案例间的相同性、类似性或差异性。对于性质相同或类似的案件，可以作出公平而一致的判断，以确保法律的安定性。对于性质不同的案件，可以针对其问题的定位去探寻不同的解决方法与解决脉络"。[1]

（二）并合主义的合理性

鉴于报应主义或预防主义的刑罚观（刑罚正当化依据）均有诸多弊端，无法单独为国家刑罚科处提供合理的裁量依据。因此，理论上一般均认为应该实行并合主义。所谓并合主义，张明楷教授认为："并合主义是将责任报应与预防目的结合起来说明刑罚的正当化根据的理论。"[2]具言之，并合主义刑罚观即指量刑的过程既要考虑报应主义，又要考虑预防主义，且在报应刑的范围内追求预防刑，同时，追求预防目的不能超过报应刑划定的上限。换言之，在报应正义的基础上追求预防正义。由于国家刑罚权一般分为制刑权、求刑权、量刑权与行刑权几个阶段，抛开求刑权这种类似于程序范畴的刑罚权内涵不论，国家刑罚权从动态的过程而言，主要还是体现在制刑、量刑、行刑三个阶段。而不同的阶段有不同的刑罚观（刑罚正当化根据），在制定刑罚阶段，当然需要侧重于考虑报应主义的需求，同时还需要侧重于考虑预防主义尤其是一般预防的需要。在行刑阶段考虑到犯罪人的改造与特殊化处遇，

〔1〕　王皇玉：《刑法总则》，新学林图书出版有限公司 2014 年版，第 122 页。
〔2〕　张明楷：《责任刑与预防刑》，北京大学出版社 2015 年版，第 72 页。

必定需要侧重于考虑特殊预防的问题。但是在量刑阶段，由于量刑从本质上来说不光是国家刑罚权的分配，也是国家抽象的制刑权转化为具体刑罚量的过程，因此量刑阶段的刑罚观就是阐明刑罚基于何种理由被分配到行为人。当然，这里的分配不是必需的积极意义的分配，而是消极意义的分配，也即消极责任主义视野下，有责任不一定有刑罚之蕴涵下的刑罚分配。

并合主义属于以德、日为代表的大陆法系国家通行的量刑指导理念，且主要依托于责任主义（消极的责任主义）予以展开。对于我国而言，采用并合主义也并无障碍。通说认为，我国《刑法》第5条规定："刑罚的轻重，应当与犯罪分子所犯罪行和承担的刑事责任相适应。"这里的"罪行"应该被理解为已然之罪，即法益侵害以及危险，属于报应刑的范畴。而这里的"承担的刑事责任"，也应该被理解为立足于未然之罪向度的预防刑。另外，《最新量刑指导意见》规定："量刑既要考虑被告人所犯罪行的轻重，又要考虑被告人应负刑事责任的大小，做到罪责刑相适应，实现惩罚和预防犯罪的目的。"从条文结尾部分"实现惩罚和预防犯罪的目的"观之，并合主义的确立更为明显。

对于并合主义的积极意义在刑法理论中不乏其著，本书仅仅针对在量刑规范化背景下实现个案公正的积极意义进行阐述。具言之，并合主义的合理性主要体现在：以并合主义的刑罚观为指导，可以在量刑一致性的基础上追求个案妥当性，也即在一般公正的基础上达到个案公正。因为，报应主义的一个最大优势在于可以最大限度地划定国家刑罚权的边界，虽然前文分析过，报应主义从最早的同态复仇的等量报应到等价报应，乃至到现在的法律报应，国家刑罚权难以完全精确地与法益所受损害化约为一个绝对的等式，但是由于报应主义的刑罚量是针对客观的法益侵害以及危险而言的，因此仍然能够大致划定出一个较为明确的量刑尺度。现实的个案与个案之间虽然千差万别，但是在报应主义的视域下，法益的侵害及其侵害危险性程度还是可以找到大致一致性的标准。故此，类似案件类似处理仍然是可以达到的，这不仅是实现量刑均衡的基础之所在，也是实现一般性量刑公正这种形式化量刑公正的基本保证。同时，法官基于特殊预防下之预防主义的考量，就可以在报应刑所塑造的这个大致量刑均衡性的平台基础上，去根据行为人的人身危险性落实个案预防的目的，进而形成一个较为妥当的量刑结果。这样形成的量刑结果，由于是在责任主义限定的框架内以及在遵循法制统一性的前提下所作出的，因而所得出的量刑结论即使不是那么精确和绝对，但至少也是经得起推敲和论证而有一定正当性依据的。职是之故，个案的实质性公正就是在这个正当性的基础上形成的。

（三）体系性思考下与并合主义结合的必要性及其机能

之所以在分别探讨体系性思考与并合主义的积极意义之外再单独探讨体系性思考下并合主义的机能，就在于体系性思考与并合主义二者单独考量均具有一定局限性。详言之，体系性思考具有诸多理论价值，但是体系性思考囿于倾向于内部视角而缺乏目的性指引，因此容易导致体系推导结论欠缺个案的妥当性与合理性。而并合主义刑罚观本身就是刑罚的正当化依据，也即刑罚目的论。是故，在体系性思考中贯彻刑罚目的性考量，可以避免体系性推导的盲目性。对于并合主义而言，尤其是在个案公正的角度运用并合主义的场合下，由于前文已论证，个案公正的量刑是在稳定性基础之上的量刑公正，而个案公正说到底是一个问题性思考，因此问题性思考的天然缺陷是容易流于功利化和个案化，是实用主义导向的。而体系性思考则可以弥补个案衡平所带来的对法律不确定性的冲击。体系性思考重在剔除个案化、权宜式的考量，从整体协调一致的角度思考问题，可以保持量刑的稳定性与一致性，为实现并合主义提供一个平台与框架。申言之，体系性思考与并合主义原本并不属于一个层面的问题，体系性思考属于一个思维工具，属于工具性的，而并合主义属于个案公正的实体标准，是目的性的。并合主义刑罚观必须结合体系性思考才能最大限度地实现量刑内在标准下之个案公正，而这里的个案公正也是在刑事政策导向下之个案公正。

实际上，体系性思考与并合主义相结合可以从整体性角度去贯彻刑事政策。其原因在于：自罗克辛教授倡导刑法学弥合"李斯特鸿沟"，打通刑法教义学与刑事政策的界限以来，我国学界以储槐植教授为代表，倡导"刑事一体化"思想；[1]循此思路，刘仁文教授也提倡"立体刑法学"思想。[2]这些均体现出了一个理论研究的向度，即从体系性思考的角度去思考刑法问题，将其置于一个整体刑法学的视野下进行宏观、综合的把握，而不是仅仅局限于犯罪论抑或仅仅聚焦于刑罚论，以防止刑法学研究滋生"就是论事"以及

---

〔1〕　参见储槐植：《刑事一体化论要》，北京大学出版社 2007 年版，第 25 页。

〔2〕　参见刘仁文：《刑法的结构与视野》，北京大学出版社 2010 年版，第 1~2 页。

"见木不见林"之疲敝。就刑法教义学、刑罚论、刑事政策三者的关系而言，罗克辛教授认为，量刑法的发展是以刑事政策为导向的，因为"它的发展并非建立在法官个人的价值上的司法裁量之上，相反，是建立在体系性秩序和以刑事政策为指导的量刑基准的理性的可控制性之上的"。据此，他得出结论，即"实现刑事政策和刑法之间的体系性统一，在我看来，是犯罪论的任务，也同样是我们今天的法律体系的任务"。[1]由此可见，体系性思考使得犯罪论与刑罚论统一了起来。诚如有学者评价的那样："通过体系性地深入思考和研究，不仅量刑过程思路清晰，逻辑顺畅，并且实现了犯罪论与刑罚论理念的连贯一致，避免同一因素的重复评价，最重要的是刑事政策在刑法的体系中得以体现和贯彻，刑罚目的对刑罚种类和整个量刑活动的主导作用被强调和贯彻，具体法律规范与体系化的目的论和理念之间构建起内在的联系。"[2]而这里的刑罚目的，就是并合主义刑罚观下的个案内在实体性标准贯穿其间，是以目的性思考为主导的体系化运作，可以使得刑罚的适用产生积极的效能。诚然，处断犯罪的终极意义并不是要消极地对行为人进行惩罚，而是要澄清处罚的理由和依据，只有这样才能使得刑罚惩处行为人收获一定的效果。[3]那么，在对处罚效果加以考量时就可以融入刑事政策的任务。一言以蔽之，犯罪论与刑罚论从整体刑法学的角度来看，应该进行刑事一体化的刑法学思考，也即体系性思考。离开了刑罚论的犯罪论是空洞的犯罪论，同时，离开了犯罪论指导的刑罚论也会沦为一种封闭自足且缺乏目的导向的刑罚论。于此言之，刑罚论应该与犯罪论保持体系上的一致性，而保持一致的基础就是刑罚目的性的考量。当然，这里的目的性考量也融入了刑事政策的因素。

二、类型化思考下之差别主义

(一) 类型化思考的内涵及意义

所谓类型化思考，"就是将本质形态的事物分类，这种分类伴随着概括、归纳、说明，同时，把生活事实与系列规范对应调试的同化过程，它是介于具体规范与抽象概念之间的一种中间思考方式，它是一种有效的、重要的社

---

[1] [德] 克劳斯·罗克辛：《刑事政策与刑法体系》（第 2 版），蔡桂生译，中国人民大学出版社 2011 年版，第 16 页。

[2] 王瑞君：《量刑情节的规范识别和适用研究》，知识产权出版社 2016 年版，第 229 页。

[3] 参见许玉秀：《当代刑法思潮》，中国民主法制出版社 2005 年版，第 59 页。

会科学研究方法，在法学研究中得到广泛的应用"。[1]类型化思考既不同于体系性思考也不同于概念性思考。考夫曼认为："类型是我们取得标准的模范，它比理念更优良，比概念更遑论。"[2]这里的"遑论"实际上就是指类型化思维的优越性，而这种优越性就体现在与概念型思维的不同之处上。有学者指出："类型化的思考既是对抽象概念的进一步演绎，同时还是对具体事实的进一步抽象。"[3]因此，概念性思维是封闭的，亦是绝对抽象的。但是，不同于概念性思维的类型化思维具有两面性：一则，它本身是对概念的进一步拆分与演绎；二则，它也是在进一步抽象概括的基础上，对个案的进一步深化。这个特点也决定了，类型化思考具有一定的开放性，其不完全是抽象的自我演绎，而是源于现实生活的归纳抽象。是故，类型化所指涉的内容具有一定动态发展的趋势。

对于量刑领域引入类型化思考的意义，犹如德国阿尔布莱希特教授所言，对于类型化典型之常例情形来说，其积极的意义就是"常例情形的概念进而还指一种实践性参数（Parameter），这种参数一方面给出犯罪的比较标尺，同时在另一方面也允许在刑罚幅度的梯度上进行犯罪的归入"。[4]由此可见，在量刑中加入类型化思考的考量之意义主要体现在两方面：一方面，它为量刑提供一个实证性的评价标准。因为，量刑理论研究的主要出发点就是防止不当的量刑偏差与量刑失衡，而何谓不当的量刑偏差与量刑失衡，本身就需要有一个可比较的对象，也即应该有一个合理的量刑偏差与失衡的参照系，而类型化思考恰好提供了这样一个基于经验性的参照。另一方面，它也为个案中刑罚的具体化提供了前提。提出量刑结论的关键一步，是对个案的严重程度乃至对应的刑罚程度进行的预判，这个预判的基础实质上就是对个案是否能够被归入一定类型以及在多大程度上被归入一定类型进行一个大致的判断。没有这个过程，具体个案与抽象刑罚之间就会因缺乏现实的媒介而无法产生

---

〔1〕　唐亚男：《量刑方法类型化研究》，方志出版社2016年版，第27页。

〔2〕　［德］亚图·考夫曼：《类推与事物本质——兼论类型理论》，吴从周译，学林文化事业有限公司1999年版，第11页。

〔3〕　杜宇："再论刑法上之'类型化'思维——一种基于'方法论'的扩展性思考"，载《法制与社会发展》2005年第6期，第108页。

〔4〕　［德］汉斯-约格·阿尔布莱希特：《重罪量刑——关于刑量确立与刑量阐释的比较性理论与实证研究》，熊琦等译，法律出版社2017年版，第112页。

联系。

（二）类型化思考下之差别主义的必要性

上文已论及，类型化思考是具有一定的开放性的，因此这也决定了过度类型化会存在弊端。因为，类型化毕竟只是一种中等程度的抽象，并不是完全的原生概念，不能将概念与类型相混淆，类型是在概念之下的类型，"只有在"尊重"概念化思维的前提下，类型化思维才有"根基"，进而才有正当性和合理性。[1]因此，类型化思维具有一定的试错性。譬如，对于量刑个案公正这个概念，如果我们对实践中类似的个案量刑结论进行抽象的归纳，大致形成一个刑罚量值，那么这个刑罚量值只能说是一个个案公正的类型，而不是个案公正的概念式的结论。因此，其他个案有不同于此刑罚量值的量刑结论，这时就需要被特殊化的考量参与进来，进而形成一个刑罚具体化的合理结论。这个过程实际上就是在类型化思考下进行差别主义甄别的过程。申言之，类型化思考下之差别主义的主要机能就是为了确保个案特殊性的考察。就运作机理来说，类型化思考既有归纳成分，又有演绎因素。对于演绎，就是指对于"比较基础上之正义"这个外在标准的概念的演绎，它自身并不是完全圆融自洽的，尚需要进一步验证。对于归纳，就是对具体的现实个案进行统计学意义上的归纳提炼，它本身也是不周延的，无法涵盖所有的情形。于是，坚持类型化思考的同时，针对具体个案不同于类型之处进行评判与权衡，是实现个案量刑公正的基础。

类型化思考下之差别主义体现在具体的制度制定上，概括而言，就是需要我们针对常态犯罪情节进行归纳，总结出常态量刑的情状。同时，对于具体的个案进行经验归纳，总结出犯罪起点、基准刑等量刑常量，为法官面对具体特殊个案的裁量提供前提和依据，同时又侧重于对具体个案的特殊性进行量刑的归入，从而得出具体的刑罚结论。再比如，建立并完善案例指导制度，由指导性案例构建出一个经验类型供刑事法官参照，同时允许刑事法官在一定自由裁量的把握幅度内比照指导案例作出具体个案的特殊化处断。

总而言之，如果说体系性思考下之并合主义的指导理念，是针对量刑个案公正的内在标准而言的话；那么类型化思考下之差别主义，则是基于个案

---

[1] 马荣春："警醒刑法学中的过度类型化思维"，载《法律科学（西北政法大学学报）》2012年第2期，第43页。

公正的外在标准（也即个案比较基础上之正义的衡量标准）而予以阐发的。
两个指导理念从内在与外在两个方面确保了刑罚具体化结论的正当性。

第二节　操作理念

一、从文本细密到理念输出

我国量刑规范化改革实施以来所呈现出的量刑机械化的流弊，其显著表
现之一就是用量刑具体化取代量刑规范化，也即企图以完备的立法文本对所
有的适用情况予以规定。然而，这样做法也不足取，不利于个案公正的实现。
原因在于：

第一，刑法分则中的罪名有四百多个，而现行的《最新量刑指导意见》
也仅就 23 种常见犯罪的量刑具体步骤进行了规定，虽然从目前看来，最高人
民法院正在对其他一些重要而常见的相关罪名进行试点研判，但希冀于所有
的罪名都能够得到立法者详尽而明确的规定显然不切实际，即使勉强做到也
仅仅是达到了表象上的"同案"同判，减少了司法腐败的空间。"然而细化量
刑规则排除司法腐败和偏见的同时，也会让法官难以基于个案事实和智慧良
知作出判断。"[1] 这些反而会束缚法官的手脚，使得法官内心养成一种对文本
自上而下解释的心理依赖，进而冲淡了法官面对千差万别个案进行综合权衡
的说理意识。

第二，即使立法文本足够完备，《最新量刑指导意见》等相关规范性法律
文本也仍然无法摆脱成文法局限性之先天不足。毋庸置疑，法律之治乃是规
则之治，规则的抽象性本来也难以涵盖所有待判定之生活事实，这已成了学
界的广泛共识。欲以纸面上的法律对纷繁复杂的社会生活进行包罗万象式的
文本网罗，多少显得有些自负。是故，将规则文本的完备无缺作为刑罚裁量
前提的想法仅仅只是良好愿景。

第三，对于待定量刑个案在量刑规则文本中有所指涉的看似明确的命题，
也会产生认识差异。比如，《最新量刑指导意见》对故意伤害致使一人重伤这
类情形有明文规定，即"故意伤害致一人重伤的，在三年至五年有期徒刑幅

---

〔1〕　郝川：《中国量刑指导制度研究：以量刑指导意见为切入点》，人民出版社 2013 年版，第 29 页。

度内确定量刑起点"。从一人受重伤这个客观结果来看，似乎在法律上是一致的价值评价，毕竟人人平等。然而，在现实中，故意重伤一人的情形千差万别。从手段上讲，有徒手重伤、管制刀具重伤甚至用枪重伤等；从行为人主观上来说，要考虑事发的原因、时间、地点、事后的态度乃至是否对受害人作出赔偿等。这些千差万别的因素在不同的裁量主体看来会有不同的评价，同一量刑情节对量刑结果所起到的作用也不尽相同。申言之，即使量刑文本清晰明确，法官对文本的理解也并非仅仅是按图索骥般地去发掘客观存在且唯一正确的答案，规则与个案也并非完全严丝合缝般地一一对接，而是会随着案情的变化而变化。

通过上文的分析，可以发现，意图凭借细密的法律文本对量刑的所有环节与步骤都清晰且无遗漏地予以规定是不切实际的，更为紧要的是理念的输出。理念输出能够使得规范文本难以涵摄的内容得到一定的方向性指引。诚如学者所言："在我国，解决量刑规范化问题，最终不是要靠细致、公式化的操作'文本'，而是要靠法官认识中灌输合理一致的刑罚裁量的根据原理和理念。"[1]

二、从"同案同判"到"类案类判"

"同案同判"一直都是最高人民法院推行的量刑改革的主要价值目标，这本身无可厚非。毕竟，同等情况同等对待自身就隐喻着量刑公正，而同等地在量刑上一体适用，也能够满足法律面前人人平等这一基本原则的要求，从而有助于提升司法公信力。另外，"同案同判"也标示着量刑均衡，陈兴良教授就认为："对同样的犯罪事实未能给予同等的刑罚而导致的量刑上的畸重畸轻，偏轻偏重称为量刑失衡。旨在谋取量刑的平衡，对待相同的犯罪事实，不同的法官消除时空差异达致一致的判决结果的理想化司法状态，可称为量刑平衡。"[2]因此，"同案同判"在应然意义的理论层面似乎不存在问题。但是，如果从现实的司法实践出发，从有利于实现个案公正的角度而言，刑事司法领域应该倡导从"同案同判"过渡到"类案类判"，也即类似案件类似处理。理由在于：

---

〔1〕 王瑞君：《量刑情节的规范识别和适用研究》，知识产权出版社 2016 年版，第 233 页。
〔2〕 陈兴良主编：《宽严相济刑事政策研究》，中国人民大学出版社 2007 年版，第 200 页。

　　第一，刑事个案公正的内在实体性评价标准是报应正义与预防正义的统一，也即责任刑与预防刑的统一。如果仅就罪行轻重而论的责任刑来讲，似乎从客观的物质性损害结果可以勉强认定为"同案"，如同样的死亡结果、同样的伤情、同样的犯罪数额等。"但是，每个罪犯的特殊预防的必要性大小绝不可能是相同的。"[1]是故，实践中，法官必定面临着大量无法通过文本标示出来，或者无法通过类型化思维去顺利提取出来的影响特殊预防必要性的考量因素。这就决定了"同案同判"只能是陈兴良教授所谈的那种"理想化的司法状态"，不具有现实的可操作性。

　　第二，从刑事个案公正的外在标准而言，也需要肯定"类案类判"的指导意义而非"同案同判"。以个案比较基础上的正义为旨要的外在标准，虽然强调的是个案之间量刑适用结果的比较，但是这种比较只是衡量个案妥当性的前提和基础，而非最终的目的和归宿。换言之，不是要求个案与个案之间完全达至量刑结果上的一致性趋同，而是为法官处理类似个案在量刑适用上提供一个相对实证且具有可操作性的平台。从这个意义上来讲，"同案同判"中的"同判"也只是大体相同的犯罪适用相同的量刑标准和量刑步骤与程序，而不是量刑结果的绝对等同。

　　第三，从量刑公正的实质意义而言，"同案同判"不具有正当性。"同案同判"所体现出来的同等对待，虽然可以满足形式意义上的量刑公正，给人以罪刑均衡之感，但量刑公正从实质意义的层面来讲，则是罚当其罪，也即刑罚的裁量结果与个案行为人的社会危害性及人身危险性相适应。申言之，也即刑罚的个案妥当性，而非强制性意义上的个案均衡性。罪刑均衡的价值目标是防止轻罪重罚以及不当的重罪轻罚，但法官在现实司法实践中，其对罪刑均衡的具体操作并非绝对，而是作为一种相对意义上的罪刑均衡来对待并适用的。表现为许多刑事案件的刑罚量考虑到个案预防必要性较小，都是在责任刑之下判处最终刑罚，甚至在满足了特定条件时，还可以在法定刑以下判处刑罚。因此，张明楷教授才倡导在量刑中首先满足刑罚个别化意义上的个案妥当性价值目标，而不是罪刑均衡性诉求。[2]由此可见，实现刑事个

　　〔1〕　张明楷：《责任刑与预防刑》，北京大学出版社2015年版，第336页。
　　〔2〕　参见张明楷："量刑的三大观念批判"，载梁根林主编：《当代刑法思潮论坛》（第3卷·刑事政策与刑法变迁），北京大学出版社2016年版，第50页。

案公正，不是只侧重于"同案同判"所彰显出的"相同案件相同对待"，而是重在关注"类案类判"基础上的"不同案件不同处理"，从而最终实现个案的实质公正。

实际上，"类案类判"的审判思路在新一轮司法改革中也有所体现，如2017年5月1日颁行的《最高人民法院关于落实司法责任制完善审判监督管理机制的意见（试行）》就规定："各级人民法院应当充分发挥专业法官会议、审判委员会总结审判经验、统一裁判标准的作用，在完善类案参考、裁判指引等工作机制基础上，建立类案及关联案件强制检索机制，确保类案裁判标准统一、法律适用统一。"所以，"类案类判"而不是"同案同判"，应该成为此次量刑规范化改革的操作理念。

三、从机械司法到能动司法

从21世纪初至今，从中央到地方，各级法院均倡导能动司法，能动司法已不再是司法领域的时髦词汇，许多法院也纷纷试水并抛出诸多做法。虽然学界及实务界对能动司法内涵的理解或许有些许差异，但对于能动司法是在法治框架内运行的积极司法这一本质特征则形成了共识。结合本书前述对机械化量刑展开的批判：能动司法对于量刑改革尤其是对于量刑规范化视域下个案公正的实现有何助益？与此同时，随着网络时代的到来，依托于大数据分析平台，人工智能技术也逐步走进了法学界以及司法实践的视野。由此也衍生出一个话题：这些新的技术性手段是否会使得机械司法在审判领域大行其道并对能动司法带来一定的冲击？是否会对我国量刑改革产生一定影响？这些均有探讨之必要。因此，本书在此拟主要讨论两个问题：一是在量刑规范化改革倡导能动司法的必要性问题；二是人工智能在量刑领域的运用问题。

（一）能动司法对于量刑改革背景下个案公正实现之必要性

本书开宗明义地主张，能动司法是有助于在量刑规范化背景下实现个案公正的，其应该作为本次量刑改革的价值理念，对比前文所述的机械化量刑所体现出的机械司法的做法，其优越性表现为两个方面：

一方面，法官自由裁量权的存废是机械司法与能动司法之间的本质区别，而这决定了能动司法的可行性。此次量刑改革的出发点之一就是规范法官的自由裁量权。然而，机械化量刑却使得这种"规范"走向了极端，前述的量刑科技化中的"电脑量刑"也好，完备规则文书穷尽一切情形的量刑具体化也罢，都是为了限制法官的自由裁量权。"同案同判"所带来的量刑划一化也旨在保持量刑的均衡而反对法官个案化的量刑衡平，也即剔除了法官的自由裁量的发挥。用老一辈刑法学家的话来说："法官的裁量权是确保刑法法制的锁头，同时也是违法擅断，破坏法制的钥匙，这个锁头和钥匙是拿在裁判法官手里的。"[1]不可否认，在量刑改革之前，法官滥用量刑自由裁量权在司法实践中在一定程度上是存在的，在很长的时间内也难以根除，这容易导致量刑不公。故而，对法官的自由裁量权的约束确有必要，但这并非意味着机械的约束，而是能动的规范。申言之，赋予法官自由裁量权，不仅是能动司法的基本要求，也是促使个案公正实现的基本保证，其是缓和法律僵化性、保持法律灵活性的一种必不可少的机制。具体来讲，在理论层面，量刑无法彻底排除法官的自由裁判权，当现代法治国家普遍放逐"绝对罪刑法定"而采取"相对罪刑法定"，且立法者与司法者均不得不面对"法有限而情无穷"之间的矛盾，不得不面对刑罚裁判过程中罪刑均衡与量刑个别化的冲突时，法官自由裁量权就成了一种应然意义上的需求。在实践层面，我国正在大力推行以审判为中心的新一轮司法改革，面对社会转型加剧、社会矛盾凸显、市场经济改革进入"深水区"，在缺乏可资借鉴的经验而"摸着石头过河"的现实背景下，司法尤其是刑事司法所面临的任务也会更为繁重，这也决定了我国刑事立法应强调"宜粗不宜细"。是故，激发法官的主观能动性并赋予其一定的自由裁量权方是摆脱目前困境并落实个案正义性的合理途径。对此，有学者一针见血地指出："在量刑领域，制度的规制功能是较为有限的，大量的自由裁量空间需留给法官，以实现'个别化'的刑罚政策。"[2]

另一方面，能动司法的本质特征与量刑规范化改革下个案公正实现的机理相契合。能动司法可以说是对过去司法中立性与被动性的一种挑战，而在强调法官自由裁量权的同时，也难保有滥用的风险。但是，我们也没有必要将能动司法视为洪水猛兽而一体拒绝，关键在于如何界定能动司法，如何保证自由裁量权在规则制约之下运行。不受规则制约的绝对能动司法的做法显然不足取，而倡导以法治框架制约与主观能动性并行的相对能动司法才是务实之举。笔者认为，规则制约性与主观能动性这二者的结合既是相对能动司

---

〔1〕　甘雨沛、何鹏：《外国刑法学》（上册），北京大学出版社 1984 年版，第 537 页。

〔2〕　熊秋红："中国量刑改革：理论、规范与经验"，载《法学家》2011 年第 5 期，第 53 页。

法的合理内核，也与量刑规范化之下的个案公正的实现机理相吻合。具言之，量刑规范化说到底是以规则治理为导向的量刑机制，重在保证法制的统一性，对法官裁量主动性保持相对克制；个案公正则是以现实场景下待判案件具体量刑结果妥当性为皈依，侧重于法官自主裁量之能动性。因此，在抑制法官裁量基础上追求规则适用的统一性，进而激发法官的自由裁量权的行使不仅是量刑规范化背景下个案公正实现的本质机理，也是相对能动司法的价值蕴意。据此而言，量刑领域内的能动司法能够与我国目前的量刑改革目标保持一致，也更有利于实现个案公正。这是提倡量刑活动遵循一定的方式方法，引导法官在规则之治的约束下去发挥自己的主观能动性，进而合理地运用好手中的自由裁量权，而不是像机械司法那样去尽可能地束缚法官的手脚、压制他们的主观能动性。对此，犹如周光权教授所言："在积极推行量刑规范化改革，尽可能实现量刑均衡的同时，强调尊重法官在长期的司法活动中所形成的量刑经验和量刑感觉，赋予法官一定的量刑自由裁量权，是一种实事求是的态度。"[1]

（二）人工智能在量刑领域之运用

随着人工智能的不断发展，世人开始怀疑人工智能技术对信息的运算与决策能力会在未来的某天超越作为万物灵长的人类。尤其是随着网络的普及、大数据时代的到来以及相关数字系统科学的迅猛发展，人工智能技术方兴未艾，其运用广泛并逐步引起了法学领域以及司法实践的普遍重视。"智慧法院""大数据审判"等依托于人工智能的法学延伸性话题也逐渐成了时下社会聚焦的热点。另外，结合上文对能动司法与机械司法的对比分析，笔者认为，我国量刑领域应该引入人工智能，这并非畅行机械司法的理由，而是对机械司法的扬弃。同时，人工智能运用的边界也决定了法官依然必不可少，人工智能仅是为能动司法提供有益的技术性补充。

1. 量刑实践引入人工智能的必要性

在我国量刑领域引入人工智能是基于以三个方面的考量：

（1）契合当下的时代背景。在当下，在量刑实践中引入人工智能，是由目前所处的时代阶段所决定的。具言之：一方面，司法大数据时代的到来，需要人工智能技术的进一步推进。在我国最高司法机关的推动下，近年来司

---

〔1〕 周光权：《刑法客观主义与方法论》，法律出版社 2013 年版，第 266 页。

法裁判文书在网上公布并初具规模，丰富的法律文书及海量的司法数据使得司法大数据平台得以搭建。其不仅涵盖了办案流程信息、司法裁判文书，甚至还延伸到庭审视频等诸多办案环节。而这些司法大数据的获得并非目的，单个的数据也并不能证成问题，如何将司法大数据转换为司法"大智慧"才是最终目的，而转换的载体就是人工智能技术的运用。另一方面，当前各级法院开始倾力打造"智慧法院"，且已逐渐摆脱原有那种单纯靠理论研讨与主观设计来推动的思维定式，而是逐步开始构建起以大数据为牵引，以人工智能来驱动的新型法院办案模式。有的法院已经尝试使用一体化式智慧审判系统，"涉及从立案扫描录入、卷宗移送、案件审理、文书制作结案一整套流程"，[1] 使得审判更为便捷、高效。由此可见，悄然而至的人工智能已经改变了我们的生活，我们的司法工作应该主动迎合人工智能所带来的冲击，并针对司法规律及自身的特点，把司法工作与信息技术有机整合起来，从而建立起新型司法运作机制。[2] 量刑司法实践亦复如是，量刑环节属于刑事司法审判的一个终端环节，且由于量刑数据的结构化特征，更适应人工智能技术性分析的需要。因此，有必要在量刑实践中大力引入人工智能技术，以寻求自身的技术性突破。

（2）解决当前的现实问题。目前，随着司法员额制改革的纵深推进，案多人少仍然是困扰着理论与实务界的首要问题，而人工智能的运用恰好可以对此起到缓解作用，这乃是由于人工智能在司法领域的运用会提高办案效率。譬如，通过人工智能庭审语音识别系统，可以提高庭审笔录转换速度；凭借电子阅卷，可以大幅缩短法官的办案周期；这些举措都将使法官从大量琐碎化的事务性工作中解放出来。不仅如此，基于大数据分析，通过人工智能进行数据运算进而得出案件权重指数，可以对法官的工作量进行合理评估，从而能够更为优化、合理地配置案件工作任务，不仅可以提高入额法官的工作积极性，也可为各级法院案管决策提供技术依据。申言之，量刑效率的提高也是量刑公正的保证，只有在保证法官必要的办案时间并节约司法资源的基础上，才有可能期望法官将更多的精力投放到疑难复杂的刑事案件裁量中去，

---

〔1〕　张军华、顾建兵："当审判工作遇上人工智能——江苏南通推进'智慧法院'建设纪实"，载《人民法院报》2017 年 6 月 11 日。

〔2〕　参见潘庸鲁："人工智能介入司法领域的价值与定位"，载《探索与争鸣》2017 年第 10 期，第 101 页。

也才能期望量刑结果能够更为合理、公正。

（3）厘定机械化量刑之技术性合理内核。客观而论，机械化量刑思潮的初衷仍具有一定的合理性，尤其是通过量刑的科技化手段去减少不当的量刑偏差与失衡，可以最大限度地使得量刑结果导向以数字化为依托的精确化，在当前司法公信力显著不高且量刑判决社会公众认同度有待提升的现实背景下，运用技术性手段对自由裁量权进行合理制约，颇具合理性。犹如前文已经提及的德国拉伦茨教授所作出的著名论断："使法官的决定空间（于此范围内，他只需要作决定）尽量缩小，这也是法学的任务之一。"[1]而人工智能作为一种新兴的技术性举措，运用系统运行及数据分析，实施于量刑实践也可以达到机械化量刑方法所希冀的目标。据此观之，扬弃机械化量刑的过程，并非全盘否定，而是一个去伪存真的过程。申言之，问题的关键不在于技术化手段的运用，而是如何运用以及如何去把握运用的"度"。

2. 量刑实践中人工智能运用的边界

人工智能运用于司法实践的边界取决于自身的定位，如果自我定位是"全知全能"的话，那么其应用界限也将是无边无垠。是故，弄清人工智能的价值定位问题就可以阐释清楚人工智能运用的边界问题。

笔者认为，人工智能之于司法实践仅仅处于一个辅助性的地位，人工智能所带来的技术便利无法取代法官。原因在于两个层面：从浅层观之，现阶段人工智能所依托的司法大数据质量本身难以保证。有些数据十分关键，例如辩论信息、实物证据等非结构化证据，仍然难以电子化。所以，利用数据而不是迷信数据才是明智之举。从深层考虑，以凭借人工智能开发出来的量刑软件为例，其仅仅能够快速得出量刑结论，而难以说明得出结论的过程，忽视了形成结论的依据和理由，这恰恰是法律的生命，而不仅仅是逻辑的运算与推导。模拟人的思维是人工智能的长项，这当无疑义，但人工智能无法透过冰冷的大数据表达形成这种思维的过程。当前，案件当事人对量刑结果缺乏足够的信任，不是因为我们的法官没有成为人工智能那样的"智能法官"，而恰恰是由于法官蜕变为缺乏操作透明度和量刑说理的"法律机器"。因此，无论我们的人工智能技术如何发达，都无法完全替代法官。本书前述的山东淄川区人民法院研发的"辅助量刑系统"之所以被视为机械化量刑的

---

〔1〕［德］卡尔·拉伦茨：《法学方法论》，陈爱娥译，商务印书馆2003年版，第177页。

表征之一而受到了批判，就在于其过度依赖于电脑的量刑结果而忽视了法官的主导性地位，有本末倒置之嫌，混淆了自身的定位。

综上所述，人工智能技术日新月异，我们难以具体预测未来的人工智能运用到司法实践的状况。但在现阶段，人工智能仅仅是扮演一个辅助性角色，还不能成为司法实践的主角，这就决定了未来我国的量刑改革在保持人工智能作用有限性认识的基础上，应该对机械司法的做法进行扬弃而倡导能动司法，进而使得人工智能成为克服法官人性"弱点"而延伸自身能力的利器。当然，这也是一个未竟的话题，需要理论界与实务界持续关注，更需要依托人工智能技术的进一步创新发展。当然，这也超出了本书论述的范畴。

四、从重刑主义到量刑谦抑

（一）量刑领域中重刑主义的表现及危害

历朝历代，"治乱用重典，治平用轻典"一直被奉为安邦定国的旨要。及至目前，我国在立法及司法实践中也都有着重刑主义的倾向，体现在量刑实践中则是：刑事法官在裁量刑罚时常常选择刑罚的上限进行判处，在能够判处缓刑与实刑之间常常选择判处实刑，在能够免刑的场合而不予免刑，单处罚金更是鲜见。这实际上都是一种以惩罚和遏制犯罪为主导的重刑主义观念。

重刑主义能够遏制犯罪不仅难以得到经验实证上的证明，而且重刑主义还存在过度消费刑罚的边际效应之流弊，这些都被学界广为诟病。然而，如果从本书的论述主题出发，重刑主义的观念还容易导致量刑不公。从理论上讲，重刑主义并不是基于罚当其罪的思路去判处刑罚，会使得刑事个案的量刑结果并不是基于个案公正的内外标准而判定，会诱发刑罚过剩现象。从实践上来说，重刑主义会滋生量刑悬殊的现象。"例如，近年来职务犯罪的缓刑率很高，占60%左右；而其他普通刑事犯罪的缓刑率却低得多，这说明量刑不公正。"[1]由此可见，重刑主义会导致量刑过重以及量刑不均衡，其与罚当其罪的量刑原则相抵触，严重妨碍着量刑个案公正的实现，而扭转重刑主义的关键则是树立刑罚谦抑的理念。

（二）量刑谦抑观念下刑罚轻缓化做法的德、美两国之对比

在刑法传统理论中，基于刑罚的最后手段性以及刑事制裁本身所具有的

---

〔1〕　张明楷：《责任刑与预防刑》，北京大学出版社2015年版，第244页。

"双刃剑" 般的负面效应，同时考虑到刑罚人道主义的维度，学界一般均提倡刑法谦抑性原则，而就此可以衍生出量刑谦抑观念。所谓量刑谦抑，简言之，即是指尽可能地节制刑罚适用，在能够不动用刑罚时则少用刑罚制裁，即使裁量刑罚也尽可能在法定刑的下限附近判处刑罚。这种量刑谦抑性观念体现在当今大陆法系和英美法系国家的司法实践中则是刑罚轻缓化。为了明晰地说明量刑谦抑观念下刑罚轻缓化于量刑公正的积极作用，也为了使得问题更具有说服力，笔者在此挑选出德国与美国这两个两大法系代表性国家进行比较论证。

一方面，对比德国和美国这两大法系的主要代表性国家，较之于美国的量刑重刑化倾向而言，德国的刑罚谦抑性思想贯彻得更为彻底。如许逎曼教授承认："可以确定的是，从国际比较的角度来看，德国人民对入刑化的态度还算是比较保留的，很明显的是和美国的比较。"[1]从法律史的角度出发，德国刑罚轻缓化趋势更为明显，从法律文本规定来看，有学者比较了 1851 年的《普鲁士刑法典》与其后的《德国刑法典》，自 1851 年《普鲁士刑法典》之后，其剥夺自由刑从原先的多样化发展为单一化，同时增加了拘役制度，将死刑从刑罚的种类名目中剔除出去，增加了对抗组织犯罪的财产刑。从而得出结论："而上述规范额度变化可以看到德国刑法强调轻刑罚化的趋势。"[2]而反观美国的量刑实践，则呈现出一种重刑化现象。犹如美国胡萨克教授所认为的："在过去的几年里，美国联邦和州的刑事司法制度的最显著特征是：实体刑法的巨大扩张和刑罚使用的急剧增长。"[3]以赦免和减刑的适用情况为例，"近年来，赦免和减刑的适用被进一步削减。任何州长都不愿意因释放的罪犯出狱后再次强奸而被牢记。我们的社会不仅不愿意减轻判决，亦不愿意出狱的犯人出狱后重新恢复犯罪前享有的权利。联邦特赦在判决作出后恢复被告人的民事权利，但从 20 世纪 70 年代每年的几百次，下降到 20 世纪 90 年代一共只适用了几十次。美国联邦的减刑，及减轻判决的刑罚，从 20 世纪 60

---

〔1〕 ［德］许逎曼："从德国观点看事实上的量刑、法定刑及正义与预防期待"，林钰雄译，载许玉秀、陈志辉编：《不移不惑献身法与正义：许逎曼教授刑事法论文选辑》，新学林图书出版有限公司 2006 年版，第 687 页。

〔2〕 陈惠馨：《德国近代刑法史》，元照图书出版有限公司 2014 年版，第 270 页。

〔3〕 ［美］道格拉斯·胡萨克：《过罪化及刑法的限制》，姜敏译，中国法制出版社 2015 年版，第 1 页。

年代每年行使几十次下降到 20 世纪 90 年代每年只有几次，其中还出现了毒品案件犯罪中量刑井喷式增长。在最后 20 年的 12 年里，没有一个人获得过联邦的减刑。20 年中的 6 年里亦没有出现过一次特殊"。[1]对此，从文化上可以寻得一定的解释，美国的启蒙思想家认为，赦免是一种专制主义。而平等主义才是理性的刑事司法制度的基本诉求。因此，遏制犯罪才是应主要考虑的因素。另外，美国学者威特曼从比较历史学的角度找到了美国与欧洲刑罚严厉性差异的历史根源。德、法等欧洲国家发生过反对旧贵族的身份革命，因此平等主义的诉求需要对现在的罪犯给予类似于以前精英贵族才享有的犯人（政治犯）待遇。申言之，对现今的一般罪犯给予了优待性的刑事对待，可谓是一种量刑上的"升格"。但美国则不同，自建国伊始从未存在过贵族制度，因此在美国也就无从发生身份性革命。于是，在一般的罪犯的刑事处遇方面易形成忽视其尊严的严苛刑罚。[2]另一方面，德国和美国两国量刑做法的差异导致了实践中的量刑均衡化差异，前者的刑罚轻缓化做法更有助于实现量刑个案公正，而后者则依赖于量刑指南去克服由重刑化导致的量刑偏差与失衡。详言之，有学者基于德国量刑实践的实证考察发现：德国刑事法官的量刑活动更为均衡，且这并非得益于"幅的理论"以及《德国刑法典》第46 条责任主义原则的规范制约，而是得益于量刑的轻缓化的经验做法。比较有代表性的就是德国刑事法官常常在靠近法定最低刑范围的 1/3 处量刑，而不是在中线或者中线以上。另外，在司法实践中，德国较高的缓刑适用率以及较少的刑事追诉率都表明量刑结果呈现出稳定趋势，而较少出现较大的量刑悬殊现象。[3]反观美国量刑实践，前已述及，正是由于以刑罚威慑为要务，以抗制犯罪为核心，进而甚至采取了不定期刑等措施，结果导致了美国量刑实践中长期存在的量刑偏差与失衡，从而因极大地损害了司法公信力而饱受诟病。随之，美国司法领域被迫出台了以数字化为主导的量刑指南，以克服量刑悬殊的现象。而过度化的威慑犯罪与抗制犯罪均是与美国刑事司法中的重刑主义思潮相伴相生的。

---

〔1〕　［美］斯蒂芬诺斯·毕贝斯：《刑事司法机器》，姜敏译，北京大学出版社 2015 年版，第 50 页。

〔2〕　See James Q. Whitman, *Harsh Justice: Criminal Punishment and the Widening Divide between Amarica and Europe*, Oxford University Press, 2005.

〔3〕　参见江溯："无需量刑指南：德国量刑制度的经验与启示"，载《法律科学（西北政法大学学报）》2015 年第 4 期，第 157~169 页。

（三）对我国的启示

通过上述德国及美国对于刑罚轻缓化的不同态度，可以看到：为了保持量刑的均衡化而防止不当的量刑差异，有必要借鉴德国在量刑领域的量刑谦抑性理念，这能够促使个案公正的实现。如阿尔布莱希特教授认为，在 3 年至 5 年自由刑轻罪的量刑实践中，较之于抢劫罪这样的重罪而言，更容易实现刑罚的个别化。[1]而这样一个推断的逻辑进路在于：轻缓化的量刑不仅可以节省司法资源而有助于限缩法官刑罚裁量（报应刑）的空间与幅度，而且可以有利于实现犯罪人再社会化的改造而更好地兼顾个案预防刑的裁量。尤其是对于我国这样一个法定刑幅度较大且罪刑结构偏重的国度而言，其更是如此。因此，我国未来的量刑规范化改革应该树立量刑谦抑的理念，以刑罚轻缓化作为将来改革的目标。

---

〔1〕 参见［德］汉斯–约格·阿尔布莱希特：《重罪量刑——关于刑量确立与刑量阐释的比较性理论与实证研究》，熊琦等译，法律出版社 2017 年版，第 134 页。

第五章

量刑规范化对个案公正实现之立法论路径

第一节 规范文本的适当扩展

量刑规范化不仅在罪之规范化，也在刑之规范化。而效果不同的各类刑种的选择是实现刑罚个别化，达到刑罚报应与预防理想效果的重要手段。同时，管制等刑种的规范化也有利于顺应刑罚轻缓化趋势，而刑罚轻缓化亦是实现量刑均衡、保证量刑个案公正实现的理论前提。故此，《最新量刑指导意见》适用范围的扩大问题有探讨之必要。

前文对我国的《最新量刑指导意见》存在涵摄不足问题进行了阐述，因此，针对该问题，需要澄清的问题是扩大《最新量刑指导意见》的适用范围。《最新量刑指导意见》实施以来，在学界一直都有扩大《最新量刑指导意见》适用范围的呼声。如有学者认为："现行《最新量刑指导意见》规定的主要为有期徒刑的量刑适用规则，对无期徒刑、死刑和财产刑的量刑适用规则则直接采取了回避的方式。"进而，其主张："死刑理应成为规范化改革重点解决的问题。"[1]还有学者持类似的观点，认为由于死刑具有较大的社会关注度，但是却缺乏有力的操作性规范的指引，因而倡导《最新量刑指导意见》应该对死刑的适用问题作出明确回应。[2]归纳起来，学界主张《最新量刑指导意见》适用范围的扩大大致包括罪名、刑种、非刑罚处置措施（免刑）三个方面。

---

[1] 郝川：《中国量刑指导制度研究：以量刑指导意见为切入点》，人民出版社 2013 年版，第 28 页。

[2] 参见周长军："量刑治理的模式之争——兼评量刑的两个指导'意见'"，载《中国法学》2011 年第 1 期，第 66 页。

笔者认为，现行的《最新量刑指导意见》需要在一定程度上扩大适用的范围，从而为司法实践中的量刑规范化工作提供具有可操作性的依据。但是，有期徒刑之外的所有刑种、规范文本中现有规定的罪名之外的所有犯罪以及非刑罚性处置措施（缓刑、免刑）是否均需纳入其中，以及如何纳入，纳入的程度是多少，是完全像有期徒刑、拘役那样纳入，还是部分倡导性的纳入，则是值得探讨的问题。

《旧量刑指导意见》仅仅规定："本指导意见规范上列十五种犯罪判处有期徒刑、拘役的案件。"而这远远不能满足司法实践的需要，是故，早在该意见颁行之前的试行文本在全国适用期间，就有最高司法机关出版的相关量刑案例实务指导论著明确表示不属于《最新量刑指导意见》的罪名可以参照适用。[1] 有鉴于此，《最新量刑指导意见》较之于之前的《量刑指导意见》有所改进，其直接规定了"本指导意见规范上列二十三种犯罪判处有期徒刑的案件。其他判处有期徒刑的案件，可以参照量刑的指导原则、基本方法和常见量刑情节的适用规范量刑"。从而对其他规范文本未予明文确立的涉及有期徒刑的案件，为法官提供了适用根据。因此，本书在此对上文提到的量刑规范化扩大适用范围的问题进行了一定程度的限缩，仅探讨《最新量刑指导意见》扩大适用的刑种以及非刑罚处置措施适用条件的问题。

一、原则性规定扩大适用的范畴

目前涉及量刑改革的规范性文本之所以尚未纳入有期徒刑、拘役之外的刑种，其缘由在于：某些刑种如无期徒刑、死刑或者缓刑的适用条件难以像有期徒刑、拘役那样量化。另外，某些能够量化的刑种（如财产刑）的量刑问题，则受制于改革进程的影响。这点在我国 2009 年《人民法院量刑指导意见（试行）》的官方法律适用意见中可见一斑。其认为："鉴于我国刑法及相关司法解释对财产刑的规定均不够完善，实践中对财产刑特别是罚金刑的一些量刑问题难以统一认识……故我们首先选择对有期徒刑以下案件的量刑加以规范，采取先易后难的方式在实践中逐步加以完善。"[2] 有鉴于此，完全

---

〔1〕 参见最高人民法院中国应用法学研究所编：《量刑规范化典型案例》，人民法院出版社 2011 年版，第 188 页。

〔2〕 最高人民法院量刑规范化改革项目组编，熊选国主编：《量刑规范化办案指南》，法律出版社 2011 年版，第 226 页。

可以从刑罚的量化与否的思路出发，对《最新量刑指导意见》扩大适用范畴的问题进行阐释。

我国的刑罚体系分为主刑和附加刑，但是如果考虑到对于刑罚是否能够进行一定的量化，则可以分为可量化与不可量化两类刑种。前者如有期徒刑、拘役、罚金、管制；后者包括死刑、无期徒刑、没收财产、剥夺政治权利、驱逐出境。具言之，死刑是针对人的生命的剥夺，只有有无之分，没有大小之别。无期徒刑只是一种剥夺终身自由的形态，也同样只有有无之分，而无多少之别。没收财产、剥夺政治权利、驱逐出境亦然。但罚金刑则与之不同，罚金刑的适用表现为对一定具体数额金钱的剥夺。管制由于体现出一定的限制人身自由的时间，因此也是可以量化的刑罚。另外，对于缓刑和免刑二者，也是难以进行量化的非刑罚处置措施。对此，需要区分为难以量刑的刑种与难以量化的非刑罚处置措施两个方面进行分别考量：

（一）对于难以量化的刑种，可以考虑在量刑指导意见中进行原则性规定

对于难以量化的刑种而进行一定的原则性规定，具体是指，可以对刑种的适用条件进行类型化的抽象概括式规定，宜粗不宜细。比如，有学者建议，对于可能判处死刑的量刑，可以考虑将直接导致被害人死亡作为可能判处死刑的量刑情节；对于无期徒刑的量刑，可以考虑将超过 15 年有期徒刑刑罚量 1 倍以上的普通刑事案件作为可能判处无期徒刑的适用标准之一。[1]笔者认为，该学者建议的论证结论虽然不能够说十分合理，但其论证思路有可取之处，值得借鉴。未来我国的量刑指导意见对于死刑、无期徒刑等非量化刑种的适用问题，可以考虑运用该种规定模式进行处理。理由在于：其一，难以量刑的刑种本身无法进行数量的精确化，因此，这也决定了对此类刑种的适用应该从价值判断入手。价值判断不同于事实判断，需要对具体案情运用实质性思维进行综合性权衡。其二，根据我国量刑规范化改革量刑基本方法的沿革，即从"以定性分析为基础，结合定量分析"到"以定性分析为主，定量分析为辅"，可以看出，此次量刑改革未来对于量刑方法指导方针仍然是以定性分析为主导，定量分析只能是扮演辅助性角色。由此，该指导方针应该贯穿于整个量刑立法以及实践活动的始终。故而，对于难以进行量化而运用

---

〔1〕　参见王联合：《量刑模型与量刑规范化研究》，中国政法大学出版社 2015 年版，第 110~117 页。

价值判断的刑种,其适用条件问题适宜从原则性规定入手而予以一定程度的规范化。其三,从本书的主旨出发,量刑规范化下的个案公正是在确定性基础上灵活处理问题,规范文本彻底对难以量化的刑种适用问题付诸阙如,会给量刑公正的形式公正价值带来一定的冲击,但过于强行对难以量刑化的刑种适用条件进行类似于有期徒刑那样的量化处理,又会带来机械量刑之流弊,从而在量刑活动中丧失个案公正。职是之故,对难以量化的刑种进行一定程度的规范化,用原则性规定去甄别一定的适用条件,将进一步细化的适用条件留待各地方的实施细则予以进一步细化,不失为一个可行性方案。

(二)对于难以量化的非刑罚性处置措施之缓刑,可以考虑在量刑指导意见中进行原则性规定

缓刑和免刑虽然都难以进行量化分析,但二者均属于价值判断的范畴,且二者都应该通过对全案情节的把握并从定性分析的角度出发考虑适用与否。[1]但是,缓刑较于免刑,更适宜在量刑指导意见中进行原则性的规制。原因在于:

第一,缓刑的规范化更具有可行性。详言之,缓刑与免刑尽管都属于价值判断的范畴,但是我国《刑法》第 72 条第 1 款对缓刑适用条件作出了规定:"对于被判处拘役、三年以下有期徒刑的犯罪分子,同时符合下列条件的,可以宣告缓刑,对其中不满十八周岁的人、怀孕的妇女和已满七十五周岁的人,应当宣告缓刑:(一)犯罪情节较轻;(二)有悔罪表现;(三)没有再犯罪的危险;(四)宣告缓刑对所居住社区没有重大不良影响。"因此,缓刑的适用条件有一定程度的参照标准,完全可以根据《刑法》的规定对缓刑的适用条件进行进一步的细化。对何谓犯罪情节较轻,什么是有悔罪表现或者没有再犯罪的危险等适用条件进行深入的阐释,以使得缓刑的适用在司法实践中更具有可操作性。循此思路,在此次量刑改革中,某些地方高级人民法院的实施细则也出台了对缓刑适用条件的规定。如《四川省高级人民法院〈关于常见犯罪的量刑指导意见〉实施细则(二)》专门将缓刑的适用条件规定为:"1、适用缓刑要切实贯彻宽严相济的刑事政策,综合考虑具体犯

―――――――――

[1] 参见南英主编,最高人民法院刑事审判第三庭编著:《量刑规范化实务手册》,法律出版社 2014 年版,第 43 页。

罪的社会危害性、被告人主观恶性和人身危险性、社会治安状况、犯罪的社会影响等因素，决定是否适用缓刑。对于被判处拘役、三年以下有期徒刑的犯罪分子，可以从以下几方面综合考查评判是否适用缓刑：（1）犯罪起因、动机、目的；（2）犯罪手段、情节、后果；（3）共同犯罪中的地位、作用；（4）认罪态度；（5）退赃、赔偿情况；（6）一贯品行以及对居住社区影响；（7）其他可以考查评判的因素。2、对于被判处拘役、三年以下有期徒刑的不满十八周岁的人、怀孕的妇女和已满七十五周岁的人，符合缓刑适用条件的，应当宣告缓刑。3、对于符合缓刑适用条件，具有下列情形之一的，可以适用缓刑：（1）在校学生、哺乳期妇女、已满六十五周岁的人、残疾人、限制刑事责任能力人；（2）初犯、偶犯；（3）共同犯罪中作用较小的从犯、胁从犯；（4）犯罪预备、中止、未遂的；（5）过失犯罪的（渎职犯罪除外）；（6）防卫过当、避险过当的；（7）具有自首或立功情节的；（8）主动退赃、退赔，挽回大部分经济损失的；（9）因婚姻家庭、邻里纠纷等民间矛盾引发的犯罪，案发后矛盾得以化解的；（10）刑事和解的；（11）被害人具有重大过错的；（12）认罪认罚的；（13）其他体现犯罪人主观恶性小、没有再犯可能性的情形。但具有下列情形之一的，一般不适用缓刑：（1）惯犯；（2）共同犯罪中情节严重的主犯；（3）社会影响恶劣的；（4）前科为故意杀人、强奸、抢劫、绑架、放火、爆炸、投放危险物质或者有组织的暴力性犯罪的；（5）数罪并罚的；（6）其他不适用缓刑的情形。4、因减轻处罚后才被判处三年以下有期徒刑、拘役的，适用缓刑时应从严把握。"

《四川省高级人民法院〈关于常见犯罪的量刑指导意见〉实施细则（二）》对缓刑的规定，为量刑实践对缓刑的把握提供了具有操作性的评判标尺。另外，官方对量刑规范化指导案例的阐释中也对缓刑的适用条件进行了进一步的细化，进而作出了较为明确的规定："适用缓刑要……可以从以下几方面综合考查评判是否适用缓刑：（1）犯罪起因、动机、目的；（2）犯罪手段、情节、后果；（3）共同犯罪中的地位、作用；（4）认罪态度；（5）退赃、赔偿情况；（6）一贯品行以及对居住社区影响；（7）其他可以考查评判的因素。"[1]据此观之，在量刑规范化法律文件中对缓刑的适用条件进行规定

---

〔1〕　南英主编，最高人民法院刑事审判第三庭编著：《量刑规范指导案例》，法律出版社 2016 年版，第 71 页。

有一定的可行性。但是，反观免刑则与之不同：免刑与否完全是一个纯粹的价值判断问题，其既不具有刑法文本提供的适用性条件予以参考，也难以像缓刑那样设定一定的限定条件。因此，现实情况是，刑事法官面对个案，仅需要在考量全案量刑情节以及犯罪事实的基础上对不构成犯罪的径直宣告无罪；对构成犯罪但犯罪情节轻微不需要判处刑罚的，直接免刑处理。这也符合量刑改革"以定性分析为主，定量分析为辅"的价值诉求。

第二，缓刑的合理适用是实现个案公正的有力保障。众所周知，缓刑制度的产生是基于刑罚特殊预防的目的。质言之，缓刑的核心价值目标即是侧重于针对行为人不同的人身危险性特点而"因人施治"，进而实现刑罚的个别化。但是，囿于每个行为人的人身危险性千差万别且缓刑的判断又是一种难以量化的价值判断，因此这会给刑法的确定性带来一定的冲击，也会给司法机关的综合认定带来一定的困难。故而，之后的量刑指导意见有必要对缓刑的适用条件予以进一步明确。

第三，缓刑的规范化是提高司法公信力的现实需要。对于基层法院一审的刑事案件，三年以下有期徒刑的案件占据了绝大多数，"3 年既是相当数量罪名的基本法定刑上限，又是绝大多数轻罪的法定刑上限"，[1]法官对此类案件的缓刑适用具有较大的操作空间。所以，如同死刑一样，此类案件往往会成为社会关注的焦点。加之，刑法文本对以价值判断为基础的缓刑适用条件规定得过于抽象，因此将缓刑的适用条件纳入量刑规范化改革的范畴之内有迫切的现实意义。

可喜的是，相对于 2017 年的《量刑指导意见》，2021 年的《最新量刑指导意见》对此作出了规定，即"适用缓刑，应当综合考虑被告人的犯罪情节、悔罪表现、再犯罪的危险以及宣告缓刑对所居住社区的影响，依法作出决定"。至于该规定是否还需要进一步细化，则是一个值得思考且有待于司法实践经验反馈的问题。

二、具体性规定扩大适用的范畴

对于可以量化的刑种，除了有期徒刑之外，拘役、管制与罚金似乎也应

---

〔1〕 王利荣："罪刑均衡的实践逻辑"，载石经海主编：《量刑研究》（第 2 卷），法律出版社 2015 年版，第 82 页。

该被纳入量刑规范化改革的范畴，在量刑指导意见之中予以具体化。这里首先需要说明的是：之前的《量刑指导意见》是针对有期徒刑和拘役的，而《最新量刑指导意见》取消了拘役乃是因为对于可能判处拘役类的案件，刑期只有1个月至6个月的空间，如果按照量刑步骤分步量刑，会显得过于繁琐且无必要。对于凭借对案件事实与情节进行综合定性考量确定应判处拘役的案件，可依法直接确定宣告刑。

此外，这里的具体化不同于前文提到的原则性规定，而是类似于有期徒刑那样进行刑量的赋值性规定。而所谓刑量赋值性，指的是通过一定的数量关系，建立起刑种内部的可量化关系或者刑种之间的比例性数量关系。质言之，能够对刑罚的裁量进行定量分析，而不似死刑或者无期徒刑的裁量那样，虽然有原则性规定，但仅仅只能进行一定程度的定性分析并且只是辅助法官对死刑或者无期徒刑的适用与否进行某种程度的原则性引导。详言之，譬如《最新量刑指导意见》对交通肇事罪量刑规则的规定："构成交通肇事罪的，根据下列情形在相应的幅度内确定量刑起点：（1）致人重伤、死亡或者使公私财产遭受重大损失的，在二年以下有期徒刑、拘役幅度内确定量刑起点。（2）交通运输肇事后逃逸或者有其他特别恶劣情节的，在三年至五年有期徒刑幅度内确定量刑起点。（3）因逃逸致一人死亡的，在七年至十年有期徒刑幅度内确定量刑起点。"那么，第1项，"在二年以下有期徒刑、拘役幅度内确定量刑起点"说明有期徒刑与拘役之间形成了一定的连贯性、比例性的数量关系，法官对于"致人重伤、死亡或者使公私财产遭受重大损失的"既可以在2年以下、6个月以上有期徒刑之内量刑，也可以在1个月以上、6个月以下拘役之内量刑。同时，第2项"三年至五年有期徒刑幅度内确定量刑起点"是在有期徒刑这一单一刑种内部可量化的赋值性规定。笔者主张，较之于2017年《量刑指导意见》，《最新量刑指导意见》已经将管制纳入了规范量刑的范畴，对此不再予以探讨，此处仅探讨将管制纳入规范量刑的问题。

管制是对犯罪人的自由不予剥夺但予以一定限制的刑罚。管制是我国独有的刑种且作为我国刑罚体系中主刑之一而存在。然而，管制在司法实践中存在许多问题。在学界，管制的存废问题也一直争论不休。从此次量刑改革的规范性法律文件来看，管制显然被束之高阁了。客观而言，将管制整合进此次量刑改革确实存在许多障碍，但笔者依然主张将管制纳入量刑规范化改革的范畴。其中涉及许多问题需要厘清，笔者接下来将对这些问题进行论述。

（一）管制在司法适用中的困境

在司法实践中，管制的适用存在诸多问题：一方面，管制的适用率低。虽然管制依附于我国《刑法》分则，罪名分布的范围甚广，但在司法实践中，刑事审判适用缓刑率一直很低。根据最高人民法院发布的《2016 年全国法院司法统计公报》，全年度受到刑事处罚的有 1 220 645 人，但判处管制的仅有 9463 人，只占 0.7%。[1]另一方面，管制的适用过于宽泛。有学者指出，根据我国刑法，管制的刑期为 2 年以下、3 个月以上，数罪并罚的话可以达到 3 年最高刑。可以说，管制的最高刑期与最低刑期有近 3 年的间隔。粗疏的刑事立法、过大的刑罚跨度，再加之管制的具体适用没有相应的规范指引，这实际上等同于赋予了法官对该刑种的判处具有绝对的自我决定权。换言之，在既定应当判处管制的情况下，法官判处管制 3 个月抑或 2 年刑期，都具有合法性的背书，然而这本身难谓妥当。[2]

（二）将管制纳入量刑规范化改革的难点

将管制融入我国量刑规范化改革也存在一定的难度。原因在于：一是管制属于非监禁刑，只是限制人身自由而不是剥夺人身自由，这与有期徒刑、拘役这类监禁刑存在一定区别。这点在我国《刑法修正案（九）》对于异种数罪的并罚规定中可见一斑。《刑法修正案（九）》第 4 条规定"数罪中有判处有期徒刑和拘役的，执行有期徒刑。数罪中有判处有期徒刑和管制，或者拘役和管制的，有期徒刑、拘役执行完毕后，管制仍须执行"。透过条文可以看出，我国刑法确立了两项异种数罪并罚制度：有期徒刑吸收拘役不并罚制度和有期徒刑与管制并科制度。对此，有立法机关工作人员指出，管制在性质上与有期徒刑、拘役存在根本差异，所以，假如采取吸收原则而使得管制被有期徒刑吸收，那么管制所天然具有的教育改造机能将难以得到发挥。有鉴于此，《刑法修正案（九）》方作出如此的制度安排。[3]二是从表象上看，

---

[1] 参见"2016 年全国法院司法统计公报"，载《中华人民共和国最高人民法院公报》2017 年第 4 期。

[2] 参见高长富："管制刑适用的困境与对策"，载《吉首大学学报（社会科学版）》2013 年第 6 期，第 76 页。

[3] 参见郎胜主编：《中华人民共和国刑法释义》（第 6 版·根据刑法修正案九最新修订），法律出版社 2015 年版，第 76~78 页。

在刑量的换算方面，管制与拘役之间难以形成拘役与有期徒刑那样的顺利衔接。详言之，有期徒刑的最低刑为 6 个月。拘役的最高刑也是 6 个月，因此，二者形成了一种数量上的衔接。"对于量刑情节对基准刑的调节结果在六个月以上的，一般应当适用有期徒刑，不存在刑种转换的问题。"[1]职是之故，以《最新量刑指导意见》对故意伤害罪的规定来看，故意伤害致一人轻伤的，在两年以下有期徒刑、拘役幅度内确定量刑起点。那么，当具体案件出现一人轻伤的事实时，法官可以判处两年以下有期徒刑，也可以判处拘役。有期徒刑与拘役之间存在一定的换算等值性，也具有刑量的连续性。假如，案件存在《最新量刑指导意见》的加重、减轻情节，那么这些情节的调节百分比可以毫无困难地适用于有期徒刑或者拘役。但是，管制虽然属于主刑里最低位阶的刑罚，但是管制的最高刑为 2 年，那么 2 年管制与有期徒刑最低刑 6 个月对接起来将较为困难，这也是此次量刑改革将管制排除在外的主要缘由。三是正如前述，管制在量刑实践中适用率不高，那么随之也会带来一个问题，即将管制纳入量刑改革的价值与意义问题。尤其是在管制的存废一直存在争议的前提下，将管制归入量刑规范化改革的体系之内，需要更多的存在理由予以证成。

（三）将管制纳入量刑规范化改革之必要性

虽然我们量刑改革的适用范畴如果扩大到管制，会带来诸多需要克服的难题。但笔者认为，管制有必要被纳入量刑改革。笔者主要基于以下考虑：其一，从本书的主题出发，管制能够体现刑罚个别化原则，有利于实现以个案妥当性为旨归的个案公正。管制的一个显著特点便是对罪犯不予关押，采取的是一种社会化的开放性行刑方式，目的在于对人身危险性较小的罪犯实施社区矫正，从而有助于其复归社会。显而易见，在这个过程中，特殊预防发挥了关键作用，而特殊预防是较之于报应主义更能灵活体现个案特殊性的考量因素。是故，从个案公正的角度衡量，管制具有其他刑种难以替代的功能。其二，从立法趋势看，在 1979 年《刑法》中，管制的涵摄范围非常有限，仅仅辐射到了一些反革命分子以及其他个别犯罪分子。但是，在 1997 年《刑法》对反革命犯罪予以摒弃之后，管制的适用范围得以扩大，截至《刑法

---

[1] 南英主编，最高人民法院刑事审判第三庭编著：《量刑规范化实务手册》，法律出版社 2014 年版，第 42 页。

修正案（九）》颁行之后，管制的适用范围"共有451条法律条文，包含了472个刑法罪名。而在这些罪名中管制所适用的法律条文有99条，罪名共有129个，管制适用的罪名个数和法条数增加了"。[1]这些都表明，管制越来越受到立法者的重视和青睐。其三，将管制的量刑进行规范化，有助于在一定程度上缓解当下管制适用的司法困境。上文论及，管制的司法适用现状有两大问题：适用率低以及法官裁量空间过大。对于适用率低的问题，其在很大程度上往往是由管制无法适用缓刑、管制与拘役之间界限不清、适用条件不明确等制度性原因造成的，相信随着《刑法修正案（九）》对有期徒刑与管制并科制度的确立，未来管制的适用率将会提高，那么对管制量刑予以规范化便有其必要性。此外，毋庸讳言，对于法官裁量空间过大的问题，量刑规范化改革显然是对症下药的一剂良方。其四，合理而规范地适用管制并发挥其应用效能，不仅可以克服短期自由刑之流弊，而且可以实现刑罚轻缓化，而刑罚轻缓化在前文已得阐释，可有助于减少量刑悬殊现象，这正好符合此次量刑改革的价值预设。具言之，由于刑法分则诸多条文对拘役与管制进行了选择式的规定，因此在能够适用管制或者拘役的场合，选择管制而不是拘役可以减少短期自由刑的适用。犹如张明楷教授所言："除了危险驾驶罪以外，就其他可能被判处拘役或者管制的犯罪而言，法官是选择拘役还是选择管制，对被告人会产生重大利害关系。"[2]故此，扩大管制的适用及减少短期自由刑的适用，将拘役所具有的独特功能发挥出来，理应成为此次量刑改革的任务。

（四）将管制纳入量刑规范化改革的尝试性举措

鉴于管制在我国刑罚体系中一直处于次要地位，在量刑实践中也扮演着"配角"，再加之理论界对管制的探讨尤其是基于量刑规范化视角的探讨往往停留于表面而未能衍生出可资借鉴的切实方案，本书对管制的量刑规范化问题提出的解决方案，仅仅是一个理论尝试。

1. 理论基础

将管制纳入量刑改革的思路是，通过类似于有期徒刑与拘役那样的刑种，

---

〔1〕 陈伟、许璇璀："管制刑司法适用的现实困境与完善对策"，载《福建江夏学院学报》2016年第2期，第50页。

〔2〕 张明楷："数罪并罚的新问题——《刑法修正案（九）》第4条的适用"，载《法学评论》2016年第2期，第2页。

对管制予以量化赋值，进而达到与有期徒刑、拘役融贯适用的目的。对此，理论界在管制的量化赋值问题上的思路大致有两种：

一种以白建军教授为代表。其主张剥离有期徒刑、拘役与管制之间的不同点，通过抽象赋值的思路方式对管制的量化问题进行处理。其认为以基本量值 1 作为有期徒刑的最低量值，于是，拘役的量值赋值系数则较之于有期徒刑，减少 0.25 个系数，大约为 0.75。同时，鉴于管制更轻于拘役，因此，管制的赋值系数较之于拘役再减少 0.25，可归为 0.5。于是，根据白建军教授的观点，管制与拘役、有期徒刑之间的量化方式表现为：1 个管制的基本单位等同于 0.5 个有期徒刑基本单位，而 1 个拘役的基本单位也等于 0.75 个有期徒刑基本单位。[1]

另一种以赵廷光教授为代表。其倡导根据我国《刑法》关于刑期折抵的规定，即对于先行羁押折抵的刑期，管制 2 日折可以抵拘役 1 日，而拘役 1 日可以折抵有期徒刑 1 日。据此，管制与拘役、有期徒刑之间的量化赋值思路则表现为：拘役的 1 个基本刑罚量（月）等于 1 个有期徒刑的基本刑罚量（月），管制的 1 个基本刑罚量（月）等于 0.5 个有期徒刑的基本刑法量（月）。[2]

本书倾向于以赵廷光教授的观点作为管制量刑赋值的理论基础。我国《刑法》对于刑罚折抵的规定，为管制与拘役、有期徒刑之间的换算比例提供了明确的规定。虽然，管制与拘役、有期徒刑之间，由于存在非监禁刑与监禁刑的区别而存在一定刑种性质上的差异，但是这并不妨碍为了便于进行量化分析而在管制与拘役、有期徒刑之间通过一定的程式进行换算。同时，也应该看到，仅仅将我国刑罚折抵的制度规定作为管制量刑规范化的基础，仍然难以解决管制与拘役之间的衔接问题，这也是下面需要阐述的问题。

2. 刑法对管制刑期的修改

为了管制能够与拘役形成合理的量化衔接，笔者建议，对管制的刑期进行修改。目前，根据我国《刑法》的规定，我国的管制刑期为 3 个月以上 2 年以下。但是，这存在一个问题，假如以刑罚折抵的换算程式作为管制与拘

---

〔1〕 参见白建军：《罪刑均衡实证研究》，法律出版社 2004 年版，第 237 页。
〔2〕 参见赵廷光：《量刑公正实证研究》，武汉大学出版社 2005 年版，第 17 页。

役的换算方式，那么将管制换算为拘役的话，刑期应该为1.5个月到1年拘役。但这如何与拘役1个月以上6个月以下的刑期进行衔接？这有探讨的必要。

为了便于规范量刑，关于管制刑期的修改有两种选择方式：

一种是完全照搬拘役与有期徒刑那样的衔接，将管制的刑期修改为15天至2个月，通过刑罚折抵换算，则管制2个月的最高刑期可以折算为拘役1个月，最低刑的话，不需要进行折算也能够与行政处罚的上限相衔接。但这种刑期修改方式是存在问题的，会导致刑期过短而使得管制的刑罚效果难以实现，有管制形同虚设之嫌。所以，一味强调刑种之间机械地合理衔接而忽视了刑种之间处罚强度的差异也难谓妥当。

针对第一种修改方式之不足，学界有学者提出了另一种方式，即"选择管制与拘役刑期持平。根据'折算法则'，将管制刑刑期设定为最低刑2个月，最高刑1年"。[1]如此修改的好处在于可以保证管制的刑罚执行效果，考虑到了管制与拘役之间在处罚力度上的迥异。虽然从直观上来看，这种修改方式难以形成管制与拘役之间刑罚阶梯的位阶性判断。但是，由于管制与拘役存在对人身自由限制程度的区别，所以，即使管制的刑期与拘役持平，也并不妨碍管制在刑罚主刑体系中处于拘役之下。这种处理方式尊重了管制与拘役在刑罚性质上的客观差异，从两相权衡的角度出发，殊值得赞同。

3.《最新量刑指导意见》应当纳入管制

明确了管制与其他自由刑之间赋值换算的理论，倘若《刑法》对管制刑期进行了修改，进而提供了立法支撑，则可以考虑在《最新量刑指导意见》中将管制纳入其内。具体的做法是：一方面，由于管制的刑期经过刑罚折算之后与拘役持平，而现有的《最新量刑指导意见》对拘役已有规定，因此，从立法的成本以及可操作性考虑，完全可以在《最新量刑指导意见》中明确将管制归入调整范围，同时由于根据刑罚折抵的换算，管制与刑罚量的赋值与拘役持平，所以对于管制的适用完全可以拟制拘役的适用。举例而言，《最新量刑指导意见》对最轻微的故意伤害罪的量刑规则作出的规定是："故意伤

---

〔1〕 高长富："管制刑适用的困境与对策"，载《吉首大学学报（社会科学版）》2013年第6期，第78页。

害致一人轻伤的，可以在二年以下有期徒刑、拘役幅度内确定量刑起点。"那么，将来《最新量刑指导意见》将管制纳入调整范围之后，结合我国《刑法》第 232 条第 1 款的规定，完全可以将其规定为："故意伤害致一人轻伤的，可以在二年以下有期徒刑、拘役、管制幅度内确定量刑起点。"同时，由于管制的刑罚赋值量与拘役持平，拘役与有期徒刑之间存在刑期上的顺畅衔接，因此《最新量刑指导意见》"常见量刑情节的适用"规定的具体量刑情节的赋值性调节比例也完全可以涵盖到管制。另一方面，可以考虑在《最新量刑指导意见》中对管制适用的前提条件进行规定，即将管制的适用条件规定为：犯罪情况较轻、人身危险性较小的刑事案件。同时采取一定的列举方式，引导法官从哪些方面考量犯罪情节较轻（如犯罪的目的、动机，犯罪的时间、地点、手段等），从哪些方面考量人身危险性较小（如生活的家庭、社会环境、行为人的态度等）。管制适用条件的明确，有利于刑事法官对管制与拘役在刑罚适用中作出合理的选择和区分。

第二节　综合裁量的弹性设置

量刑规范化改革虽说是以规范法官自由裁量权为旨要，但是，规范裁量权不等于压制裁量权，这点已成为学界共识。即使从《最新量刑指导意见》的修改轨迹来观察，也能发现官方持有这种立法态度。2010 年的《人民法院量刑指导意见（试行）》，将法官自由裁量权规定为可以在 10% 的范围内予以调整，2014 年施行的《旧量刑指导意见》将其扩大到 20%，2017 年修订的《量刑指导意见》延续了这一规定。然而，现有的《最新量刑指导意见》对法官 20% 的自由裁量权的规定是否就完全合理？同时，法官自由裁量权的设置的目的在于赋予《最新量刑指导意见》矫正与衡平的机制，也可谓设置了一种量刑灵活性的机制，但是，由此也在学界衍生出了一个围绕《最新量刑指导意见》效力强制性的存废之争。因此，在对《最新量刑指导意见》的规范设置合理与否作出评判之前，首先应对这些衍生问题予以厘清。

一、《最新量刑指导意见》的效力之争

从官方的解读来看，"《最新量刑指导意见》是一种规范性司法文件，不

具有刑事司法解释的效力，在裁判文书中不得援引"。[1]据此而言，《最新量刑指导意见》是不同于司法解释的一种司法指导性文件，其并不具有法律上的强制适用效力。但是，若从事实层面而论，尽管我国最高人民法院只是作为最高审判机关，依据《宪法》及《人民法院组织法》，其仅仅只能监督而不是直接领导下级法院。但是，由于我国长期以来存在司法独立性弱化的问题，再加之法院体系制度构架所带来的司法行政化的特点，即使是不同于司法解释的《最新量刑指导意见》也俨然具有了类似于司法解释的强制适用效力，这点当无疑义。成问题的是：倘若抛开"应然"层面的正当性不论，那么目前《最新量刑指导意见》所具有的"实然"适用效力是否合理？换言之，《最新量刑指导意见》是否应赋予目前这种强制适用效力？这个问题在学界一直存有争议。大致有两种观点：

（1）强制性效力否定说。该说认为《最新量刑指导意见》不应具有强制性适用效力。如有学者主张，不应当赋予《最新量刑指导意见》强制性适用效力。其提出的理由有二：其一，《美国联邦量刑指南》已经不再具有强制实施的效力，我们应当借鉴；其二，指导意见作为一种参考，重点在于对量刑的指导，而不是强制性地要求一体遵循，应该把裁量权交到法官手中。[2]还有学者持类似观点，提出我国的《最新量刑指导意见》应当进行效力转变，即从"强制性"转变为"建议性"，其转变的理由同样是参考了美国量刑指南的效力转变。而效力转变的目的则在于赋予法官自由裁量权，进而使得量刑制度富有弹性。[3]

（2）强制性效力肯定说。该观点主张《最新量刑指导意见》应当具有强制性实施的效力。有学者坚持认为："在全国制定统一量刑指导之后，授权各省根据本省的特殊情况制定适合本省的量刑指导实施细则，而且制定量刑指导系强制性而非参考性。"[4]还有学者持类似观点，不仅倡导强制性效力，还主张摒弃目前司法解释性质的效力，而是将《最新量刑指导意见》适时上升

---

〔1〕 南英主编，最高人民法院刑事审判第三庭编著：《量刑规范化实务手册》，法律出版社 2014 年版，第 298 页。

〔2〕 参见石经海：《量刑个别化的基本原理》，法律出版社 2010 年版，第 376 页。

〔3〕 参见白云飞：《规范化量刑方法研究》，中国政法大学出版社 2015 年版，第 188~190 页。

〔4〕 李荣：《公正量刑保障机制研究》，中央民族大学出版社 2013 年版，第 286 页。

为我国的刑事法律。[1]持有强制性效力肯定说观点的学者，其论证理由大同小异，均认为我国目前的司法现状决定了《最新量刑指导意见》强制性效力的必要性。

笔者主张强制性效力肯定说，同时，也一定程度上赞同否定说合理的理论内核。具体而言：其一，否定说的一个坚实理由是《美国联邦量刑指南》适用效力的转变，我国应该予以参照借鉴。但是该点理由并不成立，其没有看到中、美两国的国情之别。对此，学者一针见血地指出，中美两国理论话语不同，其问题的论证理据也迥然不同，不能强行进行比附援引。美国从20世纪80年代算起，其已经将《美国联邦量刑指南》奉为圭臬并强制施行，故而，目前对其进行适度调适与矫正应属合理。量刑指南于我国此次量刑改革之前，从未在我国司法实践中被推行过，而我国却面临着美国同样面临过的量刑偏差与失衡问题，所以，从问题意识出发，量刑指导以及类似规范化的文本在我国强制推行，有其合理之处。[2]其二，就我国的司法现状而言，量刑指导制度的实体性规范应当在一段时间内具有刚性效力。其三，犹如本书第一章开篇所论及的，我国传统量刑思维所映射出的"估堆式"量刑法的思维定式依然会或多或少地残存于法官的头脑之中，再加之我国固有重刑主义的制度传习，这些都会成为量刑均衡化与科学化的隐形障碍。这也决定了，在现阶段，我国如若没有量刑指导性文件的规范指引，便绝难自发形成阙如量刑指南之德国那样的量刑实践的平稳化。因此，强有力的制度环境在当下依然不可或缺。

然而，在《最新量刑指导意见》在我国刑事司法实践中大放异彩、熠熠生辉的同时，我们也应当清醒地看到强制性适用效力带来的问题，那就是过于刚性而缺乏灵活性，不利于法官审时度势、因"案"制宜地发挥主观能动性，以寻求个案公正的实现。这也是效力否定说的理论初衷。但是，笔者认为，强制性适用效力之弊端完全可以由法官自由裁量权制度予以弥补。具体来说：一方面，就制度设计的出发点而言，根据最早在《最新量刑指导意见》试行阶段的官方解读，设置法官对量刑结果的自由裁量权之目的即在于"在

---

[1] 参见皮勇、王刚、刘胜超：《量刑原论》，武汉大学出版社2014年版，第223页。

[2] 参见周长军："量刑治理的模式之争——兼评量刑的两个指导'意见'"，载《中国法学》2011年第1期，第63~64页。

规范法官裁量权的同时，必须保障法官享有充分的综合裁量权，才能做到量刑公正"。[1]于此言之，遵循量刑客观规律以实现个案公正，是立法设计综合裁量权制度的出发点，这与效力否定说所提出的量刑灵活性机制有异曲同工之妙。另一方面，就制度设计的运作模式而论，赋予法官对最终量刑结果调节的自由裁量权，其运作过程就是在综合全案所有量刑情节及相关因素的基础上，允许法官考量到个案特殊性，进而突破《最新量刑指导意见》既定的量刑方法与步骤，从而推导出妥当结论的过程。效力否定说表面上是对《最新量刑指导意见》强制性效力的否定，而实际上是赋予法官不受规范文本制约而衡平个案的权力空间。质言之，综合性裁量权制度与效力否定说均是从结果导向而言的，其运作机理并无二致。由是之故，问题的症结不在于当下是否对量刑实体性规范强制性适用效力予以摒弃，而在于理性反思《最新量刑指导意见》对法官综合性的自由裁量权的制度设计是否科学、合理。

二、存在的问题

经过屡次修正，《最新量刑指导意见》规定："综合考虑全案情况，独任审判员或合议庭可以在20%的幅度内对调节结果进行调整，确定宣告刑。当调节后的结果仍不符合罪责刑相适应原则的，应当提交审判委员会讨论，依法确定宣告刑。"这便是《最新量刑指导意见》对法官综合性自由裁量权的规定。仅从单个规范文本观之，该规定给出了一个20%的幅度，从而给法官的自由裁量权留下了一定的空间，似乎并无不当。但是，结合量刑原理以及其他地方高级人民法院的实施细则便会发现，该种规则设置仍然存在两方面的问题：

一方面，过于僵化而缺乏灵活性。尽管最高人民法院的《最新量刑指导意见》从制度上设计出了一个20%的自由裁量幅度，以缓和量刑规则文本适用得过于刚性的问题。但是，划定20%的自由裁量幅度在某种程度上仍然属于"一刀切"式的做法。具言之，虽然最高人民法院授权各地方高级人民法院根据各自的情况制定实施细则，但是，仅从目前颁行的各地实施细则观察，其仍然受制于该幅度规定，没有体现出一定的地区差异性。比如，《上海市高级人民法院〈关于常见犯罪的量刑指导意见〉实施细则》规定："综合考虑

---

[1] 最高人民法院量刑规范化改革项目组编，熊选国主编：《量刑规范化办案指南》，法律出版社2011年版，第67页。

全案情况，拟宣告刑与被告人罪责不相适应的，独任审判员或合议庭可以在20%的幅度内对拟宣告刑进行上下调整，调整后的拟宣告刑仍然与被告人罪责不相适应的，应当提交审判委员会讨论，依法确定宣告刑。经审委会讨论后，仍不符合罪责刑相适应原则，须在法定刑以下判处刑罚的，经报最高人民法院核准，也可以在法定刑以下判处刑罚。"而该实施细则与《最新量刑指导意见》的法官综合性裁量权的规定并无本质上的不同，只是对法定刑以下判处刑罚的问题作了交代。另外，《陕西省高级人民法院〈关于常见犯罪的量刑指导意见〉实施细则》规定："综合考虑全案情况，拟宣告刑与被告人罪责不相适应的，独任审判员或合议庭可以在20%的幅度内对拟宣告刑进行上下调整，调整后的拟宣告刑仍然与被告人罪责不相适应的，应当提交审判委员会讨论，依法确定宣告刑。"《陕西省高级人民法院〈关于常见犯罪的量刑指导意见〉实施细则》基本是对《量刑指导意见》规范文本的复制。之所以选择上海市与陕西省的实施细则，就是因为二者地处东西部地区，是发达城市与欠发达省份的代表。那么，随之而来的疑问便是：类似上海这样的发达地区，一般而言，法官的综合素质、教育背景、理论储备、审判经验等相对较高。加之司法环境的相对优化以及监督机制的相对完备，授权此类发达地区法官相对较大的综合裁量权往往具有更大的合理性。反之，赋予欠发达地区的法官同样的综合性裁量权，能否使得法官手中的便宜之权不被滥用难免让人心存疑问。除此之外，再以人口最多的省份广东省为例，其实施细则也是几乎照搬了《量刑指导意见》20%裁量幅度的规定。反观作为人口较少省份代表的青海省，其实施细则则作出了与之雷同的规定。广东省与青海省人口的巨大反差往往是由流动人口的多寡造就的。以广东省为代表的沿海开放地区，经济的迅猛发展，制造业等相关产业的发达，吸引了大量的外来人口。但是，在犯罪学领域，有学者通过实证研究发现，大量的流动人口会带来较高的犯罪率，[1]而这本身也是较为容易通过常识、常理、常情推演出的当然结论。那么，基于犯罪率的巨大反差，为了犯罪预防以及贯彻宽严相济刑事政策之考量，势必需要给予法官不同的便宜裁量权。总而言之，《量刑指导意见》以及地方上的实施细则对综合性裁量权的设置没有体现出地区差异性，

---

〔1〕　参见史晋川、吴兴杰："我国地区收入差距、流动人口与刑事犯罪率的实证研究"，载《浙江大学学报（人文社会科学版）》2010年第1期，第73~84页。

不利于不同地区的法官运用裁量权因地制宜地实现个案公正。

另一方面，根据《最新量刑指导意见》综合性裁量权后半段的规定，"当调节后的结果仍不符合罪责刑相适应原则的，应当提交审判委员会讨论，依法确定宣告刑"。但是，该规定也存在问题，因为这样的制度设置有可能与目前司法改革的目标相悖。从理论层面考虑，此次以顶层设计推进的司法责任制改革，其目标就是"让审理者裁判，由裁判者负责"，改变以往那种"审而不判、判而不审"的不合理状况。所以，本轮改革以压缩审委会职权为重要的改革举措。这在《最高人民法院关于审判权运行机制改革试点方案》中就有所体现。该方案明确指出了改革的目标之一就是"规范审判委员会的议事规则，完善运行机制，大幅度限缩讨论范围，推行审判委员会委员组成合议庭办案制度"。之后出台的《最高人民法院关于完善人民法院司法责任制的若干意见》更为落实该目标："明确审判委员会统一本院裁判标准的职能，依法合理确定审判委员会讨论案件的范围。审判委员会只讨论涉及国家外交、安全和社会稳定的重大复杂案件，以及重大、疑难、复杂案件的法律适用问题。强化审判委员会总结审判经验、讨论决定审判工作重大事项的宏观指导职能。"据此而言，将超过20%的综合性裁量权完全交由审委会处断，这是否适当？从事实层面考量，该种规定也有可能与办案终身负责制相抵牾。有学者谈及，如果从办案终身负责制角度出发，法官需要对在其职权范围内所承办案件的重大差错终身负责，倘若案件出现了重大差错且这个案件是通过审委会讨论方作出的决定，那么，要是这个重大差错的司法责任由审委会集体来承担的话，实际上就会使得最终的责任承担被消解。[1]实际上，该学者的担忧不无道理，从生活经验以及人所与生俱来的趋利避害本性出发，通过审委会讨论而扩大或弥散责任承担的主体，会最大限度地减少法官独自决断所带来的风险，其有弱化司法责任承担之嫌，不利于促使法官独立、谨慎、合理地行使自由裁量权。于此而言，也不利于量刑刑事个案公正的实现。

三、解决方案

通过前文讨论，目前应尊重地域差别，更大程度地促进法官行使自由裁量权从而有助于实现个案公正，同时结合当前本轮司法改革的目标及现状。

---

〔1〕 参见皮勇、王刚、刘胜超：《量刑原论》，武汉大学出版社 2014 年版，第 533 页。

因此，笔者建议，《最新量刑指导意见》对综合性裁量权的设置，不应该硬性规定 20% 以下这一数值，而是可以考虑进一步扩大自由裁量权的空间，从弹性设置的角度出发，将裁量幅度设定为一个幅度，假设设定为 10%～30% 以下。在这个区间内，最高人民法院授权各高级人民法院根据各自的经济发展状况、人口规模、犯罪率等因素，因地制宜地在本省的实施细则中规定辖区内的综合裁量权比例。同时，考虑到目前司法改革的目标，对于超出范围比例的，《最新量刑指导意见》可以限缩提交审委会讨论的量刑案件范围，避免责任推诿。可以限定为：判处无期徒刑、死刑的案件；拟缓刑、免刑、宣告无罪的案件；本辖区有重大社会影响的案件等。

之所以如此规定，其理由在于：《最新量刑指导意见》"宜粗不宜细"地弹性设置综合性裁量权，可以考虑到案件的灵活性特征，为各个地区量刑实践的刑罚个别化适用留有余地，易于实现实质意义上的个案正义。除此之外，本轮司法改革虽然限制审委会讨论案件的范围，但目前《人民法院组织法》对审委会的定位为总结审判工作经验，讨论决定重大、疑难、复杂案件的法律适用，讨论决定本院已经发生法律效力的判决、裁定、调解书是否应当再审等，《最高人民法院关于全面深化人民法院改革的意见——人民法院第四个五年改革纲要（2014—2018）》也提出要确立"案件过滤机制"的相关精神。所以，虽然未来审委会讨论决定的案件会有所减少，但是，审委会的职能会更多地体现在宏观指导上面。申言之，从审委会对审判权影响的利弊两方面权衡，虽然一方面要不断减少审委会讨论案件的情形，但另一方面也更需要不断加强审委会的审判引导职能。这将是未来我国法院体系下审委会职能发展的应然走向。[1]有鉴于此，通过较为明晰的列举，将判处无期徒刑、死刑；拟缓刑、免刑、宣告无罪以及本辖区有重大社会影响等较为重大的案件归入审委会讨论的范围，既可以与现行司法改革的走向保持一致，又可以兼顾审委会对法官自由裁量权的监督制约机能的良性发挥。

第三节　量刑情节的规范塑造

量刑活动是一个综合性判断的过程，而在这个过程中，对量刑结果起到

---

〔1〕 参见冯之东："司法体制改革背景下的审判委员会制度——以司法责任制为切入点"，载《时代法学》2016 年第 1 期，第 86 页。

关键作用的往往是量刑情节，其在量刑活动中居于十分重要的地位。有学者曾经指出："罪作为一种行为与惩罚之间的联觉的经验反应，是由二者本质特征决定的。量刑情节属于一个影响刑罚裁量的事由，与刑罚措施之间，本身并不存在直接的关联，却因为法律的适用，生硬地被建立起一一对应的联系。也就是说，情节与罪、罪与刑之间的联系，本身就是人为的主观决定的关系。"[1]这也表明，量刑是一个以经验性的主观判断为主的司法活动，哪些酌定量刑情节参与该活动，参与该活动的量刑情节（包括法定量刑情节）对最终的量刑结果产生多大的影响，这一般是以法官的自由裁量与综合权衡为主的。但是，这样的裁量与权衡也并非完全没有规律可循以及标准可依，《最新量刑指导意见》之所以对量刑情节进行一定的赋值，其目的即在于为后续的类型化量刑活动提供规范指引。另外，酌定量刑情节虽然难以在规范文本中予以穷尽，但是，《最新量刑指导意见》也对部分酌定量刑情节的调节问题作出了规定。因此，就量刑情节的规范塑造而言，可分为量刑情节的规范赋值与规范识别两个方面。就规范赋值而言，既可以针对法定量刑情节，也可以针对酌定量刑情节。而对于规范识别，则只在酌定量刑情节中有讨论的必要。由于酌定量刑情节具有的灵活性，其往往更能够兼顾个案裁量结果的妥当性。所以，在此主要讨论后一个问题。此外，需要说明的是，酌定量刑情节对于个案公正的实现作用，不仅体现在立法层面，其更多地也体现在法官的合理适用层面。是故，笔者在本书的下一章中，仍然会对酌定量刑情节的合理适用问题进行深入讨论。

一、法定量刑情节的规范塑造

量刑情节在我国法定的分类中被分为法定量刑情节与酌定量刑情节，从目前的《最新量刑指导意见》来看，其对部分法定量刑情节以及部分酌定量刑情节的适用及调整问题进行了规定，并对其调整的比例进行了明确，但仍然存在一些问题。

（一）存在的问题

目前，《最新量刑指导意见》对法定及酌定量刑情节的调节比例作出了一定的规定，但是存在的最大问题是这些调节比例缺乏实证依据。详言之，根

---

[1] 周金刚：《量刑情节研究》，法律出版社 2012 年版，第 180 页。

据《最新量刑指导意见》所规定的 23 种量刑情节的调节比例，针对量刑情节的调节比例区间较大的问题，有学者批判道："调节比例的上限为 60%，下限为 0，且上限下限的值都是 10% 的 0~6 的整数倍。这些比例数值设置的科学性和合理性缺乏以事实为依据的证明，甚至可以说是估堆的结果，否则怎么可能如此准确地确定为 10% 的整数倍呢？"[1] 据此而言，《最新量刑指导意见》对于量刑情节调节比例缺乏可信的实证依据。虽说此次量刑改革是在江苏、山东等地试点的基础上通过试行而逐步推进的，但是，由于官方并未对试点以及试行阶段的经验数据进行公开，所以，此类量刑情节调节比例在实证基础上缺少正当性。

（二）问题的对策

目前，法院系统正在迈向司法大数据时代，再加之我国以最高人民法院牵头的司法文书公开工作已经成型，因此，对量刑海量文书进行筛选，提取相关实证数据进行量刑结果的数据分析，从而为《最新量刑指导意见》中量刑情节调节比例的赋值提供实证化的技术支撑实有必要。一方面，量刑情节是对基准刑的调节，而由于基准刑的确立问题一般是基于危害结果而言，其内涵是针对具有容易类型化的标准性规则事实。但是，对比量刑情节的多样性、难以类型化之特征，量刑情节较之于基准刑的适用难度更大。那么，最高人民法院在量刑规范化改革中对具体量刑情节进行经验性的赋值，其作用就是对以往法官那种量刑活动中过大的自由裁量权予以一定程度的限制，有助于量刑的均衡化，而量刑的均衡化是个案公正实现的基础与保障。另一方面，量刑情节对于量刑结果的确定作用甚巨，其具体的调节比例会直接影响到被告人具体刑期的长短乃至具体刑种的选择。而通过在实证层面对量刑情节赋值比例的司法适用状况进行比较，其目的就是提炼出具体量刑情节影响量刑结果的普遍性、平均性的经验赋值比例，这也符合本书所提出的个案公正的外在标准。

二、量刑情节的规范识别

在理论界与司法实践中，量刑情节的规范识别问题较之于规范赋值问题存在的问题与争议更多，尤其体现在酌定量刑情节的规范识别问题上。同时，

---

〔1〕 皮勇、王刚、刘胜超：《量刑原论》，武汉大学出版社 2014 年版，第 510 页。

法定量刑情节本不应存在规范识别问题，但是，囿于目前《最新量刑指导意见》的涵摄范围的限缩，法定量刑情节在规范识别问题上也存在一定的问题。对此，笔者将分而述之。

（一）法定量刑情节的规范识别问题

法定量刑情节与酌定量刑情节最大的不同之处是，法定量刑情节存在于刑法总则之中且已经得到了规范文本的立法确认，不存在法官对此类情节的规范识别问题，而仅仅是对于此类情节量刑调节的作用力大小予以考量。此外，法定量刑情节较之于酌定量刑情节，还存在数量较少且相对明确的特点。而《最新量刑指导意见》既然是对常见量刑情节进行了一定的规范适用，那么常见性、一般性与可把握性当为《最新量刑指导意见》对量刑情节进行规制的重点。所以，对于刑法总则中予以规定的法定量刑情节，理应进行全面的覆盖。但是，就目前《最新量刑指导意见》的规定内容来看，其只是对未成年人犯罪、未遂犯、累犯、从犯、自首、坦白、立功这类法定量刑情节的调节问题作出了规定。而对中止犯、防卫过当、避险过当、胁从犯等法定量刑情节却没有作出专门的规定，这显然存在不足，未来的量刑指导意见应当实现法定量刑情节规范适用问题的明确化。

（二）酌定量刑情节的法定化之争

对于酌定量刑情节的规范识别问题，在理论界存在较大争议，其体现为酌定量刑情节是否需要法定化问题。大致有两种意见：

一种意见是反对酌定量刑情节法定化。持有该观点的在学界属于少数。如有学者认为，酌定量刑情节的种类过于庞杂，无法进行穷尽列举。此外，对于个案而言，具体的酌定量刑情节的抽象赋值也不具有可行性，应该结合个案而论。所以，酌定量刑情节法定化只是一个乌托邦式的幻想。[1]

另一种意见是肯定酌定量刑情节法定化。如有学者指出："对常见高发、司法适用频率高、在全国具有统一适用性的酌定量刑情节尽可能由最高人民法院予以规范化。"[2] 还有学者持相同的观点，并进而得出结论："实现部分酌定量刑情节的法定化，应当被认为是酌定量刑情节制度规范的首选之路。"[3]

---

〔1〕 参见郝川：《中国量刑指导制度研究：以量刑指导意见为切入点》，人民出版社 2013 年版，第 122~124 页。

〔2〕 王利宾：《酌定量刑情节规范适用研究》，上海社会科学院出版社 2010 年版，第 117 页。

〔3〕 许美：《酌定量刑情节规范适用研究》，黑龙江人民出版社 2016 年版，第 172 页。

据此而言，主张酌定量刑情节法定化实际上并非主张所有酌定量刑情节都予以法定化，而仅仅是倡导部分酌定量刑情节法定化。但是，关于酌定量刑情节法定化之"法"的理解，一般认为应该成为刑法典这样的"法"。[1]

笔者认为，酌定量刑情节的法定化可谓是部分酌定量刑情节的规范识别，笔者赞同肯定说。但是，对于酌定量刑情节法定化之"法"，本书并不主张通过刑法来对酌定量刑情节予以规范识别，而是指通过类似于《最新量刑指导意见》等具有类似于司法解释的规范性法律文件的方式予以明确。故而，本书所主张的酌定量刑情节法定化是指：提取一定的酌定量刑情节，通过《最新量刑指导意见》等全国性法律文件对其适用条件和步骤予以明确。同时，由各省、自治区、直辖市高级人民法院和检察院在《最新量刑指导意见》基础上，根据各自的情况制定本辖区范围内的实施细则，在《最新量刑指导意见》已明确的量刑方法及幅度内对其适用条件予以规定。

缘由在于：其一，酌定量刑情节数量众多，在每个具体案件中也千差万别，不可能完全通过立法的方式予以明确化，即使强行立法化也难免会挂一漏万。同时，倘若将个别酌定量刑情节通过刑法修正案的方式整合入刑法，那么必然程序复杂、耗时甚巨、立法成本高、难以高效快捷地应对当下的司法现实问题。此外，《最新量刑指导意见》与各省的实施细则相得益彰，能够在考虑到地区差异性的基础上，兼顾量刑明确性基础之上的灵活性，更有助于通过酌定量刑情节去实现个案正义。其二，我国的《最新量刑指导意见》已经对当庭自愿认罪，退赃、退赔，积极赔偿被害人经济损失，取得被害人谅解，达成刑事和解，具有前科，以未成年人、老年人、残疾人、孕妇等弱势人员为犯罪对象，在重大自然灾害、预防、控制突发传染病疫情等灾害期间故意犯罪八种酌定量刑情节的规范适用问题进行了规定。这说明，部分酌定量刑情节法定化已经得到了立法确认，那么，最务实之举莫过于遵循此种路径依赖。其三，理论界与实务界曾经存有一种误区，即认为法定量刑情节由于有法律的明文规定，而酌定量刑情节没有立法的明确规定，所以法定量刑情节在量刑过程中适用的力度以及所起到的作用更大。但是，随着量刑改革的逐步推进，尤其是《最新量刑指导意见》提出了"量刑时应当充分考虑各种法定和酌定量刑情节，根据案件的全部犯罪事实以及量刑情节的不同情

---

[1] 参见李荣：《公正量刑保障机制研究》，中央民族大学出版社 2013 年版，第 270 页。

形，依法确定量刑情节的适用及其调节比例"。由该规定可见，酌定量刑情节的作用应当与法定量刑情节等量齐观，不存在高下优劣之分。犹如张明楷教授所说："不能简单地认为法定情节优先，更不能只考虑法定情节而忽视酌定情节。"〔1〕那么，在《最新量刑指导意见》中对部分酌定量刑情节的适用问题予以明确化，可以矫正以往司法实践中那种忽视酌定量刑情节的做法。其四，对于部分酌定量刑情节进行法定化处理，可以起到示范与指导作用，《最新量刑指导意见》的关键性作用即在于对法官的量刑活动进行规范指引，引导法官对于其他规范文本难以列举的酌定量刑情节，结合具体的案件综合把握适用的条件及比例问题，进而从量刑结果调节的角度去兼顾个案妥当性。申言之，酌定量刑情节的适用就是兼顾个案妥当性的过程，而个案的妥当性是以目的导向性与价值权衡性为基础的，所以，酌定量刑情节的规范适用问题也是一个贯彻刑事政策的问题。是故，问题的关键不在于是否需要酌定量刑情节法定化，而是在于将哪些酌定量刑情节予以法定化。这亦是接下来要主要探讨的问题。

（三）酌定量刑情节法定化之尝试——以在城市化进程中对农民工以及被征地、拆迁户等弱势群体加以刑罚宽宥为例证

本书第三章以落实对弱势群体的保护为例，已经从量刑规范化视角下实现个案公正的角度论述了在当下量刑领域贯彻刑事政策的可行性。而规范化量刑实现刑事政策之任务，主要就是利用酌定量刑情节实现的。为了使得论证更具有说服力与针对性，本书拟从对农民工以及被征地、拆迁户等弱势群体犯罪的倾斜性保护这一政策导向性问题入手，尝试性地构建一个酌定量刑情节法定化的范例，以此说明酌定量刑情节的规范识别问题对于贯彻刑事政策、实现个案公正的重要意义。

1. 为何对此类弱势群体进行刑罚宽宥

对由城市化衍生出的弱势群体犯罪进行刑罚宽宥，不仅仅是因为本书在前面所提到的"贾某龙故意杀人案"等案件引爆了舆论，而是这些事件的发生均是由城市化衍生出的城市权利保障问题。尤其是自晚近以来，西方学界基于后马克思主义思潮，已经从多重角度构建出了城市权利的话语体系。在列斐伏尔与哈维等一些后马克思主义学者的推动下，城市权利的内涵及外延

---

〔1〕 张明楷：《责任刑与预防刑》，北京大学出版社 2015 年版，第 352 页。

均得到了中西方学界的理论阐释。"城市权利就是主体人——无论是城市市民还是农村居民——都有在城市这个空间中获得基本的居住、生活并进行城市管理等权利。"[1]同时，基于后现代主义立足于"反逻各斯中心主义"所要求的容许差异、关注边缘，关怀弱者。是故，城市权利是在城市化背景下，处于城市边缘弱势群体的基本性权利，其中既包括由衣食住行所衍生出的基本居住性权利以及劳动就业保障性权利，也包括由城市化造成的环境恶化，进而引申出以保障生命健康权为内涵的生态性保护权利。而城市权利的保护意味着法律对因城市化发展而处于不利地位的人之衡平救济。

城市权利叙述所依托的空间正义以及空间转向的命题，不仅在马克思主义学界引起了的关注，即使在法学界也日益成为一个研究热点。城市化的主要症结归结于城市权利保障的缺失，已经越来越成为西方学界的共识。城市权利问题不再是一个地理景观学意义上的理论探讨，更是一个关乎公共治理的综合性现实社会问题。具体而言，我国刑法应对此类群体进行量刑宽宥。其理由在于以下几个方面：

（1）意识形态输出的需要。法律是一种权力话语的表达，而权力话语表达的首要之义则是对意识形态的贯彻，也即构建出一个意识形态输出的话语机制。这对于典型公法之刑法而言，更是如此。众所周知，马克思主义的精髓在于唯物史观，而这确实会给人一种侧重于"时间"维度的印象，以至于许多学者对马克思主义理论有一个误区，即认为其空间理论的特质是自然属性的，存在一种社会空间的"空场"。如美国学者苏贾认为："社会行为的空间偶然性主要被简化为拜物教化和虚妄意识，在马克思那里从未得到过一种有效的唯物主义解释。"[2]然而，马克思主义思想体系中蕴含着空间正义的思想，体现为：一是随着西方学界理论研究的"空间转向"，近年来，国内学界也从空间正义的角度对马克思主义理论进行了新的解读，从而挖掘出了契合时代背景的理论成果并产生了一定影响。[3]二是马克思经典文本中空间正义

---

〔1〕　陈忠："主体性的微观走向与空间权利的城市实现——对城市权利的一种前提性反思"，载《哲学动态》2014年第8期，第57页。

〔2〕　[美]爱德华·W.苏贾：《后现代地理学——重申批判社会理论中的空间》，王文斌译，商务印书馆2004年版，第192页。

〔3〕　比较有代表性的成果有俞吾金："马克思时空观新论"，载《哲学研究》1996年第3期；胡大平："社会批判理论之空间转向与历史唯物主义的空间化"，载《江海学刊》2007年第2期；任平："论空间生产与马克思主义的出场路径"，载《江海学刊》2007年第2期。

的思想俯拾皆是：马克思在早年参编的《莱茵报》中就表达了城市与农村权利平等的思想；在其思想体系成型的《德意志意识形态》中，马克思从私有制与分工的角度分析了城乡二元结构的根源；以至于在后来的《资本论》中，他从资本主义生产方式的视角分析了弥合城乡对立的路径。[1]三是抛开文本的深度耕犁而转入理论的显形分析，早在1845年《关于费尔巴哈的提纲》中，马克思就扬弃了费尔巴哈对自然世界作感性、直观理解的观点，而从人改造世界的角度，从人之能动性的实践活动去理解人的本质。而实践活动并不局限于物质生产，更多地涉及组成社会群体的人与人之间的社会实践，也即空间生产。

由此可见，空间正义的问题并不存在马克思主义理论的"空场"，只是囿于对马克思主义理论进行教条式的理解，以至于其空间正义思想被无形遮蔽。质言之，只有直面法律为政治上层建筑这一事实，将城市权利的意识形态话语体现为法律具体的实践逻辑，"我们才能够探寻当代中国马克思主义的'出场路径'和存在形态，也才能为反思当代中国城市化进程中的空间正义问题提供马克思主义话语权"。[2]特别是，在党的十九大倡导"继续推进马克思主义中国化、时代化、大众化"的现实背景下，将城市权利保障问题纳入马克思主义中国化的话语体系并进行基于刑法学视野的研究，输出为刑事政策的一种表述，实有必要。

（2）方法论借鉴的需要。自法国"五月风暴"以后，马克思主义阵营分化出原旨主义的马克思主义与后马克思主义。而城市权利问题也是在后马克思主义话语系统中得以阐释的。虽然后马克思主义的许多思想显得有些光怪陆离，且已与传统马克思主义渐行渐远，但是由于这个话语体系继承了马克思的批判精神，拒绝对马克思经典进行教条主义的诠释，尤其是其方法论立足于人本主义，凸显出了人的主体性，故这对我国当下刑法学的时代建构具有积极的意义。

与传统以权利为本位的民法相比，在凸显人之主体性方面，刑法具有先天缺陷：民法以调整民事法律关系为要务，刑法以犯罪构成为模型予以刑事

---

〔1〕 参见张天勇、王蜜：《城市化与空间正义——我国城市化的问题批判与未来走向》，人民出版社2015年版，第58页。

〔2〕 王志刚：《社会主义空间正义论》，人民出版社2016年版，第69~70页。

规制。因此，民法重关系、刑法重行为一直都是各自部门法研究的基本范畴。从民事法律关系角度，虽然有少数学者认为"它规定了人与人以及人与物之间的关系"，[1]但通说认为，"它是一种人与人之间的关系，而不是人与物之间的关系，尽管它又要受到人与物之间关系的制约"。[2]而人与人之间的关系就是一种社会关系，也是一种社会空间。所以，不可否认，从调整方式上考察，民法可以较好地契合城市权利的内容，进而彰显人之主体性。是故，在《物权法》制定之初，隐喻着城市权利色彩的居住权才会进入民法学视野。但是，刑法致力于"国家-犯罪人"式的主客体惩罚模式，国家垄断刑罚权而代替被害人进行刑事追诉，视犯罪人为落实刑罚权的客体，因此，犯罪人的单向行为凸显开来，而行为背后的犯罪人乃至于被害人却无须遮蔽，这在无形之中确是对人之主体性的一种天然疏离。近期刑法学界讨论热烈的刑事和解与修复性司法等诸多问题，足以表明刑法学界已然对人本主义缺失的研究现状予以反思。[3]职是之故，将城市权利话语导入刑法学，可以对其传统方法论进行适度纠偏，从而使得刑法学研究更能关怀到特殊视域下的人之生存境遇。

（3）当下贯彻刑事政策可行性的需要。本书第三章已经分析了刑事政策的当代表达机制问题，而既有的刑法典化的立法论范式、解释论范式、人格刑法学范式以及功能性罪责范式，在我国目前犯罪论体系正在逐步构建而走向教义学化的前提下，均不适宜作为由城市化衍生出的对弱势群体犯罪加以刑法宽宥的理论基础，在此不再赘述。在当下，我国的量刑规范化改革已经从试水区驶向深水区。因此，将问题的解决思路导入量刑领域可以收获立竿见影的效果。通过酌定量刑情节法定化的运作，既可以在保持刑法稳定性的基础上追求灵活性，进而实现个案实质正义，又可以克服前述几种范式对于此类弱势群体犯罪刑法倾斜性保护之不足。（具体缘由可参见本书第三章），最终解决当下所面临的现实问题。所以，接下来需要论证在量刑领域通过酌定情节法定化的方式衡平对此类弱势群体予以倾向性保护的具体举措。

---

〔1〕　[德] 汉斯·布洛克斯、沃尔夫·迪特里希·瓦尔克：《德国民法总论》（第33版），张艳译，杨大可校，中国人民大学出版社2012年版，第369页。

〔2〕　马俊驹、余延满：《民法原论》（第2版），法律出版社2005年版，第48页。

〔3〕　参见熊亚文："刑法私法化：现实图景与理论空间"，载《现代法学》2016年第4期，第170页。

2. 此类弱势群体保护的酌定情节法定化之运作模式

酌定量刑情节法定化对此类弱势群体给予救济从而予以倾斜性保护需要在《最新量刑指导意见》的基础上达到双重限定——既限定罪名又限定酌定情节。

限定酌定情节就是限定案件发生的具体事实场合，理由在于：从犯罪学的角度进行的众多实证研究业已表明，城市化进程的加快会导致犯罪率的显著上升，城市化规模与犯罪发生呈现一种正相关关系。[1]其中既有财富收入差距增大、外来人口增多等现实原因；也有城市管理缺位、社会保障不力等制度性因素；亦有身份认同分层断裂等文化缘由。这些并非本书的研究主题，也超出了作为规范法学之刑法所涵摄的范围。同时，犯罪率的上升则使刑法适用的场合也随之增多，所谓的酌定量刑亦无法对所有符合此种情形的犯罪人均予以从宽。一方面，弱势群体这个概念本身就是一个内涵及外延均不太确定的概念。犹如苏力教授所言："即使人们一般都认为毫无疑问属于弱势群体的农民工，如此界定也只是相对于城市生活且对于某一部分城市人而言；若相对于仍耕作于故乡或其他更偏远地区的其他农民来说，他们其实是相对强势的……因此，弱势群体是一个基于特定维度的相对概念。"[2]另一方面，虽然考虑到城市化进程会导致一部分群体（如农民工）被边缘化，进而在其犯罪时有给予倾斜处遇的需要，但是此类弱势群体是不同于传统生理性的弱势群体的，如《最新量刑指导意见》所提出的老年人、未成年人、怀孕的妇女等，而是一种由社会因素造就的弱势群体。对此类群体犯罪也并不能够在所有场合下都具有刑法宽宥处理的正当性。譬如，农民工讨薪构成妨害公务固然其情可悯，但是在其无故寻衅滋事的场合下，便不能够使得"农民工"这个弱势的"标签"与刑法的宽宥政策产生关联。是故，必须限定城市权利遭受直接或间接侵害的场合，分情形予以探讨。

限定罪名，即基于城市权利保护维度而从轻所涵摄到的罪名范围应被限缩。比如，难以想象一个需要城市权利救济的行为人触犯了强奸罪、交通肇事罪却仍然需要刑法对其网开一面。毕竟，城市权利本身就是一个内涵极为宽泛并难以精确界定的概念，因此，当城市权利的保护折射为刑法对特定场

[1] 参见田鹤城、万广华、霍学喜："1955—2007 年中国经济与犯罪关系实证研究"，载《中国农业大学学报（社会科学版）》2009 年第 2 期，第 146 页。

[2] 苏力："弱者保护与法律面前人人平等——从孕妇李丽云死亡事件切入"，载《北京大学学报（哲学社会科学版）》2008 年第 6 期，第 8 页。

合下弱势行为人的宽宥时，不可失之过宽，以免失去刑罚应有的威慑效果从而导致罪刑失衡。

基于以上考虑，具体操作如下：

（1）限定酌定情节。结合城市权利在居住、劳动就业以及环境保护三个方面的含义及实践中刑事案件发生的领域与刑法分则的罪状分布，可将酌定情节限定在以下三种场合：

第一，征地、拆迁场合。城市化的过程从实体意义上而言是一个对农村土地征用以及城市旧房改造的过程。对此，城市权利维护的首要维度即在于对被征地农户及被拆迁户切身利益给予保护，这涉及居住以及保障未来基本生活等诸多现实问题。而征地拆迁领域也是司法实践中矛盾最多的场合，在此过程中，如果补偿标准过低导致补偿不到位，就会使失地农民以及被拆迁户的基本保障权益无法得到妥善解决，会诱发矛盾冲突。由此也时常发生被征地农户及被拆迁户触犯刑法而构成犯罪的场合。基于此，应限缩为两种情形而予以酌定从轻。

其一，暴力征地、强拆。现实中，暴力征地及强拆行为本身就不合法，处于弱势的被征地农户和被拆迁户为了维护自己的权益，对抗处于强势地位的暴力征地强拆者，时常会采取过激的乃至构成犯罪的行为来予以"维权"。对此，考虑到事出有因，应该予以酌定从轻裁量。据此，"贾某龙故意杀人案"确有反思检讨的余地。

其二，受害人有过错。对于暴力强拆之外的场合下，如果一律对被征地农户及被拆迁户的犯罪行为予以宽宥，有不当扩大从宽幅度之嫌。因此，应限定为拆迁与征地一方作为受害人有过错这一前提，于此前提下，可以酌情对被征地农户和被拆迁户的犯罪行为予以从轻量刑。

第二，劳动就业场合。城市化是适应大工业化的要求将农村剩余人口转移到城市，昔日以土地为基本生产资料的农民现今以个体劳动者的形象投入城市的机械化大生产，而进城务工的农民（农民工）的另一个亟待保障的重要权益就是劳动权益。大致分两类情形：

一类为讨薪。在劳动技术技能低、城市固有"根基"薄弱的现实不利状况下，农民工在面对强势雇主无故乃至恶意拖欠其薪资时往往会显得无能为力，走向极端，即为了讨薪对警察执行活动进行不当阻碍从而触犯妨害公务罪，抑或非法拘禁雇主，讨要其所欠劳动报酬构成非法拘禁罪等。在此场合，考虑到触犯刑律的犯罪行为人乃是为了讨要薪资，系维护自身劳动权益而仅是手段不当，因此应予以从宽处理。

另一类为被强迫劳动或劳动安全条件严重不合格。随着城市化进程的推进，涌入城市务工的外来民工随之增多，他们被无良雇主或用人单位采取暴力、胁迫或者限制人身自由的方式强迫劳动的现象也时有发生。他们甚至会在一些高空、井下以及其他恶劣的劳动环境下违章冒险作业，这均有发生重大责任事故的隐患。由是，刑法已将强迫劳动行为规定为犯罪，对劳动安全生产条件不合格或强令违章冒险作业发生工人重大伤亡事故的情形均予以刑事规制。在此情形下，务工人员为了摆脱这种困境而采取的触犯刑法的行为，具有一定意义上的维护劳动权益的"维权"性质，可以考虑从轻处罚。

第三，环境污染场合。对城市权利的维护不仅在于基本生活居住以及劳动就业层面，还涉及生态保护的问题。环境恶化也一直都是城市化的痼疾。在城市化产生的城市功能区延伸效应的作用下，以"城市之尾，农村之首"的城乡接合部为代表的城市边缘区域往往会成为城市垃圾废物排泄、倾倒的"集散地"，进而成为环境污染的重灾区。居住在该区域内的人们并未享受到城市化发展带来的成果，却被迫承受着城市发展的沉重负担。在某种程度上，"在工业化、城市化进程中，环境犯罪是严重威胁人类生存，社会危害最为严重的犯罪"。[1]因此，刑法对破坏环境行为也加大了打击力度，《刑法修正案（八）》亦降低了"污染环境罪"的入罪门槛。[2]因此，生态环境遭受破坏进而对被污染环境的受害方的健康造成重创会引发诸如集中上访等现象，其中不乏手段过激而触犯刑律的情形。考虑到事发原因，有必要予以从轻裁量。

（2）限定罪名：

第一，限定罪名的标准。对于因城市化发展而处于不利地位的人在刑法上从轻处理的情形，在上述限定场合的前提下仍需限定具体的罪名。而就刑法分则提取罪名应有一定的标准。

其一，与上述限定的酌定情节的场合有直接关联性。比如妨害公务罪，既可以发生在讨薪场合，也可以发生在征地、拆迁的暴力强拆场合，以及发

---

〔1〕 李锡海："工业化、城市化与犯罪"，载《法学论坛》2009年第1期，第43页。

〔2〕《刑法修正案八》将1997年《刑法》中该罪的"造成重大环境污染事故，致使公私财产遭受重大损失或者人身伤亡的严重后果的……"修改为"严重污染环境的……"，据此，将该罪由结果犯修改为行为犯。

生在环境遭到破坏而集中上访并采取暴力等手段阻碍公安机关执法的场合。再比如实践中发生较多的对征地、拆迁补偿标准不满而封堵路面、阻塞交通而构成聚众扰乱公共场所秩序、交通秩序罪的情形，也时常会发生在讨薪等场合。

其二，类似于"维权"或"防卫"的性质，即事出有因。以"山东农民抗拒强拆死刑发回重审"一案为例，农民丁某忠由于拆迁补偿未谈妥却遭遇强拆，在发生肢体冲突时致 2 名拆迁人员死亡，单从致 2 人死亡的结果来看似乎罪行"极其严重"，但却是由行为人抗拒强拆引发的，有一定意义上的"维权"意味。故而，故意杀人罪符合提取为所限定罪名的标准。反之，对于以盗窃为首的侵财类犯罪则不宜作为提取罪名而予以从宽考量。诚然，就由城市化诱发的以农民工为主体的弱势群体所实施的犯罪而言，"犯罪类型中侵财类犯罪所占比例居高不下"，[1]暴力型侵财犯罪中，"抢劫犯罪绝对数量多"[2]，非暴力型犯罪里，盗窃罪又占据了绝大多数。但是，对于这些犯罪的发生既不与上述酌定情节的场合有直接关联，也缺乏"维权"或"防卫"的属性，难以被囊括进限定罪名的范畴。

第二，限定罪名的范围。本书从中国裁判文书网近几年的案发情况予以考察发现，涉及刑法分则应予以宽宥的罪名大致有以下几种：故意杀人罪[3]；故意伤害罪[4]；非法拘禁罪[5]；妨害公务罪[6]；寻衅滋事罪[7]；聚众扰乱社会秩序罪[8]；聚众扰乱公共场所秩序、交通秩序罪[9]；非法集会、游行、示威罪[10]。上述犯罪在司法实践中案发率较高，较为符本书所限定罪名的提取标准。至于是否还有其他犯罪需要予以提取进而纳入量刑规范化的酌定考虑层，仍有待进一步的实证研究。

---

〔1〕 庄永廉、张建升："透视城市化犯罪"，载《人民检察》2000 年第 7 期，第 44 页。

〔2〕 顾志翔："城市化进程中暴力犯罪调查"，载《检察日报》2009 年 7 月 1 日。

〔3〕 参见［2016］川刑终字第 349 号二审刑事裁定书。

〔4〕 参见［2014］湘高法刑二终字第 93 号二审刑事判决书。

〔5〕 参见［2016］津 0116 刑初 20236 号一审刑事判决书。

〔6〕 参见［2015］勉刑初字第 00065 号一审刑事判决书。

〔7〕 参见［2015］大刑二终字第 340 号二审刑事裁定书。

〔8〕 参见［2015］常刑一终字第 89 号二审刑事裁定书。

〔9〕 参见［2014］穗中法刑一终字第 227 号二审刑事裁定书。

〔10〕 参见［2008］灞刑初字第 122 号一审刑事判决书。

（3）酌定情节+罪名。立足于前几步的铺陈，可以在量刑领域展开对城市权利弱势行为人的救济。限定酌定情节聚焦于个案发生的具体场域，于此前提下根据之前所限定的罪名，在《最新量刑指导意见》为之扩大适用罪名范围且详细规定量刑步骤的基础上，一个类似于纵横坐标轴的量刑"坐标图"由此产生。所限定的酌定情节与罪名二者相交汇的点，既是具体酌定量刑情节法定化的适用标准，也是法官对具体个案进行量刑宽宥的刑罚量。譬如，因被强迫劳动而故意伤害雇主的案件就符合"被强迫劳动"＋"故意伤害罪"这个条件。法官只需按图索骥，比照《最新量刑指导意见》中明确的故意伤害罪的具体量刑步骤，再结合所限定酌定情节的从轻幅度综合予以把握，可以得到一个相对从轻的量刑结果，从而实现对弱势行为人的衡平救济。再例如，实践中发生较多的农民工为讨要被拖欠的劳动报酬而聚集在一起上街拉横幅、游行的情形，也符合"讨薪"＋"非法集会、游行、示威罪"这个条件，法官裁量刑罚应予以从宽考量。综上所述，通过"酌定情节+罪名"这种法技术安排，使得城市权利的维护在罪名与酌定情节双重限缩的框架内有序运行，以兼顾立法上的妥当与周延。

3. 关于此类弱势群体作为被害人的问题——对《最新量刑指导意见》条
   文的评析

上文仅仅是分析了对弱势群体犯罪的刑罚宽宥思路，但没有论及此类弱势群体作为被害人时的刑法倾斜性保护问题。原因在于《最新量刑指导意见》对弱势群体作为犯罪对象的问题，已经通过酌定量刑情节法定化的模式进行了相关规定，而城市权利保护是可以被囊括于内的子命题，没有必要单独予以讨论。但是，纵观《最新量刑指导意见》的规定，其有机械化量刑之嫌，稍显不足。

《最新量刑指导意见》规定："对于犯罪对象为未成年人、老年人、残疾人、孕妇等弱势人员的，综合考虑犯罪的性质、犯罪的严重程度等情况，可以增加基准刑的20%以下。"但是，一方面，犹如有学者批判道的那样："不是所有的以这些弱势群体为犯罪对象的犯罪行为都需要从重处罚。如过失犯罪，因其对犯罪对象没有故意的认识，不能体现其主观恶性，所以即使有此情节也不应从重。"[1]是故，这一酌定量刑情节法定化的规定模式存在缺陷，

---

〔1〕 耿磊：《酌定量刑情节规范化路径》，法律出版社 2017 年版，第 85 页。

应该结合具体的场合而论，不宜搞"一刀切"。另一方面，正如前文分析的那样，弱势群体的标签不应过于狭隘地限定于未成年人、老年人、残疾人、孕妇等生理性弱势人员，这样的判定过于机械化，不利于在量刑领域贯彻社会综合治理性质的刑事政策之任务。所以，应该将弱势群体的范畴予以相对扩大化，将其涵盖到社会性弱势群体的范畴。这样方能为法官根据个案的具体情形综合权衡留有余地。

　　总而言之，本书对部分酌定量刑情节法定化持赞同态度。对此，以城市权利维护为例，为弱势群体进行量刑倾向保护问题构建出了一个酌定情节法定化处理的路径，并不意味着所构建的路径就完全合理。这里仅仅是一个理论性的尝试与假设，旨在说明这样一个问题：在刑法表达意识形态话语、贯彻刑事政策的诸多路径中，酌定量刑情节法定化有现实意义及可行性。对于城市化进程中的弱势群体而言，酌定量刑情节通过《最新量刑指导意见》予以法定化处理，可以给法官一个明确的行动指南，可以在一定程度上保证法官的审判独立性。此外，《最新量刑指导意见》所具有的指导性的一面使其配合着各省的实施细则而具体落实，这本身就是在考虑到地区差异性的基础上去实现一般正义基础之上的个案正义，防止了量刑机械化，也给予了法官一定的自由裁量权。一言以蔽之，酌定量刑情节法定化的合理性内核即在于强制性基础之上的灵活性，从而实现个案的妥当与正义性。

第六章

量刑规范化对个案公正实现之司法技术路径

在量刑规范化背景下实现个案公正是个系统性工程，不仅涉及观念层面以及立法论层面的路径，而且更多地涉及司法技术路径。在很大程度上，个案公正的实现需要凭借法官在现实司法裁量中运用司法技术去灵活把握个案的特殊性，以求得个案的公平与正义。此外，我们也应该认识到，由于司法技术路径种类繁多，不仅有量刑步骤与方法问题，还包括了量刑情节等诸多问题，甚至还涉及相关司法配套措施，所以，对该问题无法一一进行探讨。因此，本书在此仅仅截取几个重要问题进行阐释，以期勾勒出未来量刑改革的主要完善图景。

第一节　基准刑的合理界定

基准刑这一术语是随着量刑规范化改革的推进而逐步进入实务界以及学术界视野的。之前的相关学术讨论更多地集中在量刑基准等问题上。相关的一系列量刑规范性文本也放弃了量刑基准这个概念而代之以基准刑、量刑起点等术语。因此，如何厘清基准刑的内涵与外延，乃至于本质特征与价值定位，进而为量刑实践提供有力的实践指导，均有探讨之必要。当然，探讨的背景依然是依托量刑个案公正的实现这一逻辑主线。

一、"三步"量刑法的合理性

基准刑并非独立存在，而是依托于我国量刑改革所确立的"三步"量刑法。所以，在此首先需要探讨此次量刑改革所确立的量刑方法，在量刑方法合理性的基础之上方能进一步展现基准刑的诸多面向。

我国的量刑改革确立了"三步"量刑法：第一步，根据基本犯罪构成事实在相应的法定刑幅度内确定量刑起点；第二步，根据其他影响犯罪构成的犯罪数额、犯罪次数、犯罪后果等犯罪事实，在量刑起点的基础上增加刑罚量确定基准刑；第三步，调节基准刑，也就是根据量刑情节来对基准刑进行上下调节，并综合考虑全案情况，从而确定宣告刑。换言之，量刑的过程分步骤实施：从量刑起点—基准刑—宣告刑依次进行。笔者认为，这一量刑法是合理的。理由如下：

（一）彰显了个案的内在公正

前文已述，个案公正的评判标准分为内在标准与外在标准。内在标准是以报应正义为主而兼顾预防正义。以报应为主的思路已成为学界的共识，其可以体现出刑罚恶害性的本质，并最能体现出个案的实体正义。在"三步"量刑法中，最为关键的是量刑起点和基准刑的确定，而量刑起点是以最基本的犯罪事实为模式，直接对应着最基本犯罪的社会危害性的大小。同时，"所谓基准刑是在不考虑非犯罪构成事实以外的量刑情节的情况下，根据犯罪构成事实的一般既遂状态所应判处的刑罚"。[1]所以，基准刑也是针对犯罪的全部犯罪事实而对应着犯罪的社会危害性。而最后基于量刑情节调节基准刑的步骤，则仅仅是在之前的基础之上作出的轻幅度修正，量刑结果的绝大部分均是在量刑起点与基准刑部分完成的。申言之，无论是量刑起点还是基准刑，都是在体现已然之罪的刑罚报应性的内容。而在基准刑确立之后到宣告刑阶段，量刑情节则更多的不是在回顾已然之罪，而是在展望和预判以人身危险性为内核的未然之罪。是故，刑罚的预防性内容则更多的是在基于量刑情节调节基准刑的环节中予以展开的。即便如此，未然之罪的处断由于有先前基准刑的大致框定，所以不会有大的出入，从而也形成了量刑处断过程中以报应刑判断为主导的格局，有利于实现个案的内在公正。

（二）尊重了量刑的基本规律

传统的"估堆式"量刑法之所以被此次量刑改革所摒弃，倒不完全在于其完全是经验式作业而容易产生量刑恣意性后果，而更多的在于没有体现出量刑规律。量刑规律问题在量刑改革之前一直都未能引起普遍关注。实际上，量刑与定罪分属于刑事司法领域两个前后相继的司法活动，有着不同的思维

---

〔1〕　熊选国主编：《〈人民法院量刑指导意见〉与"两高三部"〈关于规范量刑程序若干问题的意见〉理解与适用》，法律出版社 2010 年版，第 75 页。

逻辑与运行轨迹。定罪活动重在以手头具体的犯罪事实比照罪状描述，通过犯罪构成理论而一次性地进行独立判断。而量刑活动则不局限于此，不仅关注已有的犯罪事实情状，还需要关注行为人的其他相关因素。除此之外，刑事政策、刑罚效果等其他诸多考量因素也需要法官进行审酌。所以，较之于定罪的整体化特质，量刑更注重对零散信息的搜集与把控，具有注重细节化的特征。同时，这也决定了定罪活动重在定性分析，而量刑尚需兼及定量分析则成了应有之义。是故，量刑这种认知活动，有不以人的意志为转移的规则性内容，反映出来便是：量刑的过程不能似定罪那样一蹴而就，而是需要分步骤去推进。同时，量刑的轻重处断，也必然需要有一个大致的衡量标准，在这个标准的基础之上去认定罪轻罪重，基于综合权衡得出合理的量刑结果。据此观之，"三步"量刑法显然是与这个规律相吻合的。

（三）赋予了价值判断主导地位

上文论及，量刑不同于定罪的主要不同之处是，量刑不仅是定性分析，还需要兼及定量分析。而传统的"估堆式"量刑法之所以被摒弃，一个重要的原因就是仅仅具有定性分析而缺失定量分析，以至于量刑活动缺乏明确性与透明度，量刑结果畸轻畸重，难以回应社会公众的质疑。此次量刑改革将定量分析引入量刑领域，可谓是一项重大举措。量刑规范性文本直接明确了定量分析的重要性。从最初的"定量分析为主，以定性分析为辅"到二者相互结合，再到之前《旧量刑指导意见》确立的"以定性分析为基础，结合定量分析"，当前的《最新量刑指导意见》明确了"定性分析为主，定量分析为辅"的量刑基本方法。这说明，官方虽然认为定量分析必不可少，但对定性与定量二者的态度是有轻重之别的，定性分析依然居于主导地位。从现实角度出发，这一价值导向也是合理的。定性分析与定量分析是目的与手段的关系，有纯粹的定性分析，而绝无纯粹的定量分析，定量分析总是紧密围绕着定性分析而展开。"只有突出定性分析的主导地位，才能避免机械量刑、数字量刑，才能更好地实现量刑公正。"[1]循此思路，回到"三步"量刑法，其中的量刑起点的确立，虽然体现了定量分析的特征，但是具体的量刑起点仍然是给了一个相对的幅度区间，法官仍然具有一定的自由裁量空间。随后

---

〔1〕 南英主编，最高人民法院刑事审判第三庭编著：《量刑规范化实务手册》，法律出版社 2014年版，第 11 页。

确立基准刑的步骤纯粹是定性分析在起作用。最后，在确立宣告刑阶段，对于基准刑的调节，虽说有相关的数字化比例予以规制，但仍然是交给法官在一个相对确定的幅度内求得最终的宣告刑。所以，在第三个量刑步骤当中，定性分析因素所占的比重仍然更多一些。由此可见，"三步"量刑法体现了定性分析的主导地位，具有一定的合理性。

从以上分析可知，此次量刑改革所确立的"三步"量刑法虽然仍然有需要改进之处（容后文详述），但大体上所确立的框架是合理的。而"三步"量刑法中最重要的一个步骤就是基准刑的确立。所以，在宏观上探讨了"三步"量刑法的大致运作规律及合理性之后，接下来需要深入基准刑的应然与实然层面进行探讨，以期能够为将来量刑改革的进一步良性推进提供有益借鉴。

二、基准刑的应然价值

基准刑对于整个量刑活动的顺利推进十分重要，成了贯穿量刑活动的逻辑主线。然而，需要进一步追问的是，基准刑所固有的价值蕴意何在？对于量刑活动所追求的量刑公正而言，其更倾向于何种向度？厘清这些问题，才能为基准刑的司法确立与完善提供指引。笔者认为，基准刑在应然层面重在实现以下三个方面的价值：

（一）报应正义

一个刑事待判案件所需要考量的因素，既包括社会危害性因素，也包括人身危险性因素。从基准刑的涵摄范围出发，基准刑涵盖了量刑起点及在其基础上所增加的刑罚量，而量刑起点是基本犯罪事实，增加的刑罚量仍然是对应的基本犯罪事实之外的其他犯罪事实，包括犯罪数额、犯罪次数、犯罪后果等犯罪事实。那么，基准刑所全部针对的规范外延便是整个犯罪的事实。同时，这些总的犯罪事实是围绕着犯罪构成的事实，而不能囊括犯罪构成事实以外的事实。官方对此项制度设计所给出的理由在于："一是因为犯罪构成事实是犯罪社会危害性最集中的体现，是决定定罪并决定法定刑最核心的事实，把握住了犯罪构成事实，也就把握住了量刑的根本。二是个罪的犯罪构成事实都由刑法（及司法解释）作了明文规定，具有明确性和稳定性，经与犯罪构成比照符合，即可认定犯罪构成事实。而犯罪构成事实以外的犯罪事实保罗万向，复杂多变，缺乏明确性和稳定性，难以把握，不利于基准刑的确定。"[1]据此而言，基准刑的制度设计重在给出一个明确性、稳定性的量刑参考标准，从这个角度出发，基准刑所针对的是犯罪的社会危害性的事实（尽管不是所有的社会危害性事实，有些被纳入量刑情节层面予以调节，但是，这种调节仅仅是微调），只有社会危害性这种已然之罪的事实最能够具有明确性、稳定性的特征，而社会危害性事实本身就体现着刑罚报应性的内容。是故，这就决定了基准刑是以实现刑罚报应正义为逻辑起点的。

（二）罪刑均衡

量刑活动既有事实判断，也有价值判断；既有理性因素，也有经验成分；再加之不同的法官有不同的生活经历和主观价值偏好，很容易使得量刑结果呈现出见仁见智的局面，而这不仅与普通人内心深处所怀有的朴素的公平理念相违背，而且与同等情况同等对待这种法治国家的基本要求相抵触。是故，现代法治国家普遍追求量刑的一致化，罪刑均衡原则也随之成了刑法的基本原则而被奉为圭臬，其不仅指导定罪，亦指导量刑。在量刑领域，基准刑这一法技术性手段的确立主要在于给刑罚裁量提供一个较为明晰的标准，以制约法官的自由裁量权，尽可能多地排除法官的个体性差异，从而能够最大限度地减少刑罚适用的不确定性因素，在大体上对类似案件能够形成一个较为一致的量刑结果。所以，有学者就此指出："合理确定基准刑，才能找到从轻、从重、减轻情节的坐标，量刑均衡才能得以实现，换句话说，基准刑是实现量刑公正的前提和基础。"[2]此外，鉴于基准刑归结为以社会危害性为基础的报应刑的裁量范畴，而"当今社会的报应刑就是指责任刑"。[3]同时，预防刑不能超过责任报应的上限进而奠定了责任主义的基础。换言之，基准刑的裁量就属于责任刑的裁量。张明楷教授就曾指出："在责任刑裁量层面，要求罪刑均衡是妥当的。"[4]据此而言，罪刑均衡价值与基准刑的内在联系由此可见一斑。

（三）形式公正

德国学者认为："量刑的概念性——就如同在'刑罚加重''刑罚减轻'

---

〔1〕 南英主编，最高人民法院刑事审判第三庭编著：《量刑规范指导案例》，法律出版社 2016 年版，第 8~9 页。

〔2〕 郝川：《中国量刑指导制度研究：以量刑指导意见为切入点》，人民出版社 2013 年版，第 82 页。

〔3〕 张明楷："犯罪常态与量刑起点"，载《法学评论》2015 年第 2 期，第 1 页。

〔4〕 张明楷：《责任刑与预防刑》，北京大学出版社 2015 年版，第 240 页。

'有利于''不利于''有利于以及不利于'字样中所包含的那样——只在当其具体指向某种具有可比性之物时，才具有意义与现实性。"[1]对这种量刑过程的描述也与法官集体的经验理性相一致。现实中，许多法官在量刑时都会自觉不自觉地适当调整待判案件的量刑幅度，从而使之与之前所判决的案件在刑罚量上尽可能相一致。而这个调整的过程往往表现为，法官通过经验理性去预先从主观上把握一个适当的经验基点，并以该基点作为量刑趋重、趋轻调节的标尺，最终形成确定的宣告刑。透过这个纯粹经验理性量刑的全过程，不难发现，该过程既融入了罪刑均衡的思想，也渗透着类型化比较的方法论内容。申言之，基准刑在量刑过程中必不可少，其主要的价值在于"求同"，而不在于"存异"。基准刑的确立是法官在类型化比较的基础之上，通过经验加工不断"求同"而获得的，这也就决定了基准刑的主要价值侧重于实现量刑的形式公正，而不在于实现个案的实质公正。当然，正犹如"存异"是在"求同"的基础之上一样，量刑的形式公正成了实质公正的基础和前提，没有量刑的形式公正作为大框架与平台，量刑的实质公正便无从谈起。这也再次映射出：量刑个案公正这一"存异"性的论题与基准刑这一"求同"性的法技术论题，二者须臾不可分离。

三、基准刑的实然形态

明确了基准刑以上三个应然追求价值目标，接下来即可以对基准刑规范层面的相关问题进行厘定。对此，有许多问题在学界并没有形成统一认识，需要进行探讨以确立基准刑的实然形态。为叙述方便，故以问题的形式对涉及基准刑自身存在属性的三个重要问题进行论述。

（一）概念上，基准刑与量刑基准是否等同

基准刑这一概念并非舶来品，而是我国量刑改革的衍生物，在大陆法系国家的量刑理论中，更多的是讨论量刑基准的问题。

量刑基准的概念在最广义、广义上和狭义上分别使用。最广义上使用量刑基准的学者，以陈兴良教授为代表。他主张："量刑原则，又称为量刑的基准，它主要是解决量刑的时候，什么样的事项应作为考虑的对象，应根据何

---

〔1〕　〔德〕汉斯-约格·阿尔布莱希特：《重罪量刑——关于刑量确立与刑量阐释的比较性理论与实证研究》，熊琦等译，法律出版社 2017 年版，第 120 页。

种原则来进行刑罚的量定等问题。"[1]广义上使用的，以张明楷教授为代表，其认为量刑基准，"是指处理刑罚正当化根据的二律背反的理论，亦即，在肯定了只能在责任刑的限度内考虑预防目的的前提下，是在责任刑的'点'之下考虑预防目的，还是在责任刑的'幅度'内考虑预防目的"。[2]狭义上使用量刑基准概念的学者以周光权教授为代表。他指出："量刑基准，就是指排除各种法定和酌定情节，对某种仅抽象为一般既遂状态的犯罪构成的基本事实所判处的刑罚。"[3]

鉴于最广义的量刑基准的概念过于抽象化，而且其内涵更是超出了量刑基准所应有的范畴，所以，学界采纳最广义量刑基准概念的并不多见。对于量刑基准的概念，学界更多的还是在广义与狭义两种内涵上使用，且一般均倾向于狭义的量刑基准的概念。笔者认为，鉴于狭义的量刑基准的概念更有助于树立量刑的标尺，更能够贴近司法实践，所以，本书采纳狭义量刑基准的概念作为研究对象。

但是，随之引发的两个问题在于：量刑基准与基准刑二者之间是什么样的关系？从《最新量刑指导意见》的规范文本可以看出，官方所采纳的基准刑的概念并不完全等同于理论上既有的广义乃至狭义的量刑基准的概念。由此需要追问，量刑基准这一概念有无在理论与实践存在之必要？以下分而述之。

对于第一个问题，笔者认为，（狭义）量刑基准不同于基准刑，二者有很大区别。体现为：其一，基准刑是一个司法概念，而量刑基准仅仅是个理论概念。详言之，基准刑是随着此次量刑改革而被引入量刑领域并用于指导司法实践的法技术概念。基准刑的设立目的在于给司法实践一个规范指引，从而限缩法官的自由裁量权，最终是为了尽可能地实现罪刑均衡。但是，量刑基准则是发轫于德、日刑法理论，是一个存在于理论探讨层面的法学术语，旨在设定一个逻辑起点，即认为每个抽象个罪都存在一个量刑基准，只不过对于这个抽象个罪的量刑基准是表现为一个点还是一个幅度存有争议。其二，基准刑是针对具体犯罪的，是在不参与任何法定抑或酌定情节考量的前提下，

---

[1] 陈兴良：《刑法适用总论》（下卷），法律出版社 1999 年版，第 284 页。
[2] 张明楷：《刑法学》（第 5 版），法律出版社 2016 年版，第 546 页。
[3] 周光权：《刑法客观主义与方法论》，法律出版社 2013 年版，第 251 页。

既遂的基本犯罪事实所对应的刑罚量。而量刑基准是针对抽象个罪的，是脱离了具体个罪进行的抽象化处理。其三，基准刑与量刑基准的思维运作模式也不同。基准刑或量刑基准所单独参与的量刑过程是一个法定刑—基准刑（量刑基准）—宣告刑的过程。那么，在基准刑存在的场合下，其便表现为一个"抽象—具体—具体"的认知路径。而量刑基准由于是针对抽象个罪而言的，所以量刑基准参与的量刑思维过程便是一个"抽象—阶段抽象—具体"的思维过程。其四，量刑基准由于是针对抽象个罪的基本状态而言的，而每个罪都可以抽象出一个基本状态，所以量刑基准对于某个抽象个罪应该具有唯一性。但是，基准刑则不同，基准刑不仅由基本犯罪事实构成，还涵盖了其他犯罪事实，其涵摄范围要比量刑基准广泛。这也说明：不同的犯罪有不同的基准刑，即使是同一个犯罪，由于是以具体犯罪事实作为出发点，所以也不是具有唯一的基准刑，而是根据犯罪事实的不同而具有多个基准刑。

在探讨了量刑基准与基准刑的不同之处之后，随之引发了第二个问题，即量刑基准这个概念有无存在之必要。对此，有学者认为，量刑基准并无存在必要并提出了四个方面的理由：一是在体系上，量刑基准并不完备，仅仅聚焦于量刑起点与从重、从轻等方面，而忽视了量刑情节与方法步骤对量刑结果的影响；二是在方法上，量刑基准存在谬误，缺乏对犯罪构成主客观事实的研究；三是量刑基准概念本身就存在混乱，未形成统一认识；四是在实践中，量刑基准基本没有对司法实践的指导力。[1]笔者认为，量刑基准本身的确存在一些问题，且对司法实践的直接指导力较弱。但是，在理论研究层面，仍然具有存在价值。理由在于：一方面，量刑基准这一概念的产生就是为了限制法官过于宽泛的自由裁量权，使得量刑过程中的不确定因素得以减少，而这样的价值初衷与量刑改革不谋而合。是故，基准刑这一我国量刑改革自发生成的概念也是以量刑基准为逻辑起点的。虽然说每个抽象个罪都有一个具体的量刑基准有待法官去发掘，这一命题多少有些形而上学的价值预设成分，但是，这也会时刻提醒我们量刑规则的制定者应该尽可能贯穿这一思想，确保量刑活动分步推进，最大限度地有利于法官在量刑时去接近这个量刑基准，从而以此为基础进一步调节和修正刑罚量，以达到罚当其罪。另一方面，量刑基准理论与量刑规律相吻合。量刑活动基本规律便是以社会危

---

〔1〕　参见王联合：《量刑模型与量刑规范化研究》，中国政法大学出版社2015年版，第60~63页。

险性为底色的一个评价标尺为中轴，而宣告刑则根据具体个罪相关量刑情节及量刑要素而上下波动。那么，在这个规律中充当标尺的即是理论界所提出的量刑基准。事实上，我国的"三步"量刑法也是与这个思路相契合的。一言以蔽之，量刑基准对基准刑仍然具有一定的理论指导作用。

（二）结构上，量刑起点是否必要

在 2009 年以前，最高人民法院的相关指导性文件并无量刑起点这一概念，直到 2009 年之后，量刑改革的规范文本才规定了量刑起点一词。官方给量刑起点下的定义是："量刑起点（亦可简称为'起点刑'）就是指在相应的法定刑幅度内，根据具体犯罪的基本犯罪构成事实的一般既遂状态所应判处的刑罚。"[1]量刑起点是否有存在的必要存在一定的争议。

否定说，其代表着早期的量刑改革试点以及量刑改革规范性文件的态度。如江苏省姜堰市（今姜堰区）法院在 2010 年公布的量刑规范性文件中，就明确了"选定法定刑—确立基准刑—斟酌个罪量刑情节—拟宣告刑—最终宣告刑"五个步骤的量刑方法。而其中并没有量刑起点的说法，实际上是用基准刑取代了量刑起点。给出的理由是，量刑起点的做法容易使人认为量刑起点就是法定最低刑。[2]此外，2008 年最高人民法院颁行的量刑规范性文件也仅仅是确立了"法定刑—基准刑—宣告刑"三个阶段的量刑过程，并没有量刑起点的存在余地。所以，在量刑改革初期，形成了一种观点，即"既然基准刑是根据犯罪构成事实确定的，那么基准刑可由最高人民法院直接规定，或者由法官一步到位直接确定即可，没有必要再由量刑起点和增加刑罚量两部分组成"。[3]

自 2009 年起，量刑改革的规范性法律文件明确提出了量刑起点的概念。由此可见，目前以最高人民法院为代表的官方主流意见是肯定量刑起点的存在合理性的。有学者也支持这种观点，认为"量刑起点和量刑基准有区别的必要"，并主张"量刑起点有独立存在的价值"。[4]从而形成了一种占主流地

---

[1] 最高人民法院量刑规范化改革项目组编，熊选国主编：《量刑规范化办案指南》，法律出版社 2011 年版，第 38~39 页。

[2] 参见皮勇、王刚、刘胜超：《量刑原论》，武汉大学出版社 2014 年版，第 369 页。

[3] 南英主编，最高人民法院刑事审判第三庭编著：《量刑规范指导案例》，法律出版社 2016 年版，第 9 页。

[4] 李荣：《公正量刑保障机制研究》，中央民族大学出版社 2013 年版，第 288 页。

位的肯定说的观点。

笔者认为，量刑起点是基准刑不可分割的一部分，量刑起点有独立存在之必要。理由是：其一，确立量刑起点，更有助于实现基准刑的应然价值。前已述及，基准刑的应然价值是实现罪刑均衡、形式公正与报应正义。而这三个价值归结起来就是为了达到量刑结果稳定与量刑过程明晰化的效果。如果没有量刑起点作为法定刑与基准刑之间的过渡阶段，那么整个量刑过程仍然会过于笼统。具言之，最高人民法院曾在 2008 年量刑指导性文件中将没有量刑起点的量刑过程归纳为："量刑时，应当先根据犯罪行为的社会危害程度在相应的法定刑幅度内确定基准刑，再根据被告人的主观恶性和人身危险性等量刑情节对基准刑进行调节，并在此基础上依法确定宣告刑。"[1]那么，在这个没有量刑起点的量刑过程中，前一个根据社会危害程度确立基准刑的过程，难免会与后一个阶段的评价因素（即行为人的主观恶性与人身危险性）交织在一起，使得量刑过程没有达到量刑过程明晰化的效果，量刑结果的稳定性也会大打折扣。但是，当有量刑起点作为法定刑与基准刑的中介时，对社会危险性程度相关因素的评价也随之被分为了两个阶段：一个是根据基本犯罪事实既遂状态所对应的社会危害性评价；另一个是在此基础之上根据犯罪的行为、次数、数额等相关因素而增加的社会危害性评价。因此，社会危害性程度的评价分为两个步骤，使得量刑过程更为透明和合理化，随之带来的就是量刑结果的相对稳定。其二，更具有可行性。因为，按照否定说的观点，基准刑可由最高人民法院直接规定或者法官一步到位确立，但是这并不具有可行性。因为案件千差万别，不同的犯罪事实对应不同的社会危害性。譬如，同样是故意伤害致人重伤，致使一人重伤与致使三人重伤的基准刑无法等同，否则就会有失公允。因此，无法由最高人民法院对个罪径直规定绝对统一的基准刑，而只能由法官比照犯罪构成并根据案件的社会危害性事实来确定。那么，量刑起点作为一个宣告刑与基准刑之间的确立步骤，便能够保证其在全国范围形成一个较为统一的标准，从而使得量刑的起始过程不会呈现出过大的差异。缘由在于，虽然个罪在现实中有多重社会危害性样态，但至少个罪的基本犯罪事实所对应的犯罪构成是统一且明晰的。同时，量刑

---

〔1〕　熊选国主编：《〈人民法院量刑指导意见〉与"两高三部"〈关于规范量刑程序若干问题的意见〉理解与适用》，法律出版社 2010 年版，第 533 页。

起点所对应的基本犯罪事实本属于一种犯罪常态，而"犯罪的常态，只能根据刑法规定与统计数据予以确定"。[1]刑法规定基本明确并且数据统计也完全可行，是故，这就为大致确立一个相对统一的量刑起点提供了具有可操作性的空间，这就是将量刑起点独立为一个阶段的意义之所在。其三，更符合人的认识规律。人们对事物的认识是先从种类入手，抽象出共性的东西，然后再对不同之处进行认知，最终勾勒出具体待认知事物的本质特征。这也是亚里士多德所提出的"种加属差"方能对事物下定义的缘由。那么，回到量刑阶段，先对基本的犯罪既遂事实赋予量刑起点，就相当于对待量刑案件的"种"的属性进行认知，然后，在基本犯罪事实的基础上，再考虑进行综合的权衡与评价，以完成"属差"的认识过程，最后才能够大致确定基准刑所要求的刑罚量。是故，确立量刑起点与人的认识规律相吻合。

由此可见，确立量刑起点是必要的，它是量刑的第一步，也是关键的一步，为后续确立基准刑奠定了基础。

（三）形态上，基准刑究竟应该呈现为"点"还是"幅度"

前文已经对德日量刑理论中量刑基准的"点、幅"之争进行了介绍。需要说明的是，德日刑法中量刑基准中讨论的"点"或"幅"的问题，是基于肯定了以责任作为量刑基础并决定刑罚上限具体应该是在责任刑的"点"之下，还是在责任刑"幅度"之内去决定预防的目的。但是，我国创设的基准刑概念不同于量刑基准，是一个司法技术概念，但对于其具体形态上到底是表现为一个具体的刑罚点还是一个刑罚幅度，仍然存在争议。此外，根据《最新量刑指导意见》，基准刑是起点刑与增加刑之和，且增加刑是根据犯罪数额、犯罪次数、犯罪后果等犯罪事实所酌情决定的。所以，此处讨论的基准刑"点、幅"问题，可以简化为量刑起点的"点、幅"问题。

首先需要阐明的是，根据官方的解读："量刑起点是一个刑罚点，而不是一个幅度。量刑起点是根据具体犯罪的基本犯罪构成事实在相应的量刑起点幅度内确定的，一个具体犯罪只有一个量刑起点，而且这个量刑起点是确定的。"[2]因此，从这个角度来看，虽然量刑起点在构成上表现为幅度，也就是

---

〔1〕 张明楷："犯罪常态与量刑起点"，载《法学评论》2015年第2期，第3页。

〔2〕 最高人民法院量刑规范化改革项目组编，熊选国主编：《量刑规范化办案指南》，法律出版社2011年版，第39页。

可以在一定刑罚幅度内选择，但是，其本身是需要法官在量刑过程中予以明确的，因此，一旦作出选择也就是一个具体的点。问题在于，量刑起点的这种幅度式的规定模式是否适当，换言之，量刑起点的确立是应该以一个统一确定的刑罚点为基础，还是应该以一个幅度的形式由法官自由裁量？

对此，学界有不同认识，有学者主张量刑起点应该是一个具体、确定的点，而不应该是一个幅度。其理由是，在选择量刑起点或者起点刑的场合下，虽然是在一个以幅度为方式的法定刑范围内进行，但是量刑起点理应被塑造为明确的刑罚点或量值，此外，确立量刑起点的情节要素也应当以准确明晰的事实为规范模式。[1]这种观点也曾经得到过部分地区司法实践的支持。2014年《江苏省高级人民法院〈关于常见犯罪的量刑指导意见〉的实施细则》（以下简称《江苏细则》）对故意伤害罪量刑起点的规定为："构成故意伤害犯罪的，按下列不同情形在相应的幅度内确定量刑起点：（1）故意伤害他人身体，致一人轻伤二级的，量刑起点为有期徒刑一年；致一人轻伤一级的，量刑起点为有期徒刑一年六个月。（2）故意伤害他人身体，致一人重伤二级的，量刑起点为有期徒刑四年；致一人重伤一级的，量刑起点为有期徒刑五年。（3）以特别残忍手段致一人重伤，造成六级严重残疾的，量刑起点为有期徒刑十一年。"从该实施细则可以看出，对于故意伤害罪的量刑起点的确定，是根据不同的伤残等级而规定了不同且具体的刑罚值，法官无须权衡审酌而只需根据案情直接确定出具体的起点刑。

另有学者认为，量刑起点应该以一个幅度的方式来呈现，无法体现为一个具体的刑罚值。[2]这种观点也得到了最高人民法院的认同，目前的《最新量刑指导意见》就是以幅度的方式对量刑起点予以规定。官方对此的解读理由在于："在法定刑幅度内，《最新量刑指导意见》之所以仍然规定一个量刑起点幅度，而不直接确定到'点'，就是为了便于法官根据个案基本犯罪构成事实的具体情节来选择一个合适的量刑起点。"[3]

笔者赞同后者的观点，不可否认，将量刑起点体现为一个具体的"点"

---

[1]　参见王联合：《量刑模型与量刑规范化研究》，中国政法大学出版社2015年版，第83页。

[2]　参见郝川：《中国量刑指导制度研究：以量刑指导意见为切入点》，人民出版社2013年版，第93页。

[3]　南英主编，最高人民法院刑事审判第三庭编著：《量刑规范指导案例》，法律出版社2016年版，第4页。

而不是一个"幅度"，可以使得量刑保持整齐划一，避免法官在量刑过程中掺杂自由判断的成分，有利于防止量刑失衡。但是，笔者依然认为，量刑起点应该以一个幅度的方式来呈现，并不能以一个绝对确定的刑罚量值来体现。理由是：其一，前文已然论及，基准刑是针对具体个罪，而不是抽象个罪，所以，囊括于基准刑之内的量刑起点只能是相对于具体犯罪的基本构成事实而言的。那么，这也就决定了个案之间不同的基本犯罪事实千变万化，而不能够是唯一的，在每个单独的个案中，即使是看似相同的情形，呈现出的实质上的社会危险性程度也仍然会存在差别。仍以故意伤害为例，根据2014年《江苏细则》，"致一人轻伤一级的，量刑起点为有期徒刑一年六个月"。但是，同为致一人轻伤一级的情形，有的是一处伤害达到轻伤一级，有的是头部、背部等多处伤害方达到轻伤一级；有的是用管制刀具达到了轻伤一级，有的是徒手伤害达到了轻伤一级。因而，不同的伤害结果、致害手段等具体情况所反映出来的社会危险性也仍然会不同。所以，需要以一个幅度的方式来规定量刑起点，以便于法官根据不同个案情况来斟酌确定量刑起点。其二，我国地域辽阔，不同地区经济发展不平衡，治安状况也不同，虽然具体个案之间基本犯罪构成事实完全类似或几近等同，但是其社会危害性也必然会随着地域差异、时间差异、情势差异等情况而表现出不同。这就决定了各地法院如果对其裁量相同，那么刑罚就难谓妥当。所以，采取幅度的方式，有利于地方法院根据自己的实际，因地制宜地去确立起点刑，从而更好地实现刑罚目的。其三，无论是考虑到基准刑（量刑起点）所不能脱离具体个案的现实需要，还是考虑到刑罚裁量的地区差异，最终都要归结为法官自由裁量权的赋予。以浮动方式来确立量刑起点，可以为法官留下自由裁量的空间。量刑改革并不是为了完全剥夺法官的自由裁量权，而是限制法官滥用自由裁量权。在量刑起点上预留自由裁量的空间，无疑能够有助于法官更好地综合权衡具体个案，因案而异地确立起点刑，进而更好地实现量刑的个案公正。

职是之故，最高人民法院的《最新量刑指导意见》并未采取确定"点"的方式，而是以一个"幅度"的方式来规定量刑起点。即使是2017年颁行而目前适用的《江苏细则》也对之前的规定模式作了改变。以故意伤害罪为例，2017年《江苏细则》规定："构成故意伤害罪的，按下列不同情形在相应的刑罚幅度内确定量刑起点：（1）故意伤害他人身体，致一人轻伤二级的，在一年以下有期徒刑、拘役幅度内确定量刑起点；致一人轻伤一级的，在一年至二年有期徒刑幅度内确定量刑起点。（2）故意伤害他人身体，致一人重伤二级的，在三年至四年有期徒刑幅度内确定量刑起点；致一人重伤一级的，在四年至五年有期徒刑幅度内确定量刑起点。……"

四、基准刑的确立与完善

基准刑的确立分为两个向度，一个是立法向度，一个是司法向度，需要分别予以阐述。而本章重在阐述司法向度，且考虑到基准刑的量刑实践重在引导法官合理地选择适当的基准刑且学界对此也多有论及，因此本书对此问题将仅从方法论角度予以简要阐释，重在对司法适用问题予以论述。同时，通过上文的分析，目前《最新量刑指导意见》对基准刑所规定的模式具有一定的合理性，但是，并不意味着没有需要改进之处，因此也需要对改进措施予以说明。

（一）基准刑的生成法则——实证分析法

对于基准刑如何生成的问题，学界有多种观点：如"中线论""分割线论""形势论""主要因素论""重心论"等等。对该问题学界探讨的资料较多，笔者无意于堆砌文字，仅仅阐明立场观点：基准刑应该通过实证分析，以大量已判决案件为样本，提炼出较为平均化的刑量，确定基准刑。理由是：

第一，基准刑实际上是对法定刑的进一步细化，这也说明，基准刑本质上脱胎于法定刑并由社会危害性决定。社会危害性的事实往往源自既往发生的事实且较为固定。因此，常态犯罪较容易通过统计数据获得，随之通过实证分析所得出相应的量刑数值也会变得具有可行性。

第二，量刑活动从本质上来说是一个将程序化的司法裁量工作通过经验予以加工的过程，而加工的工具就是经验理性之下的标准化及类型化。职是之故，"量刑是自发的自下而上的经验归结，而不是在宏大理论体系指引下的逻辑演绎，因为量刑的合理性必然是相对特定时空的一种具有应然性的量刑结论"。[1]所以，通过实证分析来对法官的经验理性进行归纳总结，能够提出符合量刑规律的合理的量刑依据。

第三，基准刑的应然价值是为了量刑的均衡与稳定，而基于大样本的量刑实证分析得出的结论最具可预测性与稳定性。换言之，基准刑的实证分析

---

〔1〕　张训："论量刑规律"，载《中国刑事法杂志》2010 年第 1 期，第 30 页。

过程就是一个完全"求同"的过程。这不仅契合了基准刑的应然价值诉求，也能够提高司法公信力与社会满意度，这也从侧面印证了英美法系量刑指南制度的合理之处。

第四，基于实证分析去凝练基准刑的刑量，可以防止逻辑演绎法则的封闭与自洽。因为实证分析不仅是冰冷的数据分析，而是能够还原为法官集体的经验智慧，这种经验智慧决定了量刑的结论并非一成不变，而是随着时间的推移、经济的发展、观念的变迁、社会对某些犯罪包容度的增减而潜移默化地反映在量刑数据变迁之中。因此，持续透过实证数据分析，可以得到一个动态开放的基准刑刑量值。

需要指出的是，基准刑所依赖的平均刑量虽然具有实证分析的基础，但是它本身具有一定的法律拟制成分。犹如德国学者认为的那样："平均的案情很难在实践中存在，但确实在理念上可以被（重）构造的。"[1]所以，平均案情所决定的平均刑量也具有建构性的一面，并非一个放之四海而皆准的普遍真理，其仅仅具有相对合理性的价值。然而，笔者认为，实证分析法摒弃了纯粹逻辑演绎分析的形而上学的成分，这并非实证分析法的缺陷，恰恰是其具有生命力的一面，更重要的是它更能够实现量刑公正。因为，通过对常态犯罪的分析以及平均基准刑量的提取，其能够符合比较基础上之正义的个案公正之外在标准。

（二）基准刑的实践确立方法

根据《最新量刑指导意见》，基准刑的确立是由量刑起点与增加的刑罚量所构成的。所以，欲合理地确立基准刑的刑量，其重心在于合理地确立起点刑与增加刑。起点刑与增加刑属于前后相继的两个步骤，且分别对应着基本的犯罪事实与其他影响犯罪构成的事实，所以需要分别予以探讨。

1. 如何确定基本犯罪构成事实

《最新量刑指导意见》规定："根据基本犯罪构成事实在相应的法定刑幅度内确定量刑起点。"那么，确立量刑起点的关键问题即在于弄清楚何谓基本犯罪构成事实。官方对此所下的定义是："所谓基本犯罪构成是指符合特定犯罪构成特征并达到在相应的法定刑幅度内量刑的最起码的构成要件，就具体

---

〔1〕 〔德〕汉斯-约格·阿尔布莱希特：《重罪量刑——关于刑量确立与刑量阐释的比较性理论与实证研究》，熊琦等译，法律出版社 2017 年版，第 120 页。

犯罪而言，就是基本犯罪构成事实。"[1]然而，这种定义依然十分抽象，并不能形成一个实践指导。笔者认为，对基本犯罪事实需要从以下几个方面来把握：

（1）基本犯罪构成事实并不一定唯一，需要结合具体的法定刑来认定。有些犯罪只有一个法定刑幅度，如非法侵入住宅罪，因此，对该罪就仅仅有一个基本的犯罪构成事实，即最起码的一般性的非法侵入他人住宅的行为。但是，有些犯罪（如故意伤害罪或者盗窃罪等）具有多个法定刑幅度，那么针对每一个法定刑幅度就对应一个最基本的犯罪构成事实。以故意伤害罪为例，《刑法》第234条规定："故意伤害他人身体的，处三年以下有期徒刑、拘役或者管制。犯前款罪，致人重伤的，处三年以上十年以下有期徒刑；致人死亡或者以特别残忍手段致人重伤造成严重残疾的，处十年以上有期徒刑、无期徒刑或者死刑。本法另有规定的，依照规定。"那么，据此而言，故意伤害致一人轻伤且无其他情节的，就属于第一个法定刑幅度内的基本犯罪构成事实；故意伤害致一人重伤且无其他情节的，就属于第二个升格法定刑幅度内的基本犯罪构成事实，依次类推。

（2）基本犯罪构成事实必须以刑法规定为标尺。从上文分析可知，基本犯罪构成事实需要结合法定刑幅度来认定，其可以表现为一个类型化的事实。类型化的事实虽然可以决定罪质，并与其他事实区别开来，但是在认定的时候必须结合具体个案，比照刑法规定来认定。如学者所言，事实要素各不相同，千变万化，然而其评价标尺都是刑法规范文本，在这一点上是同一的。犯罪构成与否及其严重与否的权衡标准就是刑法本身，"指导着从事实中寻找罪素，并确定刑的轻重范围"。[2]举例而言，冒充军警人员抢劫中的冒充军警的行为，可以成为抢劫罪升格法定刑幅度内的基本犯罪构成事实，然而，在冒充军警来进行敲诈勒索的情形之中，这种冒充行为就不能归结为敲诈勒索罪中的基本犯罪构成事实，仅仅只能作为酌定从重量刑情节来认定。

（3）基本犯罪构成事实具有相对性。在某些情况下，犯罪行为人并不是仅仅依照由刑法的构成要件要素所决定的事实来实施行为，一个行为人很有

---

[1]　最高人民法院量刑规范化改革项目组编，熊选国主编：《量刑规范化办案指南》，法律出版社2011年版，第40页。

[2]　王敏："标准：基准刑确定的根据"，载《政治与法律》2010年第3期，第85页。

可能实施了多个相对独立的犯罪构成事实行为。以拐卖妇女、儿童罪为例，如果案件的行为人拐卖了一位妇女，并强迫妇女到娱乐场所去从事卖淫服务，还最终将她卖往境外。那么，这些行为之中就同时齐备了三个基本犯罪构成事实，即既奸淫被拐卖的妇女，强迫被拐卖妇女卖淫，将被拐卖的妇女卖往境外。法官在选择其中一个作为基本的犯罪构成事实之后，其他事实便会转变为"其他犯罪构成事实"。所以，基本犯罪构成事实有相对性的一面，具体根据案件适用情况，在某些情况下会发生转换。

2. 如何确定其他影响犯罪构成的事实

《最新量刑指导意见》规定："根据其他影响犯罪构成的犯罪数额、犯罪次数、犯罪后果等犯罪事实，在量刑起点的基础上增加刑罚量确定基准刑。"据此，基准刑是在量刑起点的基础之上根据其他犯罪构成事实来最终确立的。所以，何谓其他影响犯罪构成的事实是需要根据具体案件情况来确定的。

笔者认为，甄别其他影响犯罪构成的事实，主要在于识别其他影响犯罪构成的事实与基本犯罪构成事实是否具有质的同一性。具体而言：

一方面，质的同一性可以区别出其他影响犯罪构成的事实与量刑情节。具言之，基本犯罪构成事实是一般成立犯罪既遂的基础事实，而其他影响犯罪构成的事实，比如犯罪数额、犯罪次数、犯罪后果等都与基本犯罪构成事实具有质的同一性，仅仅是在量上具有叠加性。如果不具有质的同一性，则可能会被作为量刑情节。譬如，行为人致一人轻微伤、两人轻伤、致一人重伤并持械。那么，在量刑时，应当以重伤的结果作为基本犯罪构成事实，从而确立量刑起点，同时以致一人轻微伤、两人轻伤的事实作为其他影响犯罪构成的事实，进而在量刑起点的基础之上增加刑罚量以得出基准刑。另外，持械这个事实属于量刑情节，仅仅可以调整基准刑。因为，轻微伤、轻伤、重伤都属于故意伤害的结果，其在伤害这个本质上具有一致性。而持械则不同于伤害，具有质的不同。2009年最高人民法院曾经试行的《新增十个罪名的量刑指导意见（试行）》对于诈骗罪就曾规定："在确定量刑起点的基础上，可根据诈骗数额、次数和其他犯罪情节的严重程度增加刑罚量确定基准刑。"从该规定中得知，诈骗的次数也被作为了增加基准刑的其他犯罪构成事实。但是，诈骗罪是纯粹的数额犯，将不具有同质性的事实作为诈骗罪的其他犯罪构成事实，显然不当。是故，现行的该意见删去了诈骗罪次数增加刑罚量的规定。

另一方面，质的同一性决定了同一罪名内部的多种选择性构成要件之间不能相互叠加为其他影响犯罪构成的事实。因为，刑法分则中的大部分罪名仅仅只有一种行为模式，但也有一些犯罪具有多种构成要件模式，如盗窃罪，不仅仅数额较大可以构罪，多次盗窃、入户盗窃、携带凶器盗窃、扒窃也能单独构罪。因此，在个案量刑实践中，"盗窃的数额没有达到较大的起点，而以'多次盗窃''入户盗窃''携带凶器盗窃'或者'扒窃'作为基本犯罪构成事实（构成犯罪）的，盗窃的数额则不作为增加刑罚量的犯罪构成事实，在确定量刑起点时一并考虑，盗窃数额高一些的，量刑起点可相对高一些"。[1] 毕竟，盗窃数额与盗窃次数，入户盗窃，盗窃手段等事实具有质的不同之处，不可轻易叠加处理。

（三）基准刑的完善

通过前文分析可知，目前我国"三步"量刑法中的基准刑设置基本上是合理的，改变了以往"估堆"式的量刑法，不仅对量刑的均衡性与统一性具有助益，也为对个案妥当性的权衡留下了法官自由裁量的空间。尽管如此，未来我国量刑改革中的基准刑设置上仍然应该从以下几个方面来进一步改进：

第一，对于量刑起点，最高人民法院的《最新量刑指导意见》应进一步限缩幅度。量刑起点的确立关乎基准刑合理确立的关键与成败，且量刑起点本身就属于基准刑的核心部分。前已述及，基准刑以犯罪的社会危害性为皈依，其应然价值在于实现罪刑均衡、形式公正、报应正义。那么，这就决定了量刑起点虽然从立法技术上需要以幅度的方式来呈现，但是其本身具有实现量刑统一化的机能。因此，过大的幅度会使得这个目的落空。此外，量刑起点不同于法定最低刑，其需要对应基本犯罪事实且刚达至既遂状态的刑罚量。所以，为了给从犯、未遂等情形留下适用余地，需要使量刑起点在设置上略高于法定最低刑。但是，纵观现行《最新量刑指导意见》对量刑起点的设置，量刑起点基本涵盖了有期徒刑，同时，不少量刑起点还横跨了几个量刑幅度。有学者通过比较指出，目前的《最新量刑指导意见》较之于 2010 年的《人民法院量刑指导意见（试行）》，其量刑起点的幅度更大，这并不合

---

〔1〕 南英主编，最高人民法院刑事审判第三庭编著：《量刑规范指导案例》，法律出版社 2016 年版，第 14 页。

理。[1]因此，有必要从立法上予以限缩。

第二，对于增加刑，各高级人民法院的实施细则在对增加刑罚量的规定设置上，应该在体现量刑统一性原则的基础上兼顾灵活性。具体而言：

对于纯数额性犯罪，应该对增加的刑罚量予以确定性规定。比如，针对诈骗罪，《广西壮族自治区高级人民法院〈关于常见犯罪的量刑指导意见〉实施细则》（以下简称《广西细则》）规定："在量刑起点的基础上，诈骗数额每增加三千元，增加一个月至三个月刑期，从而确定基准刑。"据此，对每增加3000元这个其他影响犯罪构成的事实所对应的增加刑罚量为一个幅度即1个月至3个月刑期，具体最终多增加的3000元数额所对应的增加刑期，还需法官再进一步确定。《上海市高级人民法院〈关于常见犯罪的量刑指导意见〉实施细则》（以下简称《上海细则》）对诈骗罪的规定是："在量刑起点的基础上，诈骗数额每增加三千元，增加一个月刑期。"《江苏细则》规定："数额每增加1500元，增加一个月刑期确定基准刑。"由上海与江苏两地高级人民法院的实施细则来看，增加的刑罚量均为1个月，呈现出一个确定的刑期。相比而言，上海市与江苏省的规定更为合理，因为数额性犯罪的特点就是随着数额的增加，其刑罚可呈现出一个线性的增长趋势。是故，在数额性犯罪中，对其他影响犯罪构成事实的判断往往属于事实判断，较少有价值判断在内，因此，可以直接确定增加的刑罚量，不宜在量刑起点适用幅度模式的前提下，再出现一个不必要的裁量幅度，从而增加基准刑裁量的不确定性，进而有违基准刑的应然价值诉求。

对于非数额性犯罪，应该以幅度的方式来确立增加的刑罚量，但幅度不宜过宽。比如，对于非法拘禁罪而言，除了拘禁时间等情形可以予以明确之外，对于致人伤亡的程度，往往需要根据不同的情况融入一定的价值判断。所以，地方各高级人民法院的实施细则一般都是以幅度的方式来规定增加刑罚量的情形。比如，对于非法拘禁致一人轻伤的规定，《青海省高级人民法院〈关于常见犯罪的量刑指导意见〉实施细则》（以下简称《青海细则》）规定："每增加轻伤一人，增加三个月至六个月刑期。"《上海细则》规定："每增加一人轻伤一级，增加六个月至一年刑期；每增加一人轻伤二级，增加三个月至六个月刑期。"《广西细则》规定："每增加轻伤二级一人，增加三个

---

〔1〕 参见皮勇、王刚、刘胜超：《量刑原论》，武汉大学出版社2014年版，第195页。

月至四个月刑期；每增加轻伤一级一人，增加四个月至六个月刑期。"比较这三个实施细则不难发现，《青海细则》规定得最为宽泛，没有对轻伤的伤情进行区分。但是，再对比《上海细则》与《广西细则》，二者虽然对轻伤的伤情进行了区分规定，但《广西细则》的幅度更小，也更合理。理由非常明显，基准刑以量刑统一性为要旨，那么便需要尽可能减少量刑的不确定因素，即使是对于非数额性增加刑罚量情况的裁量也应该贯彻这种理念。所以，应尽可能详尽而明确地区分量刑区别化的情形，并赋予小幅度裁量空间，既坚持了量刑均衡性的优先性，又兼顾了量刑灵活性，可以实现在量刑统一性基础上的个案公正。

第二节　酌定量刑情节的规范适用

一个案件的法定量刑情节毕竟有限，而酌定量刑情节则种类与名目繁多。对酌定量刑情节的合理适用与把握，有利于法官在刑罚裁量中实现个案公正。一方面，酌定量刑情节本来就是因案而异的情节，以刑罚个别化为依托，体现了法官对不同犯罪之间量刑的区别性。易言之，不能体现个别化裁量思想而追求个案公正的情节就不能被称为酌定量刑情节。另一方面，酌定量刑情节属于法官在具体个案认定过程中需要综合考量的情节。是故，在这个综合考量的过程中，法官不是完全受制于抽象的法律条文，也不是完全拘泥于指导性案例，而是一个运用自由裁量权而酌情定夺的过程。这亦是酌定量刑情节之所谓"酌定"之所在。那么，酌定量刑情节酌定性的特征以及与之匹配的综合性自由裁量权，恰好是实现个案公正的契机与保障。故而，如何合理地适用酌定量刑情节对于实现量刑的个案公正至关重要，有必要予以深入谈论。

一、酌定量刑情节的适用原则

在司法实践中，酌定量刑情节的适用问题较为复杂，这是由酌定量刑情节缺乏规范指引的典型性以及自身提取范围的广泛性所决定的。因此，如果要使酌定量刑情节能够规范化地适用，必须首先明确能够贯穿量刑活动始终的酌定量刑情节的适用原则，以起到纲举目张之效。笔者认为，酌定量刑情节的适用原则如下：

（一）全面提取适用原则

所谓全面提取适用原则是指在法官提取和适用酌定量刑情节的时候，应该综合性地全面考察待判个案中所有可能对量刑情节产生影响的量刑事实与依据，不能有所偏废。具体而言，对于酌定量刑情节的全面提取适用原则主要体现在以下三个方面：

1. 酌定量刑情节与法定量刑情节同等适用

长期以来，对于酌定量刑情节的适用问题一直存有一个误区，即认为法定量刑情节的适用优先于酌定量刑情节。这种理念也曾体现在量刑改革的规范化文本中，如2004年江苏省高级人民法院就曾试行过《江苏省高级人民法院量刑指导规则（试行）》。该法律文件第19条就规定："多种量刑要素并存时，逐一定量分析其所影响的刑罚量时，可以遵循下列原则：（一）法定量刑要素影响的刑罚量大于酌定量刑要素；（二）应当型量刑要素影响的刑罚量大于可以型量刑要素；（三）罪中量刑要素影响的刑罚量大于罪前罪后量刑要素。"从该规定中可以解读出，其主张法定量刑情节优先于酌定量刑情节，这样的规定模式有可能会导致法官以法定量刑情节抵消酌定量刑情节的适用。但是，笔者认为，酌定量刑情节的全面提取适用，就是需要法官不忽视其所提取的酌定量刑情节的适用力度，法定量刑情节与酌定量刑情节同时对量刑结果的调节产生影响，二者本身也并无高下优劣之分。在量刑过程中，酌定量刑情节立足于以刑罚个案妥当性为基础的个案公正之实现，需要法官逐一考察全案的法定与酌定量刑情节，针对个案的特殊情节而具体问题具体分析，进而综合考量并决定最终的量刑结果，不可人为地将酌定量刑情节的适用效力"减等"。

2. 不忽视影响微小的酌定量刑情节

在现实的司法实践中，酌定量刑情节本身也有很多种类。有的酌定量刑情节体现个案的社会危害性与人身危险性程度较高，其对于量刑结果的调节力度也较大，而有的酌定量刑情节对于最终量刑结果的影响则较小。此时，法官不能够忽视影响力微小的酌定量刑情节的提取与适用，仍然应该做到一视同仁。因为，酌定量刑情节本身就是体现个案特殊性的因素，即使是反映出社会危害性以及人身危险性较小的酌定量刑情节也依然是在体现刑罚个别化思路下的个案化实质正义，法官刑罚的裁量理应一体适用。

3. 同等对待有利与不利情节

对于酌定量刑情节对刑罚的影响力,有的是与刑罚适用力度呈正相关性的,其不利于被告人;而有的却是有利于被告人的减轻刑罚适用的酌定量刑情节。对此,法官在量刑时不能够受到重刑主义思想的影响而只重视对不利情节的提取与适用而忽视有利情节。正如林山田教授指出的那样:"刑罚裁量事实中,有对行为人不利而可作为从重裁量的依据者,同时,亦有对行为人有利而可作为从轻裁量的依据者,故法官审酌刑罚裁量事实时,对于这两类不同评价方向的刑罚裁量事实应同时兼顾,给予同等分量的注意,切忌厚此薄彼;否则,即无法公正裁量。"[1]此外,也不能够走向另一个极端,即注重刑罚轻缓化而过度追求量刑畸轻,以至于只重视对被告人有利的酌定量刑情节。法官应当以实现量刑公正为目标,综合、全面地考量与评判有利与不利酌定情节,而不是人为地去进行取舍。

(二) 偏重预防原则

这里所谓的偏重预防原则也就是偏重特殊预防主义,其是指法官在提取和适用酌定量刑情节时应该重视能够体现被告人人身危险性的酌定量刑情节。之所以将偏重预防原则作为酌定量刑情节的适用原则予以强调,是基于以下三个理由:

1. 从实证角度分析,酌定量刑情节侧重于特殊预防目的之实现

有学者曾经对司法实践中的酌定量刑情节适用情况做过实证统计分析:"在研究的 1589 个样本中,适用酌定量刑情节 2545 个,其中体现为预防刑理念的酌定量刑情节有 2455 个,占酌定量刑情节总数的 96.5%,主要包括赔偿被害人经济损失情节、当庭自愿认罪情节及认罪态度好情节;而体现报应刑理念的酌定量刑情节仅有 90 个,占酌定量刑情节总数的 3.5%,主要包括犯罪手段残忍,犯罪后果严重或较轻的情节、以弱势群体为犯罪对象情节及犯罪中的作用大小情节。"[2]因此,酌定量刑情节的实践表达从客观上说明了其注重对特殊预防目的的贯彻。

2. 从本质属性来看,酌定量刑情节以个案特殊性为向度

首先,酌定量刑情节所反映出的不同犯罪之间以及相似犯罪之间的不同

---

〔1〕 林山田:《刑法通论》(增订第 10 版·下),北京大学出版社 2012 年版,第 361~362 页。

〔2〕 耿磊:《酌定量刑情节规范化路径》,法律出版社 2017 年版,第 69 页。

之处，具有"因案而异"的特征属性，其是法官甄别不同案件而有针对性地调整量刑结果的重要参考因素。此外，酌定量刑情节所凸显出的酌情定夺的特质需要赋予法官一定的自由裁量权，而酌定量刑情节所依托的自由裁量权的授予，其主要目的即是使得法官在量刑过程中考量到个案的不同之处以便宜行事。职是之故，以至于有学者提出，酌定量刑情节本身就是为了调节基准刑而形成具体个案的量刑结果，体现为刑罚个别化的需要。[1]而特殊预防也是刑罚个别化的产物，因此，二者之间在内在本质属性上存在融贯性。其次，特殊预防针对犯罪人的特点，使得表征人身危险性的因素难以通过典型性的方式予以归纳，从而形成类型化，而这恰好与酌定量刑情节自身所具有的广泛开放性特征相契合。最后，承认酌定量刑情节对特殊预防的侧重性，有利于在保持量刑均衡的基础之上实现个案的衡平与正义。虽然酌定量刑情节并非全部是针对特殊预防主义的考量，也有针对报应主义的酌定量刑情节，但是，报应刑是基于相对客观上的社会危害性而言的。相对来说，较之于预防刑，其更容易被规范类型化。这样的制度安排可以确保法官在酌定量刑情节的考量层面主要针对难以类型化、明确化的特殊预防情节予以酌定考量，进而对基准刑进行一定程度的微调，以防止报应刑的过度变动影响到量刑的均衡化。质言之，侧重于基于特殊预防主义而不是报应主义权衡酌定量刑情节，有助于以报应为基础兼顾特殊预防，从而达致量刑的稳定性，也即达致形式公正基础之上之实质公正。

3. 从规范文本观察，酌定量刑情节侧重于特殊预防与我国量刑改革所确立的量刑方法不谋而合

《最新量刑指导意见》确立了起点刑、基准刑、宣告刑的"三步"量刑法。起点刑是针对既遂状态的一般犯罪事实而言的，同时，基准刑是基于一般犯罪事实基础之上的犯罪数额、次数、结果等客观事实而予以增加的刑罚量。而酌定量刑情节则是对基准刑的调节，进而最终形成宣告刑。"因此，无论是起点刑的确定还是基准刑的计算，无不是对犯罪人社会危害性的评价，是刑罚报应要求的集中反映。那么，在随后的宣告刑形成阶段，自然也是兼顾预防刑的理念，由主要体现预防刑情节的量刑情节对基准刑进行调节。"[2]

---

〔1〕 参见石经海：《量刑个别化的基本原理》，法律出版社 2010 年版，第 294 页。

〔2〕 耿磊：《酌定量刑情节规范化路径》，法律出版社 2017 年版，第 171 页。

从这个角度来看，将酌定量刑情节的价值取向定位于偏重特殊预防，能够与我国的"三步"量刑法相同步。

（三）禁止重复评价原则

禁止重复评价原则，既包括定罪上的禁止重复评价原则，也包括量刑上的禁止重复评价原则，此处指的是后者。量刑上的禁止重复评价原则，我国学者林山田教授也称之为重复使用禁止原则，而"重复使用禁止（Doppelver-wertungsverbot）乃谓禁止对于法条所规定的构成要件要素，在刑罚裁量中再度当作刑罚裁量事实，重复加以使用，而作为从重裁量或从轻裁量的依据"。[1] 禁止重复评价原则已经被写进很多国家的刑法典。如《德国刑法典》第46条针对量刑的基本原则就规定："属于法定构成要件的情况，可不予考虑。"是故，在量刑阶段应该对定罪情节与量刑情节予以区分，不可在量刑中再度评价。《俄罗斯联邦刑法典》第61条第3款规定："如果减轻处罚的情节已在本法典分则相应条款中作为犯罪要件加以规定，则它本身不得在处刑时再重复予以考虑。"该法典还在第63条第2款对加重处罚的情节作了类似规定："即使在没有明文规定的日本，相同宗旨也被认为是合理的。"[2]实际上，2010年《人民法院量刑指导意见（试行）》就曾规定："对于同一事实涉及不同量刑情节时，不重复评价。"尽管后来的《旧量刑指导意见》删除了该条，但是笔者认为，禁止重复评价已成为刑法领域的一项不言自明之公理，即使没有明文规定也应该成为量刑领域的指导原则。

在此需要指出的是，林山田教授对量刑上的禁止重复评价原则所下的定义可谓是理论界的通说。如韩国学者也有着类似的表述："已经成为犯罪构成要件的情况，量刑时不能再作出双重评价被称为双重评价的禁止（Verbot der Doppelverwertung）。"[3]实际上，这里对量刑上的禁止重复评价原则所下的定义并不全面，因为不仅定罪的情节不得在量刑中再度考虑，即使是只作为量刑的情节也不得再次在量刑中予以评价，否则会使得宣告刑在无形中不当增加或降低，有违量刑公正。

---

〔1〕 林山田：《刑法通论》（增订第10版·下），北京大学出版社2012年版，第362页。

〔2〕 ［日］城下裕二：《量刑理论的现代课题》（增补版），黎其武、赵姗姗译，法律出版社2016年版，第76页。

〔3〕 ［韩］李在祥：《韩国刑法总论》，［韩］韩相敦译，赵秉志、武小凤审校，中国人民大学出版社2005年版，第517页。

酌定量刑情节的禁止重复评价原则具体包括两个方面的内容：其一，作为具体犯罪的构成要件的事实评价，之后不得再将之作为酌定量刑情节予以再次考量。例如，对于公职人员的职务犯罪而言，公务员的身份成了犯罪构成要件要素而予以定罪评价之后，就不可再将公务员这一身份作为酌定从重的情节予以评价。还有，在过失致人死亡罪中，死亡结果是构罪的定罪情节，那么在量刑过程中就不得再次酌情考量死亡因素而予以从重处罚。再比如，对于刑法分则中有暴力手段外加情节严重型的犯罪，像《刑法》第 226 条强迫交易罪中，被告人使用了暴力手段行为又属于情节严重，那么对于情节严重的构成要件事实则不得在量刑中予以考量。其二，酌定量刑情节之间、法定量刑情节与酌定量刑情节之间，已经在量刑阶段评价过的情节不得再次评价。比如，对于一个被告人实施的一个犯罪行为，如果法官认定为具有自首情节，则不能再考虑适用当庭自愿认罪这一酌定量刑情节而予以从轻量刑。因为，当庭自愿认罪这一酌定考虑因素已被包含于自首之中。

总之，酌定量刑情节在适用中遵循禁止重复评价原则，不仅是罪刑相适用原则的客观需要，也是防止量刑畸轻畸重而实现个案公正的有力保障。

二、单个酌定量刑情节的适用规则

考虑到一个案件中酌定量刑情节的适用有单个或多个之分，而单个酌定情节的适用问题是多个酌定情节适用的基础和前提，所以需要首先搞清楚单个酌定量刑情节的适用问题。同时，需要清醒地认识到，酌定量刑情节的适用是一个难度较大的问题。意大利刑法学者早就意识到了这一点："由于无明确规定的加重情节是一种法律没有规定确切的限制，实际上完全是由法官来决定是否加重刑事责任的情况，因而如何解释这种情节同具有宪法意义的明确性原则的关系，是一个很严肃的问题。"[1]故而，酌定量刑情节的适用就不是一个按图索骥般的静态适用过程，而是一个动态开放的智力活动，体现了一定的思维逻辑过程。具体而言，法官必须明确具体有哪些情节能够成为酌定量刑情节，从而对基准刑的调节产生影响。在这个基础之上，法官对进入其视野的酌定量刑情节需要斟酌判断，在综合具体案情的基础上对这些酌定

---

〔1〕〔意〕杜里奥·帕多瓦尼：《意大利刑法学原理》（注评版），陈忠林译评，中国人民大学出版社 2004 年版，第 243 页。

量刑情节影响刑罚的轻重程度进行衡量，以实现酌定量刑情节对刑罚调节的功能。此外，被纳入法官适用视野的酌定量刑情节还需要经得起刑罚基本理论的正当性拷问。所以说，酌定量刑情节的适用过程即是一个酌定量刑情节的选取与功能实现的过程。前者主要体现为一个定性分析，后者则侧重于定量分析。

（一）酌定量刑情节的提取规则

酌定量刑情节的适用首先在于如何提取，提取哪些情节作为酌定量刑情节，这对于正确适用酌定量刑情节具有决定意义。因此，这是需要首先要予以厘定的问题。

1. 以刑罚的正当化依据为提取的实质标准

在理论界，一般认为报应主义与预防主义为刑罚的正当化依据，这并无过多争议，有争议的仅是预防主义的覆盖范围问题，也即对预防主义是否包含一般预防存在不同认识。笔者认为，这里的预防主义应该仅限于特殊预防而不包括一般预防，这在前文已有所交代，此处不赘。将刑罚的正当化依据作为酌定量刑情节提取的实质性标准，需要做到以下两个方面：

一方面，需要从学理上以及司法实践中确立责任刑情节与预防刑情节的划分。目前，官方将量刑情节划分为法定量刑情节与酌定量刑情节。这种划分意义对于法官量刑来说并不大，甚至有弱化酌定量刑情节之嫌。而倘若量刑情节划分影响责任刑的情节与影响预防刑的情节的话，那么将有利于在量刑情节的适用过程中贯彻刑罚的正当化依据。影响责任刑的情节往往是基于行为的社会危害性而言的，表现为对法益的侵害性及其程度。于此言之，犯罪构成要件之外的一些能够客观表征犯罪行为的社会危害性大小的因素便成了以责任刑为基础的酌定量刑情节，如犯罪行为的手段、犯罪的后果等情节，不一而足。同时，对于体现人身危险性大小的相关情节则可以视为影响预防刑的酌定量刑情节，这些情节表征着行为人的再犯可能性以及社会对其改造的难易程度，如犯罪行为人罪前、罪后的态度等。将刑罚的正当化依据作为提取酌定量刑情节的实质性标准，需要法官对于具体案件的诸多情节围绕着这条主线来进行甄别。比如，不能将被害人劣迹作为酌定量刑情节来提取，进而认为被害人劣迹可以减轻被告人的责任。因为被害人劣迹与被害人过错并不等同，二者区别甚远，后者与犯罪行为以及危害结果的产生相关联，而前者则没有这样的相关性。被害人劣迹仅能体现为一种过往品行的评价。倘若在犯罪行为人从轻处罚酌定情节中将被害人劣迹囊括进来，则还可能助长犯罪行为人主动侵害有历史劣迹的被害人。[1]

另一方面，需要确立影响责任刑酌定量刑情节适用的优先性。责任主义要求以责任划定刑罚的上限，尤其是消极的责任主义倡导没有责任就没有刑罚，那么就意味着以责任刑制约预防刑。因此，在确立酌定量刑情节的时候，应该首先确立影响责任刑的量刑情节，由影响责任刑的酌定量刑情节对责任进行调节之后方可甄别影响预防必要性大小的预防刑的情节，顺序不可颠倒，否则会与责任主义相悖，进而造成量刑失当。职是之故，张明楷教授才明确指出："对影响责任刑的情节与影响预防刑的情节不能等量齐观，也不能将二者综合考虑。影响责任刑的情节是确定责任刑的根据。在确定责任刑时，不得考虑预防的必要性大小。"[2]

总之，在考虑具体某个情节是否属于酌定量刑情节时，首要考虑的是能否体现行为的社会危害性与人身危险性，这是一个实质性的衡量标准。申言之，刑罚正当化依据是提取酌定量刑情节的基础，贯穿整个酌定量刑裁量过程的始终。

2. 以经验性验证为提取的形式标准

曲新久教授曾指出："无论是'犯罪的社会危害性'还是'犯罪人的人身危险性'都是已然的、实际存在的，而不是未然的、尚不存在的，它们都是一种客观现实存在——犯罪与犯罪人的内在属性。"[3]所以，酌定量刑情节虽然重在体现刑罚个别化原则而偏重行为人的犯罪预防层面，但是，酌定量刑情节从本身而言，仍然是客观存在且能够得到经验证明的。换言之，法官对酌定量刑情节的把握是凭借与案件相关的证据材料与客观情状来进行评判的，这个过程并不是一个完全借由内心主观恣意认定的过程。当然，从另一个角度思考，经验性验证的标准也为我国的法官提出了一个行动指南，只要是能够在经验层面全面、客观地反映行为人社会危害性大小与人身危险性程度的相关情节，均可以被纳入法官酌情裁量的视野。尤其是在认定反映预防刑裁量的酌定情节时，法官不能因人身危险性较难认定而不当限缩考量范围。

---

〔1〕 参见周金刚："酌定量刑情节的泛化现象研究"，载《南京大学法律评论》2010年第1期，第178页。

〔2〕 张明楷：《责任刑与预防刑》，北京大学出版社2015年版，第274页。

〔3〕 曲新久：《刑法的精神与范畴》，中国政法大学出版社2000年版，第535页。

司法实践中存在着一种倾向，即法官在行为人罪前考量因素中仅仅拘泥于前科劣迹，而忽视行为人除此之外的其他表征人身危险性的酌定量刑情节，这就是没有合理地依据形式化标准甄别酌定量刑情节。

有学者认为："在酌定量刑情节的认定过程中，典型性是必须坚持的程度标准，借此可以将那些细枝末节、对量刑结果影响力极小甚至不该有影响的非典型案件情节予以排除。"[1]笔者并不完全赞同这种看法。不可否认，典型性特征有助于法官对酌定量刑情节进行甄别，防止法官在提取酌定量刑情节时无所适从。但是，酌定量刑情节数目繁多，难以一一穷尽，再加之社会生活的错综复杂与具体案情的千差万别，一味地考虑典型性酌定量刑情节，会不当限缩酌定量刑情节的适用范围。此外，即便是经常发生看似典型的酌定情节，站在不同的角度与立场也会产生不同的解读。酌定量刑情节与法定量刑情节的不同之处即在于其具有涵摄与灵活多变的特性，而这恰恰是酌定量刑情节的生命力之所在。由是之故，酌定量刑情节与法官自由裁量权须臾不可分离，二者融合交织在一起，共同发挥着弥合事实与规范之鸿沟，进而实现个案公正的机能。

当然，典型性特征虽然不能够独自成为甄别酌定量刑情节的形式化标准，但是，典型性特征仍然具有重大的理论与实践意义。一则典型性特征可以成为形式化标准的辅助认定指标。易言之，个案之间的比较进而抽象出来的常态化酌定情节，本身就是客观存在且可被感知的，其具有经验性和可资验证性，否则也就无所谓常态化与比较之说了。二则典型性特征也为酌定量刑情节法定化的实现提供了经验上的来源与依据，《最新量刑指导意见》对常见犯罪的酌定量刑情节的规定正是对典型性酌定情节在规范层面的抽象提升，为司法实践合理适用酌定量刑情节提供了立法指引。三则典型性特征有助于反向排除酌定量刑情节的适用范畴，进而将不该被纳入酌定量刑情节的因素排除在外，这也是接下来需要探讨的问题。

（二）不该纳入酌定量刑情节的因素

上文分析了酌定量刑情节的提取规则并总结出了一定标准。然而，不得不承认，上文提出的标准仅仅是一个指导性的理论探讨，酌定量刑情节不一而足，难以提供一个精确的提取公式，更多的需要法官根据具体案情而综合

---

〔1〕　许美：《酌定量刑情节规范适用研究》，黑龙江人民出版社 2016 年版，第 142 页。

认定。同时，随着酌定量刑情节理论研究的深入，对一些争议性较大且典型的酌定量刑情节予以反向证伪，也有助于法官对酌定量刑情节进行合理把握。

1. 被告人的一贯表现

被告人的一贯表现能够反映出一定的人身特性。例如，有的人平时谦虚礼让、待人平和、遵纪守法、对朋友讲义气、对父母尽孝道；有的人平日就欺行霸市、横行乡里、惹是生非。被告人的一贯表现可以成为酌定量刑情节，有学者认为，刑罚科处的酌定量刑因素应包含犯人的品行，而"犯人之品行：即犯人之品德与素行，如素行温和，偶尔伤人"。[1]但是，不是所有与被告人相关的一贯表现都能成为增加或减少预防刑的考量情节，而是需要结合具体的个案，在具体个案中，只有与预防必须性大小相关联的一贯表现才能够成为影响预防刑大小的酌定量刑情节。比如，对于一个犯强奸罪的被告人，与强奸罪紧密关联的应该是平日里有无对妇女动手动脚、猥亵等不良行为的存在，据此可以考察被告人再犯强奸罪的可能性大小。而与这些无关的其他一贯表现则与强奸罪的预防必要性不甚相关，不能成为酌定量刑情节。再比如，不能将在校期间不认真学习认定为与抢劫、杀人具有相关性的从重酌定量刑情节，被告人不认真学习并不必然会提升犯抢劫罪、故意杀人罪的概率。所以，不能将被告人所有的一贯表现均纳入再犯可能性大小考量之下的酌定量刑情节，而需要结合具体的案情与涉嫌的罪名去综合认定。

2. 被告人拒不认罪

"坦白从宽、抗拒从严"一直都是大家耳熟能详的刑事政策。但是，坦白从宽属于法定的从轻处罚的量刑情节，而抗拒从严是否能够成为酌定从重处罚的情节则不无疑问。笔者认为，被告人拒不认罪不应该被作为酌定量刑情节考虑。一方面，如果将被告人拒不认罪作为从重处罚的酌定量刑情节，会与刑事诉讼法上基于无罪推定原则而衍生出的不能强迫自证其罪的要求相抵触。"因为将被告人拒绝陈述，立法上作为法院量刑上之法定量刑加重事由，显会造成强迫被告放弃缄默权而做出陈述，乃是对于刑事被告陈述自由或缄默权行使最核心之直接侵害……难以认为得与其犯罪后之态度有所关联性，更不应以此作为法院量刑上之审酌之考量因素。"[2]另一方面，拒不认罪符合

---

[1] 张丽卿：《刑法总则理论与应用》，五南图书出版有限公司2011年版，第507页。

[2] 刘邦绣：《认罪与量刑》，五南图书出版有限公司2012年版，第62页。

正常人的理性心理，乃是一种常态。一般而言，趋利避害是人的本能，出于自保的考虑，被告人往往会想方设法否认自己的罪行以推卸责任，这符合人之常情。是故，现代刑事诉讼制度才赋予了被告人一定的沉默权，给予其刑事诉讼防御机制，允许被告人对被指控的罪行进行自我辩解。因而，拒不认罪的情节不应成为增加预防必要性的酌定量刑情节。

3. 民愤

民愤代表着公众对犯罪人的一种态度，体现出人们对犯罪人的愤恨情感。在司法实践中，民愤体现为要求对犯罪人进行严惩，在很多情况下，民愤也成了司法实践当中一种从重处罚的酌定量刑情节。

对于民愤能否成为酌定量刑情节，在学界有很大争议：肯定说认为，民愤反映出了人们对犯罪严厉的谴责性，也暗含了人们要求通过刑罚处罚以达到内心平衡的心理诉求，因此，民愤可以成为酌定量刑情节。否认说认为，民愤不应成为从重处罚的酌定量刑情节，这与刑罚的目的不符，应该予以摒弃。[1]笔者赞同否定说，认为民愤不应成为酌定量刑情节。因为决定预防刑大小的酌定量刑情节应该与犯罪人的人身危险性相关，而民愤的大小显然与犯罪人的再犯可能性没有关联。同时，民愤与犯罪人犯罪行为的社会危险性大小也没有任何关系，所以，民愤也不能够成为决定责任刑大小的酌定量刑情节。此外，考虑到民愤的非理性成分，其容易受到媒体宣传的影响。申言之，"在现代社会，'民愤'容易受到媒体的影响乃至误导"。[2]在有的时候，过分考虑经过媒体渲染的民愤，甚至还会导致量刑不公正。更为关键的是，民愤的大小应该以什么的标准来认定也存有疑问。此外，将民愤作为酌定量刑情节也会与以经验性验证为酌定量刑情节提取的形式标准相背离。是故，民愤不宜作为酌定量刑情节来使用。

4. 社会治安状况

社会治安状况是指一定时间和地域范围内的社会公共安全形势。中国自古以来就有"刑乱国用重典"的说法，这也说明刑法作为历代统治者的政治工具，以维护良好的社会治安状况为重要的机能。但是，笔者不赞同将社会

---

〔1〕　参见伍柳村、左振声："民愤能否作为量刑的依据"，载《法学研究》1989年第4期，第13～17页。

〔2〕　杜邈："酌定量刑情节若干问题研究"，载《河南省政法管理干部学院学报》2006年第2期，第135页。

治安状况作为酌定量刑情节。理由在于，维护社会治安状况是基于一般预防的考量，是为了通过增加刑罚的威慑力而达到预防犯罪的目的。前已述及，一般预防作为量刑考量因素容易导致重刑化。更何况，社会治安状况的维系并不完全是刑罚适用就能解决的问题，其是一个社会综合性治理问题，将社会治安状况的提升完全与刑罚的适用挂钩，有复杂问题简单化之嫌。此外，将社会治安状况作为酌定量刑情节，也与酌定量刑情节提取的实质性标准没有关联性。质言之，社会治安状况的好坏与个案中犯罪人的社会危害性与人身危险性没有什么联系，很难将个案与社会治安状况联系起来。从以上分析可以看出，社会治安状况不应该在量刑阶段被作为酌定量刑情节来加以考量。

5. 案件的社会影响

在我国，案件恶劣的社会影响往往会成为定罪量刑的考量因素。在很多情况下，案件恶劣的社会影响容易让人感觉到这是由犯罪人的罪行极其严重导致的。但是，笔者认为，案件的社会影响不应成为酌情考量的情节。首先，案件的社会影响与民愤类似，同样具有很大程度的非理性因素，容易因受到媒体的不当诱导而具有很大的偶然性与不确定性。其次，对于某些犯罪而言，案件恶劣的社会影响往往已经在法定刑的制定阶段考虑到了。比如，以危险方法危害公共安全罪，该罪的法定刑较之一般犯罪为重，可以认为立法者已经考虑到了这种行为对社会安宁秩序造成的影响。所以，在量刑时再次考虑社会影响因素而从重处罚，会造成重复评价，进而不当增加犯罪人的责任刑。即使对于极个别超出了常态犯罪的情形，如在"杀人狂魔"杀害不特定人从引起强烈的社会反响这一极端情况下，从重处罚也不能被看作是因为社会影响恶劣而增加了犯罪人的责任刑，只能视为其犯罪动机恶劣而使得责任刑增加。当然，亦可以认为这是基于犯罪人特殊预防必要性大而增加了预防刑。最后，案件的社会影响同样也是难以进行具体评测的，将其视为酌定量刑情节，有违酌定量刑情节的形式化标准。

6. 被害人谅解

被害人谅解在量刑实践中一般被作为从轻处罚的酌定量刑情节。《最新量刑指导意见》对被害人谅解的情节也作出了明确。其规定："对于积极赔偿被害人经济损失并取得谅解的，综合考虑犯罪性质、赔偿数额、赔偿能力以及认罪悔罪表现等情况，可以减少基准刑的40%以下；积极赔偿但没有取得谅解的，可以减少基准刑的 30% 以下；尽管没有赔偿，但取得谅解的，可以减少基准刑的 20% 以下。其中抢劫、强奸等严重危害社会治安犯罪的，应当从严掌握。"由该规定可以看出，即使是单纯取得被害人谅解，也能够得到从轻处罚。

被害人谅解的情节能否被视为一种酌定量刑情节这一问题在学理上较有争议：肯定说认为，被害人谅解可以成为酌定量刑情节。其理由大致有三种，主要表现为违法性较少、特殊预防必要性减少、一般预防必要性减少三个方面。其中，从一般预防必要性减少的角度论证的观点较有影响力，其以张明楷教授为代表。他认为，被害人谅解可以减少一般预防的必要性，可以消除受害人以及家属的报复倾向，进而减少犯罪。[1]否定说不认为被害人谅解可以单独成为从轻处罚的酌定量刑情节。有学者对此指出，将被害人谅解作为酌定量刑情节会与罪刑均衡原则相悖，且没有法律依据，缺乏正当性。[2]

笔者持否定说的观点，不主张被害人谅解的情节能够单独成为从轻处罚的酌定量刑情节。首先，单纯的被害人谅解情节不足以说明犯罪人的社会危害性与人身危险性降低。如有学者针对《最新量刑指导意见》的规定指出："既然，赔偿可以获得被害人的谅解，并且赔偿本身就是量刑情节，为何还要重复性地将谅解作为量刑情节？既然真诚悔罪可以获得谅解，而悔罪恰好是能够反映犯罪人人身危险性降低的事由，是量刑的情节，为何还要将可以用来证明悔罪的参考资料的被害人谅解作为量刑情节？赔礼道歉意味着犯罪人的悔罪，也无须将被害人谅解作为独立的量刑情节。"[3]其次，单纯考量被害人谅解会使得是否取得被害人谅解取决于被害人的性格特点。有的被害人气量宏大，容易作出谅解的意思表示；有的被害人非常计较，难以进行谅解。这会使得同一犯罪人因面对不同的被害人而获得迥异的量刑结果，这难谓妥当。最后，被害人谅解不仅不能减少已经发生的犯罪行为违法性的责任程度，而且也无法反映出犯罪人再犯罪可能性的减少。至于张明楷教授提出的减少一般预防的必要性的理由，笔者也殊难赞同。毕竟，将一般预防视为酌定量刑情节判断的实质标准本身就难以证成其正当性。一言以蔽之，单独的被害人谅解不宜作为酌定量刑情节。

---

〔1〕　参见张明楷：《责任刑与预防刑》，北京大学出版社 2015 年版，第 309 页。

〔2〕　参见刘兵："被害人谅解能否成为量刑情节"，载《检察日报》2008 年 8 月 5 日。

〔3〕　王瑞君：《量刑情节的规范识别和适用研究》，知识产权出版社 2016 年版，第 89 页。

（三）酌定量刑情节的量化

在考量了哪些情节可以作为酌定量刑情节之后，随之需要解决的问题是对提取出的酌定量刑情节进行赋值。对酌定量刑情节进行赋值就是对量刑结果影响力大小进行综合判断，其是实现酌定量刑情节功能的关键环节。《最新量刑指导意见》对常见酌定量刑情节适用的赋值比例进行了规定，有助于引导法官在个案中发挥自由裁量权。但是，具体的酌定量刑情节对量刑结果调整的幅度及大小，本身难以通过规范性文件一一作出详尽规定，也不可能提供一个十分精确的运算公式，从而让法官填充案情而自动生成"正确"的结论。尽管如此，此问题也并非无章可循。笔者认为，可以依据以下三种方法，大致对单个酌定量刑情节的调节比例问题进行认定。

1. 依据罪刑相适应原则

罪刑相适应原则要求罪行与具体的量刑相适应，做到重罪重罚、轻罪轻罚的罪刑相称。该原则不仅是司法机关在定罪时适用的基本原则，同时也贯穿量刑阶段，其对于酌定量刑情节的适用极具意义。具体言之，对于重罪来说，趋轻型酌定量刑情节应该赋予比较小的调整比例；而趋重型酌定量刑情节，则应该赋予比较大的调整比例。反之，对于轻罪而言，趋轻型酌定量刑情节应该考虑适用比较大的调整幅度；而趋重型酌定量刑情节，则可以考虑适用比较小的调整幅度。比如，根据《最新量刑指导意见》关于犯罪对象为弱势人员的规定，可以增加基准刑的20%以下。那么，在一般性的针对弱势人员的普通盗窃罪中，弱势人员这一酌定量刑情节的调整比例应该被大致限定为增加基准刑的10%以下。但是，在针对弱势人员的抢劫罪中，由于抢劫罪的罪行较普通盗窃罪为重，所以，弱势人员这一酌定量刑情节的调整刑罚幅度可以被限定为增加基准刑的10%~20%。之所以将酌定量刑情节对刑罚影响力的权重大小依据重罪与轻罪进行划分，是由于假如不区分轻、重罪质，单纯对趋重型酌定量刑情节影响刑罚的幅度赋予相同的权重，会导致同样的趋重型酌定量刑情节在轻罪中从重幅度大，而在重罪中从重幅度小。这就会使得刑罚裁量中出现重罪轻罚与轻罪重罚的量刑布局，进而与罪刑相适应原则相悖。

2. 依据犯罪的类别特性

"相同的酌定量刑情节在不同的个案中所起的作用可能不尽相同，其作用不同，对刑罚的影响也必然不相同。假若对酌定量刑情节一体适用同一权重，无论是方法还是结果都会背离刑法的基本要求。"〔1〕上面分析了酌定量刑情节赋值时针对不同罪行轻重作出区别对待的问题。然而，除了考量罪行的轻重，当基于同一个酌定量刑情节对基准刑进行调节时，还需要考虑犯罪的类别。譬如，对于《最新量刑指导意见》明确规定的退赃、退赔与赔偿经济损失这一类酌定量刑情节，针对侵犯财产类犯罪与侵犯人身权利犯罪，对基准刑的调节比例不应该相同。较之于侵犯人身权利犯罪，侵犯财产类犯罪的量刑受到退赃、退赔与赔偿经济损失这一酌定量刑情节的影响力应该更大。因为，在通常情况下，对于财产类犯罪而言，犯罪人是出于贪利性目的而犯罪，那么通过犯罪人自愿剥夺自己的财产而偿还给被害人，则更能够体现出特殊预防的效果。而对于侵犯人身权利的犯罪，对犯罪人人身自由的剥夺往往更能体现出预防的效果。申言之，剥夺财产对于财产类犯罪的效果更优于侵犯人身权利的犯罪，更能体现出预防和矫正的目的。此外，在适用《最新量刑指导意见》规定的取得被害人谅解时，不能不加区分地搞"一刀切"，对于侮辱、诽谤罪等侵犯人身权利的犯罪来说，基准刑的从轻调节幅度应该大于其他犯罪。"因为我们很容易理解，让一个名誉权受到伤害的人与一个财产权受到侵犯的人同样去原谅犯罪，二者所产生的社会效果必然有一定的差异。"〔2〕法官对此应该予以区别对待，根据犯罪的不同类别酌情决定酌定量刑情节的调节幅度。

3. 依据情节的本质属性

在对单一酌定量刑情节进行量化赋值的场合，除了考量罪刑均衡以及犯罪的类别之外，更多的需要根据情节本身的属性，结合具体的个案而认定。这种情况占据酌定量刑情节适用场合的绝大多数。我们不能希冀于《最新量刑指导意见》提供所有现成的适用规则让法官去参照比对。比如，关于被害人过错这一情节，由于被告人过错与犯罪人的主观恶性相关联，能够反映犯罪人的特殊预防必要性。所以，在司法实践中，被害人过错一般被视作酌定量刑情节，只是在《最新量刑指导意见》中未能够得到规范确认。那么，在量刑实践中，法官在面对千差万别的具有被害人过错的案件时，要如何确定过错对刑罚的影响力？虽然最高人民法院的《最新量刑指导意见》也对此未

---

〔1〕　王利宾：《酌定量刑情节规范适用研究》，上海社会科学院出版社 2010 年版，第 70 页。

〔2〕　郑高键、孙立强：《量刑规范化理论与实务研究》，法律出版社 2017 年版，第 153 页。

作出明确规定，但是某些地方法院则有相关规定可以参照。比如，《四川省高级人民法院〈关于常见犯罪的量刑指导意见〉实施细则》就规定："被害人对犯罪发生有过错的，可以减少基准刑的30%以下。（1）被害人对犯罪发生有一般过错的，可以减少基准刑的10%以下；（2）被害人对犯罪发生有明显过错的，可以减少基准刑的30%以下。"由此可见，在具体个案中，法官需要根据被害人过错的程度并结合案件其他情况，予以综合认定，以确定情节调整基准刑的幅度。即使没有类似的实施细则等规范性文件让法官参照，法官依然需要根据酌定量刑情节的内部特征展开深入分析，从而形成一个妥当的结论。实际上，对于《最新量刑指导意见》已经作出明确规定的酌定量刑情节，其具体的适用也不是那么明确，仍然需要法官将目光聚焦于情节的本质属性与具体个案来加以考量。例如，《最新量刑指导意见》对于当庭自愿认罪的这一情节规定得较为明晰，即"对于当庭自愿认罪的，根据犯罪的性质、罪行的轻重、认罪程度以及悔罪表现等情况，可以减少基准刑的10%以下。依法认定自首、坦白的除外"。但是，在犯罪人是未成年人与老年人的案件中，法官除了根据该规定提出的"犯罪的性质、罪行的轻重、认罪程度以及悔罪表现"这些情况来具体把握从轻幅度外，还需要考虑到当庭自愿认罪这类趋轻型酌定量刑情节，对可塑性较强的未成年人与再犯可能性较小的老年人，其从宽的比例应该放得更宽一些，进而深入酌定量刑情节的存在本身，寻求适当的调整基准刑比例。

上文所提出的依据罪刑相适应、犯罪类别特性与本质特征三个方面的考量因素进行量刑，实际上都旨在强调一个事实，即酌定量刑情节对基准刑具体赋值比例适用的影响，本质上就是一个针对个案特殊性予以综合认定的问题。正如酌定量刑情节无法穷尽列举一样，具体的酌定量刑情节的量化也没有精准、完备的适用规则供法官参考，上文所提出的解决方案也仅是一个大致可行的示范性规则，其最终目的在于引导法官充分发挥自由裁量权，在充分利用酌定量刑情节灵活性特质的基础上综合把握个案的特殊性，以实现个案公正。

三、多个酌定量刑情节的适用规则

多个酌定量刑情节的适用问题也即多个酌定量刑情节的竞合处理问题，是指在一个待定量刑案件中有两个及两个以上的酌定量刑情节发生叠加，从而需要具体适用的情况。由于多个酌定量刑情节的适用规则问题包含在多个量刑情节适用问题的范围之内，且学界多从量刑情节的角度出发对该问题加以研讨，同时，最高人民法院的《最新量刑指导意见》也有相关规定。因此，为了论述方便，此处拟从多个量刑情节的角度去对该问题进行阐述，以期说明问题要旨。

《最新量刑指导意见》对多个量刑情节的适用规则作出了大致规定："具有多个量刑情节的，一般根据各个量刑情节的调节比例，采用同向相加、逆向相减的方法调节基准刑；具有未成年人犯罪、老年人犯罪、限制行为能力的精神病人犯罪、又聋又哑的人或者盲人犯罪，防卫过当、避险过当、犯罪预备、犯罪未遂、犯罪中止，从犯、胁从犯和教唆犯等量刑情节的，先适用该量刑情节对基准刑进行调节，在此基础上，再适用其他量刑情节进行调节。"对于该规定，最高人民法院实务部门给出的解释规则是："对于仅具有一般量刑情节的，各量刑情节之间采用'同向相加、逆向相减'的方法调节基准刑。"同时，对于多个需要先适用的特定量刑情节的处理，"特定量刑情节先按照连乘的方法对基准刑进行调节，在此基础上，一般量刑情节采用'同向相加、逆向相减'的方法再进行调节……这种调节方法也被称为'部分连乘、部分相加减'"。[1]《最新量刑指导意见》确立的多个量刑情节的处理规定有积极的借鉴意义，但是，由于规定得过于粗疏，难以处理量刑实践中的全部问题。详言之，其没有兼顾到量刑情节有从轻、减轻、从重之分，同时，从轻、从重与减轻之间也有相互之间排列组合的适用场合。此外，多个量刑情节的适用还需要深入量刑理论内部来进行挖掘，以归纳出具有指导意义的适用规则。笔者认为，对于多个量刑情节的适用规则需要根据不同的情况，分别进行探讨。

（一）同向量刑情节竞合的处理规则

同向量刑情节竞合是指一个待定量刑案件存在着多个趋重型或趋轻型量刑情节。具体分为两类：

1. 同向趋重型量刑情节竞合

对于存在多个从重情节的处理，对此问题的处理较为简单，只需对各个

---

〔1〕　南英主编，最高人民法院刑事审判第三庭编著：《量刑规范指导案例》，法律出版社2016年版，27～28页。

从重的量刑情节影响基准刑的比例进行确定，然后，对各自确定的刑罚比例依照"同向相加"的规则进行累计计算，进而得出具体的刑罚量即可。但是，对此问题有所争议的问题在于："同向相加"的几个从重情节能否构成加重处罚，也即能否超过法定最高刑来确定刑罚量。有学者认为："先对每一种从重情节在从重幅度内依其在具体案件中的轻重程度情况决定其从重处罚量，然后把多种情节的从重量相加，计算出全案相对于量刑基准的从重处罚量。当然适用的结果同样须受法定刑幅度的限制，不能超过法定量刑幅度的最高刑。"〔1〕笔者赞同该种观点，多个从重量刑情节竞合如果可以升格法定刑幅度的话，那就意味着变相承认了刑法中加重处罚的存在，同时，这也会因变相增加行为人的刑罚而与罪刑法定原则相悖。

此外，对于同向趋重型量刑情节竞合的场合，需要注意，司法机关采用"同向相加"规则得出具体的刑罚量时，可以根据案件情况，在法定刑幅度内适当加大处罚力度。因为，在一个案件中存在多个从重处罚情节，表明该案的社会危险性及行为人的人身危险性较大，所以，从严把握可以体现"重罪重罚"的宽严相济刑事政策的要求。

2. 同向趋轻型量刑情节竞合

同向趋轻型量刑情节竞合的场合，仍然适用"同向相加"规则，但是，由于趋轻型量刑情节有从轻情节与减轻情节之分，所以要分情况探讨：

（1）两个及两个以上从轻情节的叠加。两个及两个以上从轻情节叠加在一起适用的时候，需要考虑的问题在于适用的量刑结果能否突破法定刑的下限，也即能否降格为减轻处罚。通说认为，不能够将多个从轻情节降格为减轻处罚情节。但是，在符合《刑法》第63条第2款的减轻处罚的特殊条件时，可以减轻处罚。〔2〕笔者同意通说的观点，将两个及两个以上从轻情节叠加降格为减轻处罚的情节缺乏法律依据，而且《刑法》第63条第2款规定的减轻处罚需要符合特定的程序，只能成为一般量刑情节的适用规则，"司法实际工作中，不可能大量存在多个从轻处罚情节竞合都能获得最高人民法院核准为减轻处罚的状况"。〔3〕一言以蔽之，在适用多个量刑情节的时候，既需要

---

〔1〕 蒋明：《量刑情节研究》，中国方正出版社 2004 年版，第 222 页。

〔2〕 参见高铭暄、马克昌主编：《刑法学》，高等教育出版社、北京大学出版社 2000 年版，第 276 页。

〔3〕 皮勇、王刚、刘胜超：《量刑原论》，武汉大学出版社 2014 年版，第 538 页。

考虑到罪刑相适应原则，做到罚当其罪，同时也不能够轻易改变量刑情节的具体功能。

（2）两个及两个以上减轻情节的叠加。两个及两个以上减轻情节的叠加适用存在争议的问题在于：多个减轻处罚叠加适用能否对量刑的宽宥幅度进行更进一步的加大，即适用免除处罚。对此争议较大，否定说主张，"减轻处罚不能是无原则地减轻，而应限于在法定最低刑下一格判处"。[1]肯定说认为，否定说的主张并无具体的法律依据，我国的《刑法》并没有减轻处罚受到刑罚幅度限制的相关规定。[2]笔者赞同否定说的观点，认为两个及两个以上减轻情节在叠加适用的情况下，不能够轻易地再次下降刑格，进而成为免除处罚。因为，一方面，《刑法修正案（八）》对减轻处罚的处理有明文规定："犯罪分子具有本法规定的减轻处罚情节的，应当在法定刑以下判处刑罚；本法规定有数个量刑幅度的，应当在法定量刑幅度的下一个量刑幅度内判处刑罚。"因此，肯定说的观点不能成立。另一方面，从法定刑配置以及罪刑均衡的角度而言，立法者在配置法定刑的时候，之所以会根据不同的情节而配置不同的刑罚，是因为其是根据情节从重或从轻（减轻）幅度的衔接来配置刑罚的。因此，在裁量刑罚的时候，法官应该根据量刑情节来逐一确定刑罚的从轻、减轻幅度，而不应该轻易地破坏这种刑罚阶梯的衔接性。因此，认为多个减轻情节可以转化为免除处罚的观点，容易导致量刑畸轻，从而宽纵了犯罪分子，不符合罚当其罪的罪刑相适应原则的要求。

（3）既有从轻情节也有减轻情节的叠加。对于既有从轻情节也有减轻情节的叠加的适用，存在两个疑问：一是减轻情节能够吸收从轻情节；二是从轻情节与减轻情节的适用是否存在顺位问题。第一个问题基本没有争议，一般认为，在减轻情节与从轻情节同时存在的场合下，减轻情节不能吸收从轻情节，否则不仅会混淆不同量刑情节的功能，而且会与全面评价原则相抵触。[3]对于第二个问题，在理论界则存有较大争议。有学者认为："从轻情节与应当减轻情节并存时，虽然不需要考虑先从轻处罚再减轻处罚还是先减轻处罚再

---

〔1〕　赵秉志、彭新林编著：《量刑情节与量刑方法专题整理》，中国人民公安大学出版社2009年版，第49~50页。

〔2〕　参见中国人民大学法学院刑法专业组织编写：《刑事法专论》（上卷），中国方正出版社1998年版，第388~389页。

〔3〕　参见皮勇、王刚、刘胜超：《量刑原论》，武汉大学出版社2014年版，第540页。

从轻处罚的先后顺序，但在依法确定宣告刑时必须体现减轻处罚。"[1]有学者对此持不同意见，主张在这种情形下，其具体适用是有先后顺序的，应该先适用减轻情节，再适用从轻情节。[2]笔者认为，在从轻情节与减轻情节相叠加而形成竞合适用的情况下，二者都具有不可替代的功能，都必须体现在对具体基准刑的调节之中，这既是罪刑相适用应原则的要求，也有利于实现刑罚个别化背景下的个案公正。此外，应该认同减轻情节的优先适用性，否则便难以体现出从轻情节对宣告刑的影响力。

（二）逆向量刑情节竞合的处理规则

在实践中，同向量刑情节竞合的适用问题，一般遵照"同向相加"的规则来处理，虽然有诸多争议，但是由于受制于法定刑的制约以及罪刑均衡原则的影响，所以，往往能够得到较为妥当的处理。真正成为量刑领域难题的是逆向量刑情节竞合的处理问题。所谓量刑情节的逆向竞合，是指在一个刑事案件中同时存在趋重型和趋轻型量刑情节的情形，这种情况要比同向竞合的处理复杂得多。对此问题，理论界莫衷一是，在量刑规范化改革之前，曾有过诸多学说：①整体综合判断说；[3]②绝对抵消说；[4]③相对抵消说；④优势情节适用说；[5]⑤分别综合判断说；[6]等等。这些学说虽然在理论与实务界产生了一些影响，但由于自身存在诸多不足，所以并未完全被此次量刑规范化改革所采纳。关于这一点，本书在此不再赘述。需要主要阐明的是：随着《最新量刑指导意见》的出台，对逆向量刑情节的处理有章可循，即遵循"逆向相减"且"部分相连乘"的规则。对于该规则，理论界褒贬不一，大致持肯定的态度，可分为两种评价：

一种是部分否定说，即认为《最新量刑指导意见》所确立的逆向量刑情

---

[1] 陈学勇："谈量刑情节的适用"，载《法律适用》2009 年第 8 期，第 15 页。

[2] 参见李洁："定罪量刑情节若干问题研究"，载《北华大学学报（社会科学版）》2001 年第 1 期，第 20 页。

[3] 参见高铭暄、马克昌主编：《刑法学》，高等教育出版社、北京大学出版社 2000 年版，第 276~277 页。

[4] 参见陈航："量刑情节的冲突问题研究"，载《法学研究（西北政法大学学报）》1995 年第 5 期，第 70~77 页。

[5] 参见马克昌、杨春洗、吕继贵主编：《刑法学全书》，上海科学技术文献出版社 1993 年版，第 20 页。

[6] 参见周振想：《刑罚适用论》，法律出版社 1990 年版，第 286 页。

节适用规则有部分规则是合理的，但部分内容却不具合理性。如有学者认为，"同向相加、逆向相减"的规则具有可行性，但是"部分连乘"的规则却难以得到证成。其理由是："如此操作方式相对复杂，以至于部分法官表示操作麻烦和难以理解。"〔1〕还有学者主张应该倡导"以抵消说为基础的综合判断说"，对《最新量刑指导意见》持部分肯定的态度。其认为："一方面，在某些情况下存在不能被抵消的情节。此时，对这种情节是否优先被适用，还需要进行特殊判断。另一方面，综合判断需要在量刑时，必须遵循一定的先后次序，在此过程中，需要进行选择、判断。"〔2〕

一种是完全肯定说，即认为《最新量刑指导意见》所确立的适用规则是完全合理的，其属于分级定量评价的范畴。比较而言，比理论界曾经出现过的其他学说更为合理，更能与量化分析的要求相契合。〔3〕

由此可见，对于《最新量刑指导意见》确立的量刑情节逆向竞合的适用规则，其中的"逆向相减"的抵消规则，基本没有太大异议。主要的争论集中在"部分连乘"优先规则的合理性问题上。笔者的观点是：

其一，《最新量刑指导意见》针对逆向竞合问题的处理规定具有一定的合理性。从规则确立的立法理由来看，这些予以优先适用的"连乘"的量刑情节均是特定的量刑情节。"是相对于一般量刑情节而言的，是指刑法总则规定的直接影响犯罪行为人刑事责任的情节。严格地说，就是上述所列的这些情节。从理论上说，这些量刑情节属于'修正的犯罪构成'，是影响犯罪行为人的刑事责任大小的主要因素。当然，行为人罪前、最后的情节也对刑事责任的大小产生影响，但与上述特定的量刑情节有本质的区别。"〔4〕从这个理由来看，先不论这些情节是否都属于修正的犯罪构成，也不去深究立法理由对这些罪中的情节与罪前、罪后情节的本质区别交代得语焉不详，其至少认识到了这些情节均是影响刑事责任大小的情节，应而具有优先适用的必要性。回到这些"连乘"情节本身：未成年人犯罪、老年人犯罪、限制行为能力的精神病人犯罪、又聋又哑的人或者盲人犯罪，防卫过当、避险过当、犯罪预备、犯罪未

〔1〕　白云飞：《规范化量刑方法研究》，中国政法大学出版社 2015 年版，第 150 页。

〔2〕　周光权：《刑法客观主义与方法论》，法律出版社 2013 年版，第 264 页。

〔3〕　参见皮勇、王刚、刘胜超：《量刑原论》，武汉大学出版社 2014 年版，第 544 页。

〔4〕　最高人民法院量刑规范化改革项目组编，熊选国主编：《量刑规范化办案指南》，法律出版社 2011 年版，第 59~60 页。

遂、犯罪中止，从犯、胁从犯和教唆犯等量刑情节，实际上也都是影响责任刑大小的情节，而影响责任刑大小的情节既包括表明法益侵害程度的不法事实，也包括反映有责性程度的事实。前者包括犯罪预备、犯罪未遂、犯罪中止等情节，后者涵盖未成年人犯罪、老年人犯罪、限制行为能力的精神病人犯罪、又聋又哑的人或者盲人犯罪等情节。因此，基于这些影响责任刑的情节优先对基准刑进行调节，可以提前划定好刑罚的上限，从而为之后的对预防刑的调节提供限定框架。因此，《最新量刑指导意见》这样的布局安排具有一定的合理性。

其二，《最新量刑指导意见》确立的"部分连乘"优先规则的规定存在不足之处。不难发现，《最新量刑指导意见》所列举的这些情节的确是影响责任刑的情节，也确实是刑法规定的会影响责任刑大小的法定量刑情节，但是这一列举式的规定，难免挂一漏万。会不当限缩影响责任刑的情节适用的范畴，尤其是没有兼顾对影响责任刑的酌定量刑情节的适用问题。虽然《最新量刑指导意见》对这些情节最后用了"等情节"的字样，没有进行完全闭合式的列举，但是，这一列举式的规定并未抽象出可为法官提供裁判指引的规定。此外，即使通过"部分连乘"优先规则对责任刑进行调节，也难以保证得出的责任刑结果能够完全划定刑罚的上限。因为，根据《最新量刑指导意见》的规定，"部分连乘"优先规则适用之后，法官还需要兼顾其他情节继续，根据"同向相加、逆向相减"的规则来作出进一步调节，这就难免会在之后的调节过程中，使得责任刑不当提高或者降低，抑或导致预防刑突破责任刑上限。是故，笔者认为，应当对《最新量刑指导意见》的规定进行完善。一方面，需要在"量刑指导原则"中确立责任主义思想，以责任划定刑罚的上限。另一方面，在"调节基准刑的方法"中贯彻责任主义的思想。需要对"部分连乘"优先规则的设置规定进行完善，可以考虑修改为："具有多个量刑情节的，一般根据各个量刑情节的调节比例，采用同向相加、逆向相减的方法调节基准刑；具有未成年人犯罪、老年人犯罪、限制行为能力的精神病人犯罪、又聋又哑的人或者盲人犯罪，防卫过当、避险过当、犯罪预备、犯罪未遂、犯罪中止，从犯、胁从犯和教唆犯等影响责任刑的量刑情节的，先适用该量刑情节对基准刑进行调节，在此基础上，再适用其他影响预防刑的量刑情节进行调节。预防刑调节的结果不得超过责任刑调节结果的上限。"该种制度设置既可以达到列举式规定的指引效果，凸显出此规范所指引的类概念是"责任刑的量刑情节"，同时也能够树立起责任刑制约预防刑裁量的机制。

第三节　案例指导制度的配套完善

为了实现个案量刑公正，无论是上述的酌定量刑情节的适用，还是前文谈及的自由裁量权的赋予，其本身均是将一种实质性评价因素引入刑法规范体系，这有利于提高量刑的灵活性。但是，对此做法有学者也指出："其作用仍然是有限的，而且其本身还会带来另一端的负面影响，那就是不容易保持应有的一致性，严重者会破坏刑法的安定性及可预见性。"[1]因此，我们需要在量刑实践中发展出一种新的机制，既可以为量刑中衡平个案救济提供制度性支持，同时又可以反映司法经验智慧，克服刑法规范体系的僵化性，从而为量刑个案公正提供有力保障。这一机制就是案例指导制度。

一、案例指导制度之于量刑的价值定位

首先需要说明的问题是，基于定罪与量刑两个阶段的差异，案例指导制度在定罪与量刑两个阶段的价值定位不尽相同。在定罪阶段，囿于罪刑法定原则，案例指导制度不能够以案例的形式去确立某个新的罪名，或者对某些具体罪名的构成要件要素予以更改。所以，法官在定罪阶段没有创设法律的权力而仅仅具有解释法律的权力，禁止类推解释也成了法治国的普遍要求，这也决定了漏洞填补为定罪阶段罪刑法定原则所排斥。同时，在法典化国家中，成文刑法对个罪罪名以及构成要件的规定往往具有一定的明确性，虽然也存在着空白罪状和引证罪状的不明确性、日常语言与规则语言之间的裂隙以及价值填充等诸多问题，但是，定罪阶段的法律解释由于受制于罪名以及罪状描述，其解释边界与限度往往有限。是故，案例指导制度之于定罪的主要功能在于回顾已然之罪，通过案例的方式对某些个罪的犯罪构成体系问题进行具体的解释，以维护法制统一性。

但是，量刑阶段与定罪阶段仍有不同之处，虽然刑罚裁量也需要受制于罪刑法定原则，然而，由于成文法国家刑罚裁量的条文一般较少且规定得较为抽象，再加之很多国家对个罪的配刑均实行相对确定的法定刑模式，有些甚至跨越多个量刑幅度。是故，量刑较之于定罪具有更大的不确定性，一些

---

[1]　周少华：《刑法之适应性——刑事法治的实践逻辑》，法律出版社 2012 年版，第 351 页。

具体的量刑方法、量刑情节的调节比例等操作性问题不可能在刑法典中予以明确。更何况，量刑时法官不仅要基于客观的罪行轻重去考虑已然之罪，还需要兼顾未然之罪。申言之，量刑不仅是对罪行轻重的权衡，也是在基于刑罚目的综合参酌考虑多种因素，不仅像定罪那样存在定性分析，而且也存在定量分析。正如有学者所言："科处之刑罚合乎法条所规定之精神，亦即将抽象之法律规定，适用于具体之犯罪事实，其量刑之是否妥当也。"[1]所以，如果从静态符合法条的角度审视，由于涉及罪与非罪这种纯粹型的判断，定罪更容易受到罪刑法定原则的拷问。而量刑从表象上似乎能够较大程度地松绑这种拷问，问题被更多地转化为是否具有量刑合理性。职是之故，对案例指导制度的价值目标问题就有必要予以分阶段探讨。

对于案例指导制度的价值目标问题，学界有不同认识。有学者认为，同案异判是实行案例指导制度的动因，而同案异判破坏了法制统一性。[2]但也有学者提出了不同观点，认为这是一种对案例指导制度主要价值目标的异化理解，案例指导制度不是在量刑结果上要求同案同判，而是提供一个统一的量刑标准。[3]笔者赞同后者的观点。不可否认，从指导型案例对此后类似案件的指导与制约的角度来看，维护法制统一性应该是案例指导制度的首要价值目标，这当无疑义。但是，对于量刑阶段，一方面，"同案同判"的命题为本书所不取；另一方面，如上文分析，量刑的判断不可像定罪那样的一次性完成，尚有分步骤与定量分析的成分，法官裁量刑罚需要考量的因素很多，不仅是表面上在法定刑幅度内一判了事，更多的需要兼顾刑罚目的是否实现，刑罚的效果是否妥当等其他实质合理性问题。所以，在量刑阶段，案例指导制度的确是以维护法制统一性为旨要的，但是其根本的运作价值在于提供一个明确性的规范指引供法官参照适用，并不要求裁判结果的完全一致。从这个角度而言，案例指导制度与以个案妥当性为皈依的量刑个案公正并不相冲突，其本身也需要结合个案特殊性才能发挥出"指导"意义。

二、案例指导制度对量刑个案公正的意义

从实现量刑个案公正的角度而言，在量刑实践中试行案例指导制度有以

〔1〕 高仰止：《刑法总则之理论与应用》，五南图书出版公司1986年版，第483页。
〔2〕 参见刘作翔："我国为什么要实行案例指导制度"，载《法律适用》2006年第8期，第5页。
〔3〕 参见石经海：《量刑个别化的基本原理》，法律出版社2010年版，第380页。

下积极意义：

（一）规则细化

成文法的一个显著特点就是抽象性，从普遍、一般性的角度去规范某些调整对象。但是，预先制定的许多规则并不能直接显示出具体的法律指引方向，无法被法官直接适用，尚需要进行一定的解释乃至于价值判断才能够适用于个案。比如，《最新量刑指导意见》规定"量刑时，应当以定性分析为主，定量分析为辅，依次确定量刑起点、基准刑和宣告刑"。这里就宣示了定性与定量分析在刑罚裁量中的比例问题。而前文已分析，确立定性分析超过定量分析的比重，可以更好地为法官提供价值判断的空间，从而有利于考量个案衡平性。但是，在司法实践中，如何理解这一抽象的规则，如何在确立量刑起点、基准刑与宣告刑中贯彻这一规则却并非不言而喻。这就需要最高人民法院有针对性地发布指导性案例，从而使得法官在面对类似问题时有具备可操作性的参考标准。

（二）漏洞填补

成文法本身难免会存在法律漏洞，有些法律漏洞囿于当时的立法技术，立法者虽然作出了规定，但是由于时过境迁，仍然在现实适用中存在疏漏；还有一种是立法者不曾预见并在立法时就存在的法律疏漏。这两种均属于真正意义上的法律漏洞。但是，还有很大一部分漏洞，属于立法者在立法时就刻意留下的，有待于日后随着司法实践经验的积累与成熟而进一步完善，这类漏洞属于非真正意义上的法律漏洞。但是，不论是真正意义上的法律漏洞抑或是非真正意义上的法律漏洞，在传统刑法学理论看来，由于刑法实行罪刑法定原则，所以禁止刑事法官轻易填补漏洞。然而，如前文所述，在量刑阶段，由于刑法存在量刑条款的抽象性以及具体量刑预设规则阙如等问题，所以在司法实践中，最高司法机关一般会发布规范性法律文件，以指引刑罚裁量工作。那么，从完善量刑规范性法律文件的角度出发，最高司法机关通过发布指导型案例去创设量刑规则或者解释既有的量刑规则，便不失为一种切实可行的措施。比如，《最新量刑指导意见》是对既往量刑经验的总结，针对某些罪名和量刑方法作出了较为明确的规定，但是在《刑法修正案（九）》对抢夺罪的构成要件进行了更改，将"多次抢夺"作为构罪门槛的情形下；在相关司法解释修改了一些《最新量刑指导意见》曾经明确的数额标准的场合下；在量刑实践中出现了盗窃犯罪部分既遂、部分未遂而亟待确定量刑起点与基准刑的场景下，法官如何能够合理地进行刑罚裁量？这些问题均属于真正意义上的法律漏洞。基于此，通过指导性案例对这些问题进行处理往往更为有效。对于非真正义意识上的法律漏洞，案例指导制度也可以发挥巨大作用。比如，《最新量刑指导意见》规定："本指导意见规范上列二十三种犯罪判处有期徒刑的案件。其他判处有期徒刑的案件，可以参照量刑的指导原则、基本方法和常见量刑情节的适用规范量刑。"那么，23 种罪名之外的罪名以及有期徒刑之外的刑种如何能够得到规范的适用便不仅仅是一个立法问题，更多地需要通过指导性案例的方式对法官进行积极引导与示范，以解决量刑实践中《最新量刑指导意见》扩大涵摄范围的延伸性问题，否则，规范文本的空白很可能导致量刑实践中的做法不一，不利于维护法制统一性，更会对个案公正的实现形成制度障碍。

（三）制约裁量

刑法奉行罪刑法定原则，所以，自由裁量权一直被视为罪刑法定原则的敌人。然而，通过对量刑改革正反两方面经验的总结，官方与学界现已凝练出一种共识：量刑领域中法官的自由裁量权必不可少，它是缓解刑法僵化性与封闭性，进而达至个案公正所不可或缺的法律手段。但是，必须正视的问题是，量刑个案公正以法制统一性为前提，以量刑的均衡与稳定为框架，而案例指导制度与英美法系的遵循先例制度的运作模式有异曲同工之处，以"具体—具体"的认知逻辑为基础，更具直接针对性，此后能够对类似的案件处理起到示范效果，可以在无形之中约束法官的自由裁量权。在此需要声明的是，这里所论及的制约裁量并不同于扼杀裁量，因为，案例指导制度所提取的案例本身就是司法能动性的体现，这些案例所衍生出的适用规则是在量刑实践中法官通过摸索总结得出的，不同于规范性的《最新量刑指导意见》抑或其实施细则，其只是对今后类似的案例有约束力，对不完全等同的个案并无适用效力。更何况，我国传统法律认识模式中一直存在着"具体—具体"的模式，[1]这与西方以形式主义为底蕴的"抽象—具体"的模式截然不同。[2]质言之，案例指导制度对法官自由裁量权的制约是一种契合我国传统

---

［1］　如清代的《大清律例》中关于杀人罪的规定，并无抽象出一般性的对何谓杀人的规定，而是通过 20 多种杀人的具体样态来进行列举式规定。

［2］　参见欧阳本祺：《刑事政策视野下的刑法教义学：探索中国刑法教义学与刑事政策的贯通构想》，北京大学出版社 2016 年版，第 83 页。

法律认知思维的合理制约。

（四）衡平个案

实际上，案例指导制度的前三个价值意义仍然属于法技术运用层面，重在通过形式公正与基本公正的实现，间接为个案实质公正提供平台。但是，就实质效果而言，案例指导制度却可以衡平个案。理由在于：案例指导制度下的典型案例来自具体个案，是主审法官回应现实关切而置身于特定情境的产物。所以，司法亲历性所带来的经验智慧标示着对个案问题处理的经验法则，这种经验法则是一种自下而上的产物，从实践中来到实践中去，自始便带着问题导向而以衡平个案为目的。这里所说的"衡平"，既包括本真意义上的对既往不合理做法的矫正，也包括对已经趋向于成熟而需要提取为司法适用规则的情形。比如，无期徒刑的规范适用问题一直广受关注，如何限缩其适用范围一直是困扰司法实践的难题，曾经发生过的"许某案"则将这个难题从幕后抛向了前台。有学者指出，案例指导制度能够成为限缩无期徒刑适用范围的一剂良方。因为，对于"许某案"而言，最高人民法院的指导性案例尽管没有纳入这个案件，但是其对于量刑改革已然产生了积极意义。"且不论该案判罚一波三折所反映的博弈关系，如果赋予以下规则与司法解释相同的效力，按数额机械配刑的惯例将随之改变，对顺手牵羊型盗窃不适用无期徒刑，运用可谅解动机连续降等处罚的先例都将有所创设。它虽然不是终结对非暴力性重罪适用无期徒刑的历史，由此起步形成典型案例的系统指南，却可能限缩其适用范围，即该刑种集中适用于故意致人死亡或严重伤残的犯罪。"[1]由此可见，案例指导制度的运作模式与个案妥当性的追求具有一定的同质性。

此外，仅仅与个案妥当性所隐喻的个案公正具有部分同质性，并不能完全证成案例指导制度的合理性。毕竟，除此之外，为缓和成文法的局限与实现量刑实质公正，从最高司法机关的层面，刑事司法解释也是一个重要的调节机制。但是，从对个案衡平的法技术手段进行比较选择的角度而言，案例指导制度更具优势。因为，虽然案例指导所依托的典型案例，其内容与结论也带有最高人民法院"加工"的痕迹并被打上了司法行政化的"烙印"，但是，案例指导所带来的司法风险较之于刑事司法解释往往更小。毕竟，案例

---

〔1〕　王利荣："罪刑均衡的实践逻辑"，载石经海主编：《量刑研究》（第2卷），法律出版社2015年版，第81页。

指导所针对的问题具有直观具体性，其适用的范围较为有限，即使带有某种先天缺陷也较容易被法官辨识。而刑事司法解释则不同，其具有"准立法"的性质，虽说是对成文刑法的一种细化与阐释，但是其仍然属于最高司法机关以指导者自居的顶层设计。不仅如此，刑事司法解释所采取的调整模式仍然停留在抽象规范化的层面，稍有不慎，便会披上司法"僭越"立法或者"恶法亦法"的外衣。因此，量刑规范化改革应该将衡平个案的机制从规范文本过渡到经验记载，将案例指导度制度作为实现个案公正的优选机制。

三、案例指导制度的配套完善措施

自 2005 年最高人民法院发布《人民法院第二个五年改革纲要（2004—2008）》算起，案例指导制度从孕育到诞生迄今已走过了十几个年头。案例指导制度对统一法律适用标准功不可没。但是，从量刑角度而论，我国的案例指导制度在促进个案公正的实现方面，尚需在以下几个方面予以完善：

（一）取材上注重典型性

案例指导制度首先要解决的是案例的指导性问题。换言之，哪些案例应该成为选取的标准？对此，《最高人民检察院关于案例指导工作的规定》（以下简称《规定》）指出了四种评判标准，即社会关注广泛、规定抽象、典型性、疑难复杂或新类型。随后颁行的《〈最高人民法院关于案例指导工作的规定〉实施细则》（以下简称《细则》）进一步提出："指导性案例应当是裁判已经发生法律效力，认定事实清楚，适用法律正确，裁判说理充分，法律效果和社会效果良好，对审理类似案件具有普遍指导意义的案例。"纵观《细则》所提出的认定事实清楚、适用法律正确、裁判说理充分，这本身就是法官裁判应尽的义务，不能成为遴选案例的标准，最多可以成为一种程序性的形式化标准。此外，法律效果和社会效果良好也不具有可操作意义。那么回顾《规定》里面列举的：社会关注广泛、规定抽象、典型性、疑难复杂或新类型这四个标准，也存在问题。一则，"法院在判决重大、敏感案件回应社会关切时，所涉及的法律适用上的难题往往很少。很多时候案件社会影响虽大，但毫无疑难之处"。[1]所以，以社会关注广泛作为案例遴选标准不无疑问。二

---

[1] 陈兴良、周光权：《刑法学的现代展开》（第 2 版·Ⅱ），中国人民大学出版社 2015 年版，第 478 页。

则，案例指导制度与司法解释在本质上都是对法律的解释，只不过前者是个案解释，后者表现为规范解释，二者并行不悖且案例指导制度往往起到为司法解释拾遗补阙之功效。是故，案例指导制度如若重复司法解释已经明确化的问题则会导致其功能错位。所以，规定抽象、疑难复杂或新类型是对司法解释已经明确化问题的例外，可以成为遴选案例的考虑因素。三则，案例指导制度发布案例的初衷在于统一法律的适用标准，因而，所遴选的案例体现着法官的实践理性且能够肩负起"类似案件类似处理"的使命。从这个角度出发，典型性应该成为遴选案例的实质标准。此外，不难发现，规定抽象、疑难复杂或新类型与典型性并非一个层面的概念，典型性应当成为规定抽象、疑难复杂或新类型的上位概念。正如王利明教授所指出的："指导性案例之所以能够起到指导的作用，就是因为这一类案例具有典型性的特点，能够对类似案件的裁判起到示范作用。"[1]所以，典型性才是真正遴选案例的判断标准，只不过可以在此基础上辅以规定抽象、疑难复杂或新类型这些参考因素。但是必须注意的是，典型案例不一定就是规定抽象、疑难复杂或新类型的案例。四则，将典型性作为遴选案例判断标准的一个最重要理由在于，典型性即体现为一种平均化、抽象化的经验，其本质上与事物类的本质相一致。[2]而典型案例适用于个案的过程就是一个相似性的类比过程，因此，指导案例可以成为量刑个案公正外在标准（比较基础上之正义）的评判载体。待决个案与典型案例之间在无形之中搭建起案件之间相同与不同、类似与差异性的横向比较平台。显然，非典型案例由于适用频率低、案情再现率小、示范意义弱等缺陷难以承载这种为量刑个案公正提供外在标准的评判机能。

回顾最高人民法院已经颁行的指导性案例，涉及量刑相关问题的并不多，在这些为数不多的案例当中，有些案例并不具有典型性。比如，指导案例61号"马某利用未公开信息交易案"对该罪应有"情节严重""情节特别严重"两个量刑档次的适用问题进行了阐述。但是，显然，针对现实中发生率不高的利用未公开信息交易罪的法定刑适用问题颁行指导性案例，难以被称为具有典型性，其指导意义难免会大打折扣。但是，反观指导案例62号"王某明合同诈骗案"，则对犯罪既、未遂并存的场合下法定刑如何适用的问题

---

〔1〕　王利明："我国案例指导制度若干问题研究"，载《法学》2012年第1期，第75页。

〔2〕　参见刘士国："类型化与民法解释"，载《法学研究》2006年第6期，第15页。

进行了说明。而数额犯不仅针对诈骗罪，在盗窃罪、抢夺罪等高发性犯罪中也经常存在与指导性案例类似的情况，具有推而广之、举一反三的效果。因此，今后的指导性案例应该侧重于收纳司法实践中更为典型的案例，这样才能取得应有的效果。

（二）内容上突出灵活性

案例指导制度的出发点在于统一法律适用标准，最终以保障法律的明确性价值为旨归。然而，上文已分析，在量刑阶段，案例指导制度虽说是以维护法制统一性为旨要，但是其根本的运作价值在于提供一个统一的规范指引，供法官参照适用，而不是强行要求"同案同判"。法官的量刑活动既要考虑个案的一般性，也要兼顾个案的特殊性，尤其是如何把握个案特殊性进而使之在案例指导制度中得以体现，关乎个案实质公正的实现。笔者认为，发布的指导性案例在内容上应当体现出个案量刑裁量的灵活性机制的适用问题，进而为法官提供积极的示范样本，以引导裁量。尤其是量刑灵活性机制的文本规定一般较为抽象且常常涉及价值判断，通过案例指导制度对其进行细化会更为便捷、有效。举例言之，在酌定量刑情节的适用问题上，虽然《最新量刑指导意见》对极少数常见的酌定量刑情节的适用调节问题作出了规定，但是，酌定量刑情节的"酌定性"特征决定了其不可能由立法予以穷尽，再加之某些酌定量刑情节本身就过于抽象、难以进行量化规定，所以，借助于指导性案例可以引导法官对此进行规范、合理适用。再比如，《最新量刑指导意见》赋予了法官20%幅度内的综合性量刑自由裁量权，该机制"是量刑的客观需要，也是实现刑罚个别化的必然要求，目的是实现罪责刑相适应"。[1]然而，对于自由裁量权如何行使、行使的条件与幅度等问题，《最新量刑指导意见》却难以作出明确规定。那么，通过指导性案例引导法官合理行使自由裁量权，进而合理作出宣告刑便显得尤为必要了。

（三）层级上构建双重性

关于案例指导制度的发布机构，在学界一直存有较大争议，目前有三种观点：第一种是"一元制"观点，即只有最高人民法院有权发布指导性案例；[2]

---

〔1〕 南英主编，最高人民法院刑事审判第三庭编著：《量刑规范指导案例》，法律出版社2016年版，第60页。

〔2〕 参见李仕春："案例指导制度的另一条思路——司法能动主义在中国的有限适用"，载《法学》2009年第6期，第59~77页。

第二种是"二元制"观点，即不仅最高人民法院有权发布指导性案例，各高级人民法院也有权发布；[1]第三种是"多元制"观点，即任何法院都有权在自己的管辖范围内发布指导性案例，从而让有充分说理内容的案例都有成为指导性案例的机会。[2]

笔者赞同"二元制"的观点。理由在于：首先，"多元制"观点应当首先予以否决，案例指导制度的逻辑起点是统一法律的适用标准，各个法院都有权发布自己认为说理充分的制度性案例，会使得法制统一性荡然无存。除此之外，最高人民法院与各高级人民法院不仅仅承担审判职能，其更多地承载着指导法律适用的职能，而各基层抑或中级人民法院则需要将精力投放在案件审判上面。是故，若将发布指导性案例的任务委身于各基层或者中级人民法院，其效果令人生疑。其次，"一元制"观点也并不适当。虽说目前无论是《规定》还是《细则》，均是以最高人民法院案例指导工作办公室为发布主体，而且由最高人民法院发布指导性案例的做法的确可以最大限度地维持法制统一性，有利于个案形式公正的实现。但是，这种做法从实现量刑个案实质公正的角度出发则不具有合理性。一则，"'八方各异气，千里殊风雨'，中国区域差别明显，全国一千多家基层法院的量刑活动，因区域经济社会发展程度差异、社会治安形势的不同以及特定时期的刑事政策因素而呈现出一定的差异"。[3]由最高人民法院来发布量刑方面的指导性案例会不当抹杀这种地域差别性，容易导致量刑机械化。二则，我国的量刑改革基本上也呈现出一种"二元"模式，即以最高人民法院的《最新量刑指导意见》与各高级人民法院的实施细则相并行，"二元制"更能契合目前的制度运行机制。三则，最高人民法院颁布的指导性案例数量仍然较少，对全国审判工作的指导意义还十分有限，将部分发布指导性案例的工作交由各高级人民法院去做，可以更好地发挥案例制度的个案指导功能，也符合目前的司法现实。

总而言之，构建"二元制"指导案例发布体制，既可以保证法制统一性，也能够兼顾具体差异性，有助于量刑个案公正的实现。

---

〔1〕　参见宋晓："判例生成与中国案例指导制度"，载《法学研究》2011年第4期，第63~64页。

〔2〕　参见李有根："指导性案例为何没有约束力——以无名氏因交通肇事致死案件中的原告资格为研究对象"，载《法制与社会发展》2010年第4期，第93~94页。

〔3〕　张向东："从量刑基准到基准刑：量刑方法的革新"，载《中国刑事法杂志》2011年第3期，第41页。

结　语

　　随着我国依法治国方略的施行以及新一轮司法改革的纵深推进，量刑个案公正的实现势必会成为检验其成败的"试金石"，其不仅是从形式正义过渡到实质正义的关键环节，也是彰显司法公正的重要内容。而欲实现个案公正，便需要从多个维度深入：首先，从观念上使得法官在量刑过程中不拘泥于既有的"同案同判"以及"重刑主义"等思想，而从贯彻体系性思考以及并合主义的角度充分发挥司法能动性。其次，对以《最新量刑指导意见》为代表的规范文本进行适当的扩张与修正，以赋予一定的灵活性机制，进而为法官合理兼顾个案特殊性提供规范指引。最后，也是最为需要明确的一点：观念与文本的东西最终都是要落脚到司法技术上并体现为量刑实践。故而，在司法技术层面寻求突破方是问题的根本解决之道。所以，本书主张在维护目前量刑改革所确立的量刑方法的前提下，合理指引法官确立基准刑，为个案公正的实现构建量刑均衡与稳定的基础。与此同时，充分调动法官灵活适用酌定量刑情节以甄别个案的特殊性。此外，最高人民法院持续推进的案例指导制度也是实现个案公正必不可少的有益补充。当然，当下也应该清醒地认识到，量刑规范化改革背景下个案公正的实现问题是一个宏大的理论叙事，本书仅仅是截取了几个片段进行阐释，于此提出的解决之道也仅为立足当下的理论尝试，抑或一种权宜之计，旨在加深学界对此问题的关注，并为未来量刑改革的良性推进提供有益借鉴。

参考文献

一、著作类（包括译著）

1. 高铭暄、马克昌主编：《刑法学》，高等教育出版社、北京大学出版社 2000 年版。

2. 马克昌主编：《刑罚通论》（根据 1997 年刑法修订），武汉大学出版社 2001 年版。

3. 马克昌、杨春洗、吕继贵主编：《刑法学全书》，上海科学技术文献出版社 1993 年版。

4. 林山田：《刑法通论》（增订第 10 版·下册），北京大学出版社 2012 年版。

5. 陈兴良：《刑法哲学》（下），中国政法大学出版社 2009 年版。

6. 陈兴良：《刑法的价值构造》，中国人民大学出版社 2000 年版。

7. 陈兴良：《教义刑法学》，中国人民大学出版社 2010 年版。

8. 陈兴良：《刑法适用总论》（下卷），法律出版社 1999 年版。

9. 陈兴良：《规范刑法学》（第 3 版·上册），中国人民大学出版社 2013 年版。

10. 陈兴良主编：《宽严相济刑事政策研究》，中国人民大学出版社 2007 年版。

11. 陈兴良、周光权：《刑法学的现代展开》（第 2 版·Ⅱ），中国人民大学出版社 2015 年版。

12. 陈兴良主编：《刑事法评论》（第 21 卷），北京大学出版社 2007 年版。

13. 陈兴良主编：《刑事法评论》（第 33 卷），北京大学出版社 2013 年版。

14. 张明楷：《刑法学》（第 5 版），法律出版社 2016 年版。

15. 张明楷：《责任刑与预防刑》，北京大学出版社 2015 年版。

16. 张明楷：《外国刑法纲要》（第 2 版），清华大学出版社 2007 年版。

17. 赵秉志：《刑法基本理论专题研究》，法律出版社 2005 年版。

18. 赵秉志、彭新林编著：《量刑情节与量刑方法专题整理》，中国人民公安大学出版社 2009 年版。

19. 白建军：《罪刑均衡实证研究》，法律出版社 2004 年版。

20. 白建军：《公正底线——刑事司法公正性实证研究》，北京大学出版社 2008 年版。

21. 刘艳红主编：《刑法学》（第 2 版·上册），北京大学出版社 2016 年版。

22. 周少华：《刑法之适应性——刑事法治的实践逻辑》，法律出版社 2012 年版。

23. 王前：《中西文化比较概论》，中国人民大学出版社 2005 年版。

24. 白云飞：《规范化量刑方法研究》，中国政法大学出版社 2015 年版。

25. 李荣：《公正量刑保障机制研究》，中央民族大学出版社 2013 年版。

26. 石经海：《量刑个别化的基本原理》，法律出版社 2010 年版。

27. 王瑞君：《量刑情节的规范识别和适用研究》，知识产权出版社 2016 年版。

28. 郝川：《中国量刑指导制度研究：以量刑指导意见为切入点》，人民出版社 2013 年版。

29. 李晓林主编：《量刑规范化的理论与实践》，人民法院出版社 2015 年版。

30. 最高人民法院量刑规范化改革项目组编，熊选国主编：《量刑规范化办案指南》，法律出版社 2011 年版。

31. 最高人民法院量刑规范化改革项目组编，熊选国主编：《〈人民法院量刑指导意见〉与"两高三部"〈关于规范量刑程序若干问题的意见〉理解与适用》，法律出版社 2010 年版。

32. 南英主编，最高人民法院刑事审判第三庭编著：《量刑规范化实务手册》，法律出版社 2014 年版。

33. 南英主编，最高人民法院刑事审判第三庭编著：《量刑规范指导案例》，法律出版社 2016 年版。

34. 石经海主编：《量刑研究》（第 2 卷），法律出版社 2015 年版。

35. 唐亚男：《量刑方法类型化研究》，方志出版社 2016 年版。

36. 周金刚：《量刑情节研究》，法律出版社 2012 年版。

37. 王利宾：《酌定量刑情节规范适用研究》，上海社会科学院出版社 2010 年版。

38. 石经海、禄劲松主编：《量刑研究》（第 1 卷），法律出版社 2014 年版。

39. 赵廷光：《量刑公正实证研究》，武汉大学出版社 2005 年版。

40. 皮勇、王刚、刘胜超：《量刑原论》，武汉大学出版社 2014 年版。

41. 郑高键、孙立强：《量刑规范化理论与实务研究》，法律出版社 2017 年版。

42. 臧冬斌：《量刑自由裁量权制度研究》，法律出版社 2014 年版。

43. 蒋明：《量刑情节研究》，中国方正出版社 2004 年版。

44. 许美：《酌定量刑情节规范适用研究》，黑龙江人民出版社 2016 年版。

45. 耿磊：《酌定量刑情节规范化路径》，法律出版社 2017 年版。

46. 杨志斌：《中英量刑问题比较研究》，知识产权出版社 2009 年版。

47. 王联合：《量刑模型与量刑规范化研究》，中国政法大学出版社 2015 年版。

48. 林东茂：《一个知识论上的刑法学思考》（增订第 3 版），中国人民大学出版社 2009 年版。

49. 林东茂：《刑法纵览》，一品文化出版社 2015 年版。

50. 曲新久：《刑法的精神与范畴》，中国政法大学出版社 2000 年版。

51. 周振想：《刑罚适用论》，法律出版社 1990 年版。

52. 储槐植、江溯：《美国刑法》（第 4 版），北京大学出版社 2012 年版。

53. 冯军主编：《比较刑法研究》，中国人民大学出版社 2007 年版。

54. 梁根林主编：《当代刑法思潮论坛》（第 3 卷·刑事政策与刑法变迁），北京大学出版社 2016 年版。

55. 何鹏主编：《现代日本刑法专题研究》，吉林大学出版社 1994 年版。

56. 许玉秀、陈志辉编：《不移不惑献身法与正义：许迺曼教授刑事法论文选辑》，新学林出版股份有限公司 2006 年版。

57. 许玉秀：《当代刑法思潮》，中国民主法制出版社 2005 年版。

58. 王皇玉：《刑法总则》，新学林图书出版有限公司 2015 年版。

59. 刘邦绣：《认罪与量刑》，五南图书出版有限公司 2012 年版。

60. 郭豫珍：《量刑与刑量——量刑辅助制度的全观微视》，元照图书出版有限公司 2013 年版。

61. 张丽卿：《刑法总则理论与应用》，五南图书出版有限公司 2011 年版。

62. 周光权：《刑法客观主义与方法论》，法律出版社 2013 年版。

63. 徐久生：《刑罚目的及其实现》，中国方正出版社 2011 年版。

64. 欧阳本祺：《刑事政策视野下的刑法教义学：探索中国刑法教义学与刑事政策的贯通构想》，北京大学出版社 2016 年版。

65. 储槐植：《刑事一体化论要》，北京大学出版社 2007 年版。

66. 邱兴隆、许章润：《刑罚学》，中国政法大学出版社 1999 年版。

67. 刘仁文：《刑法的结构与视野》，北京大学出版社 2010 年版。

68. 林钰雄：《新刑法总则》，中国人民大学出版社 2009 年版。

69. 雷小政：《民生与民声：刑事法的返璞归真》，法律出版社 2012 年版。

70. 梁根林主编：《犯罪论体系》，北京大学出版社 2007 年版。

71. 高鸿钧：《心寄治邦：法理学论集》，法律出版社 2015 年版。

72. 孙笑侠编译：《西方法谚精选：法、权利和司法》，法律出版社 2005 年版。

73. 公丕祥：《法制现代化的理论逻辑》，中国政法大学出版社 1999 年版。

74. 牟宗三著，罗义俊编：《中国哲学的特质》，上海古籍出版社 2007 年版。

75. 张志伟：《西方哲学十五讲》，北京大学出版社 2004 年版。

76. 赵敦华：《西方哲学简史》（修订版），北京大学出版社 2012 年版。

77. 张汝伦：《现代西方哲学十五讲》，北京大学出版社 2003 年版。

78. 沈湘平、万琴编著：《走进西方哲学》，中国社会出版社 2009 年版。

79. 李栗燕：《后现代法学思潮评析》，气象出版社 2010 年版。

80. 中华人民共和国最高人民法院刑事审判第一庭、第二庭编:《刑事审判案例》,法律出版社 2002 年版。

81. 最高人民法院中国应用法学研究所编:《量刑规范化典型案例》,人民法院出版社 2011 年版。

82. 张一兵、胡大平:《西方马克思主义哲学的历史逻辑》,南京大学出版社 2003 年版。

83. 张旭东:《全球化时代的文化认同:西方普遍主义话语的历史批判》,北京大学出版社 2005 年版。

84. 高鸿钧、於兴中主编:《清华法治论衡》(第 23 辑·法律与正义),清华大学出版社 2016 年版。

85. 高鸿钧、马剑银主编:《社会理论之法:解读与评析》,清华大学出版社 2006 年版。

86. 葛洪义:《法与实践理性》,中国政法大学出版社 2002 年版。

87. 刘星:《法律是什么》,中国政法大学出版社 1998 年版。

88. 郎胜主编:《中华人民共和国刑法释义》(第 6 版·根据刑法修正案九最新修订),法律出版社 2015 年版。

89. 吕思勉:《先秦史》,上海古籍出版社 1982 年版。

90. 尹田:《物权法理论评析与思考》,中国人民大学出版社 2004 年版。

91. 马俊驹、余延满:《民法原论》(第 2 版),法律出版社 2005 年版。

92. 高在敏:《商法的理念与理念的商法》,陕西人民出版社 2000 年版。

93. 甘雨沛、何鹏:《外国刑法学》(上册),北京大学出版社 1984 年版。

94. 张文、刘艳红、甘怡群:《人格刑法导论》,法律出版社 2005 年版。

95. 翟中东:《刑法中的人格问题研究》,中国法制出版社 2003 年版。

96. 陈惠馨:《德国近代刑法史》,元照图书出版有限公司 2014 年版。

97. 张天勇、王蜜:《城市化与空间正义——我国城市化的问题批判与未来走向》,人民出版社 2015 年版。

98. 王志刚:《社会主义空间正义论》,人民出版社 2016 年版。

99. 〔日〕甲田烈:《图解世界哲学简史》,王丹丹译,南海出版公司 2015 年版。

100. 〔日〕松宫孝明:《刑法总论讲义》(第 4 版补正版),钱叶六译,王昭武审校,中国人民大学出版社 2013 年版。

101. 〔日〕曾根威彦:《刑法学基础》,黎宏译,法律出版社 2005 年版。

102. 〔日〕西田典之:《日本刑法总论》,王昭武、刘明祥译,法律出版社 2013 年版。

103. 〔日〕大谷实:《刑法讲义总论》(新版第 2 版),黎宏译,中国人民大学出版社 2008 年版。

104. 〔日〕甲斐克则:《责任原理与过失犯论》,谢佳君译,中国政法大学出版社 2016 年版。

105. ［日］前田雅英：《刑法总论讲义》（第 6 版），曾文科译，北京大学出版社 2017 年版。

106. ［日］高桥则夫：《规范论和刑法解释论》，戴波、李世阳译，中国人民大学出版社 2011 年版。

107. ［日］西原春夫主编：《日本刑事法的形成与特色：日本法学家论日本刑事法》，李海东等译，法律出版社、成文堂 1997 年版。

108. ［日］松原芳博：《刑法总论重要问题》，王昭武译，中国政法大学出版社 2014 年版。

109. ［日］野村稔：《刑法总论》，全理其、何力译，邓又天审校，法律出版社 2001 年版。

110. ［日］城下裕二：《量刑理论的现代课题》（增补版），黎其武、赵姗姗译，法律出版社 2016 年版。

111. ［日］山口厚：《刑法总论》（第 2 版），付立庆译，中国人民大学出版社 2011 年版

112. ［日］铃木敬夫：《相对主义法哲学与东亚法研究——一位日本拉德布鲁赫主义者的理论追求》，法律出版社 2012 年版。

113. ［德］汉斯-约格·阿尔布莱希特：《重罪量刑——关于刑量确立与刑量阐释的比较性理论与实证研究》，熊琦等译，法律出版社 2017 年版。

114. ［德］汉斯·海因里希·耶赛克、托马斯·魏根特：《德国刑法教科书》，徐久生译，中国法制出版社 2001 年版。

115. ［德］李斯特著，［德］施密特修订：《德国刑法教科书》（修订译本），徐久生译，何秉松校，法律出版社 2006 年版。

116. ［德］埃里克·希尔根多夫：《德国刑法学：从传统到现代》，江溯等译，北京大学出版社 2015 年版。

117. ［德］英格博格·普珀：《法学思维小学堂：法律人的 6 堂思维训练课》，蔡圣伟译，北京大学出版社 2011 年版。

118. ［德］卡尔·拉伦茨：《法学方法论》，陈爱娥译，商务印书馆 2003 年版。

119. ［德］黑格尔：《法哲学原理》，范扬、张企泰译，商务印书馆 1961 年版。

120. ［德］康德：《法的形而上学原理——权利的科学》，沈叔平译，林荣远校，商务印书馆 1991 年版。

121. ［德］尼采：《权力意志》（上卷），孙周兴译，商务印书馆 2007 年版。

122. ［德］特奥多·阿多尔诺：《否定的辩证法》，张峰译，重庆出版社 1993 年版。

123. ［德］阿图尔·考夫曼：《法律哲学》（第 2 版），刘幸义等译，法律出版社 2011 年版。

124. ［德］亚图·考夫曼：《类推与事物本质——兼论类型理论》，吴从周译，学林文化事业有限公司 1999 年版。

125. ［德］克劳斯·罗克辛：《刑事政策与刑法体系》（第 2 版），蔡桂生译，中国人民大

学出版社 2011 年版。

126. ［德］汉斯·布洛克斯、沃尔夫·迪特里希·瓦尔克:《德国民法总论》（第 33 版），张艳译，杨大可校，中国人民大学出版社 2012 年版。

127. ［德］汉斯-格奥尔格·伽达默尔:《真理与方法——哲学诠释学的基本特征》，洪汉鼎译，上海译文出版社 2004 年版。

128. ［德］于尔根·哈贝马斯:《后形而上学思想》，曹卫东、付德根译，译林出版社 2001 年版。

129. ［德］阿图尔·考夫曼、温弗里德·哈斯默尔主编:《当代法哲学和法律理论导论》，郑永流译，法律出版社 2002 年版。

130. ［德］魏德士:《法理学》，丁晓春、吴越译，法律出版社 2013 年版。

131. ［德］韦伯:《法律社会学》，康乐、简惠美译，远流出版事业股份有限公司 2003 年版。

132. ［德］马克斯·霍克海默、特奥多·威·阿多尔诺:《启蒙辩证法（哲学片断）》，洪佩郁、蔺月峰译，重庆出版社 1990 年版。

133. ［韩］李在祥:《韩国刑法总论》，［韩］韩相敦译，赵秉志、武小凤审校，中国人民大学出版社 2005 年版。

134. ［美］约书亚·德雷斯勒:《美国刑法精解》（第 4 版），王秀梅等译，北京大学出版社 2009 年版。

135. ［美］克莱门斯·巴特勒斯:《矫正导论》，孙晓雳等译，中国人民公安大学出版社 1991 年版。

136. ［美］戴维·哈维:《正义、自然和差异地理学》，胡大平译，上海人民出版社 2010 年版。

137. ［美］罗斯科·庞德:《通过法律的社会控制》，沈宗灵译，楼邦彦校，商务印书馆 1984 年版。

138. ［美］道格拉斯·胡萨克:《过罪化及刑法的限制》，姜敏译，中国法制出版社 2015 年版。

139. ［美］迈克尔·D. 贝勒斯:《法律的原则——一个规范的分析》，张文显等译，中国大百科全书出版社 1996 年版。

140. ［美］斯蒂芬诺斯·毕贝斯:《刑事司法机器》，姜敏译，北京大学出版社 2015 年版。

141. ［美］哈特:《法律的概念》，张文显等译，中国大百科全书出版社 1996 年版。

142. ［美］杰罗姆·弗兰克:《初审法院——美国司法中的神话与现实》，赵承寿译，中国政法大学出版社 2007 年版。

143. ［美］E. 博登海默:《法理学:法律哲学与法律方法》，邓正来译，中国政法大学出版社 2004 年版。

144. ［美］富勒：《法律的道德性》，郑戈译，商务印书馆 2005 年版。

145. ［美］约翰·罗尔斯：《作为公平的正义——正义新论》，姚大志译，上海三联书店 2002 年版。

146. ［美］弗兰克·梯利：《西方哲学史》，贾辰阳、解本远译，光明日报出版社 2014 年版。

147. ［美］唐纳德·帕尔默：《看，这是哲学——哲学史里的快乐智慧》，郑华译，北京联合出版公司 2016 年版。

148. ［美］黄宗智：《实践与理论：中国社会、经济与法律的历史与现实研究》，法律出版社 2015 年版。

149. ［美］赫伯特·马尔库塞：《单向度的人——发达工业社会意识形态研究》，张峰、吕世平译，重庆出版 1988 年版。

150. ［美］艾伦·沃森：《民法法系的演变及形成》，李静冰，姚新华译，中国法制出版社 2009 年版。

151. ［美］爱德华·W. 苏贾：《寻求空间正义》，高春花等译，高春花、陈伟功审校，社会科学文献出版社 2016 年版。

152. ［美］爱德华·W. 苏贾：《后现代地理学——重申批判社会理论中的空间》，王文斌译，商务印书馆 2004 年版。

153. ［英］约瑟夫·拉兹：《实践理性与规范》，朱学平译，中国法制出版社 2011 年版。

154. ［英］尼尔·麦考密克、［捷］奥塔·魏因贝格尔：《制度法论》，周叶谦译，中国政法大学出版社 2004 年版。

155. ［英］霍布斯：《利维坦》，黎思复、黎廷弼译，杨昌裕校，商务印书馆 1985 年版。

156. ［荷］斯宾诺莎：《神学政治论》，温锡增译，商务印书馆 1982 年版。

157. ［英］约翰·菲尼斯：《自然法与自然权利》，董娇娇、杨奕、梁晓晖译，苏苗罕、张卓明统校，中国政法大学出版社 2005 年版，中国政法大学出版社 2005 年版。

158. ［英］约瑟夫·拉兹：《法律的权威：法律与道德论文集》，朱峰译，法律出版社 2005 年版。

159. ［荷］格老秀斯：《捕获法》，张乃根等译，张乃根校，上海人民出版社 2006 年版。

160. ［意］杜里奥·帕多瓦尼：《意大利刑法学原理》（注评版），陈忠林译评，中国人民大学出版社 2004 年版。

161. ［意］阿奎那：《阿奎那政治著作选》，马清槐译，商务印书馆 1963 年版。

162. ［法］卢梭：《社会契约论》（修订第 2 版），何兆武译，商务印书馆 1980 年版。

163. ［法］让-保罗·萨特：《存在与虚无》，陈宣良等译，杜小真校，生活·读书·新知三联书店 1987 年版。

164. ［法］雅克·德里达：《论文字学》，汪堂家译，上海译文出版社 1999 年版。

165. ［法］米歇尔·福柯：《疯癫与文明：理性时代的疯癫史》，刘北成、杨远婴译，生活·读书·新知三联书店 2003 年版。

166. ［印］阿马蒂亚·森：《正义的理念》，王磊、李航译，中国人民大学出版社 2012 年版。

167. ［爱尔兰］约翰·莫里斯·凯利：《西方法律思想简史》，王笑红译，法律出版社 2010 年版。

168. ［古希腊］亚里士多德：《政治学》，吴寿彭译，商务印书馆 1981 年版。

二、论文类

1. 陈瑞华："论量刑程序的独立性——一种以量刑控制为中心的程序理论"，载《中国法学》2009 年第 1 期。

2. 张明楷："论预防刑的裁量"，载《现代法学》2015 年第 1 期。

3. 张明楷："犯罪常态与量刑起点"，载《法学评论》2015 年第 2 期。

4. 张明楷："数罪并罚的新问题——《刑法修正案（九）》第 4 条的适用"，载《法学评论》2016 年第 2 期。

5. 周少华："刑罚目的观之理论清理"，载《东方法学》2012 年第 1 期。

6. 周少华："同案同判：一个虚构的法治神话"，载《法学》2015 年第 11 期。

7. 张训："论量刑规律"，载《中国刑事法杂志》2010 年第 1 期。

8. 王敏："标准：基准刑确定的根据"，载《政治与法律》2010 年第 3 期。

9. 吴巡龙："美国的量刑公式化"，载《月旦法学》2002 年第 6 期。

10. 周漾沂："刑罚的自我目的性——重新证立绝对刑罚理论"，载《政大法学评论》2015 年第 147 期。

11. 郭志远、赵琳琳："美国联邦量刑指南实施效果——兼论对我国量刑规范化改革的启示"，载《政法论坛》2013 年第 1 期。

12. 彭文华："美国联邦量刑指南的历史、现状与量刑改革新动向"，载《比较法研究》2015 年第 6 期。

13. 杨志斌："英美法系国家量刑指南制度的比较研究"，载《河北法学》2006 年第 8 期。

14. 袁建刚："美国联邦量刑指南失败的原因分析"，载《中国刑事法杂志》2013 年第 8 期。

15. 曾淑瑜："量刑基准之比较研究"，载《华冈法粹》2003 年第 2 期。

16. 肖世杰："中德（日）量刑基准之比较研究"，载《法学家》2009 年第 5 期。

17. 冯军："量刑概说"，载《云南大学学报（法学版）》2002 年第 3 期。

18. 周光权："量刑基准研究"，载《中国法学》1999 年第 5 期。

19. 石经海、严海杰："中国量刑规范化之十年检讨与展望"，载《法律科学（西北政法大学学报）》2015 年第 4 期。

20. 赵廷光："实现量刑公正性和透明性的基本理论与方法"，载《中国刑事法杂志》2004 年第 4 期。

21. 陈学勇："谈量刑情节的适用"，载《法律适用》2009 年第 8 期。

22. 李洁："定罪量刑情节若干问题研究"，载《北华大学学报（社会科学版）》2001 年第 1 期。

23. 陈航："量刑情节的冲突问题研究"，载《法学研究（西北政法大学学报）》1995 年第 5 期。

24. 徐显明："何谓司法公正"，载《文史哲》1999 年第 6 期。

25. 彭文华："量刑的价值判段与公正量刑的途径"，载《现代法学》2015 年第 2 期。

26. 汪贻飞："中国式'量刑指南'能走多远——以美国联邦量刑指南的命运为参照的分析"，载《政法论坛》2010 年第 6 期。

27. 王晓丽、朱秋卫："量刑规范化之'刑'的规范化"，载《金陵法律评论》2015 年第 1 期。

28. 赵秉志、金翼翔："论刑罚轻缓化的世界背景与中国实践"，载《法律适用》2012 年第 6 期。

29. 周金刚："酌定量刑情节的泛化现象研究"，载《南京大学法律评论》2010 年第 1 期。

30. 谢正权："论量刑的刑罚个别化原则"，载《政法论坛》1988 年第 1 期。

31. 邱兴隆："刑罚个别化否定论"，载《中国法学》2000 年第 5 期。

32. 熊秋红："中国量刑改革：理论、规范与经验"，载《法学家》2011 年第 5 期。

33. 翟中东："刑罚个别化的蕴涵：从发展角度所作的考察——兼与邱兴隆教授商榷"，载《中国法学》2001 年第 2 期。

34. 卢建平、朱贺："酌定量刑情节法定化的路径选择及评析——以我国《刑法》第 383 条第 3 款为例"，载《政治与法律》2016 年第 3 期。

35. 杜邈："酌定量刑情节若干问题研究"，载《河南省政法管理干部学院学报》2006 年第 2 期。

36. 高长富："管制刑适用的困境与对策"，载《吉首大学学报（社会科学版）》2013 年第 6 期。

37. 陈伟、许璇璇："管制刑司法适用的现实困境与完善对策"，载《福建江夏学院学报》2016 年第 2 期。

38. 伍柳村、左振声："民愤能否作为量刑的依据"，载《法学研究》1989 年第 4 期。

39. 张向东："从量刑基准到基准刑：量刑方法的革新"，载《中国刑事法杂志》2011 年第 3 期。

40. 王利明："我国案例指导制度若干问题研究"，载《法学》2012 年第 1 期。

41. 刘士国："类型化与民法解释"，载《法学研究》2006 年第 6 期。

42. 李仕春："案例指导制度的另一条思路——司法能动主义在中国的有限适用"，载《法学》2009 年第 6 期。

43. 宋晓："判例生成与中国案例指导制度"，载《法学研究》2011 年第 4 期。

44. 李有根："指导性案例为何没有约束力——以无名氏因交通肇事致死案中的原告资格为研究对象"，载《法制与社会发展》2010 年第 4 期。

45. 陈金林："从等价报应到积极的一般预防——黑格尔刑罚理论的新解读及其启示"，载《清华法学》2014 年第 5 期。

46. 劳东燕："公共政策与风险社会的刑法"，载《中国社会科学》2007 年第 3 期。

47. 劳东燕："风险社会与变动中的刑法理论"，载《中外法学》2014 年第 1 期。

48. 高鸿钧："走向交往理性的政治哲学和法学理论（上）——哈贝马斯的民主法治思想及对中国的借鉴意义"，载《政法论坛》2008 年第 5 期。

49. 高鸿钧："伽达默尔的解释学与中国法律解释"，载《政法论坛》2015 年第 2 期。

50. 吕勇："重构法律正当性的理性基础——从康德实践理性到哈贝马斯交往理性转向的法哲学意义"，载《大连大学学报》2009 年第 4 期。

51. 杜宇："再论刑法上之'类型化'思维——一种基于'方法论'的扩展性思考"，载《法制与社会发展》2005 年第 6 期。

52. 纪海龙："法教义学：力量与弱点"，载《交大法学》2015 年第 2 期。

53. 陈劲阳："仇恨型故意杀人案件死刑裁量反思——贾敬龙案量刑妥当性多维分析"，载《吉林大学社会科学学报》2017 年第 3 期。

54. 陈兴良："人格刑法学：以犯罪论体系为视角的分析"，载《华东政法大学学报》2009 年第 6 期。

55. 刘艳红："当下中国刑事立法应当如何谦抑？——以恶意欠薪行为入罪为例之批判性分析"，载《环球法律评论》2012 年第 2 期。

56. 冯之东："司法体制改革背景下的审判委员会制度——以司法责任制为切入点"，载《时代法学》2016 年第 1 期。

57. 史晋川、吴兴杰："我国地区收入差距、流动人口与刑事犯罪率的实证研究"，载《浙江大学学报（人文社会科学版）》2010 年第 1 期。

58. ［德］古斯塔夫·拉德布鲁赫："法教义学的逻辑"，白斌译，载《清华法学》2016 年第 4 期。

59. ［德］沃尔福冈·弗里希："法教义学对刑法发展的意义"，赵书鸿译，载《比较法研究》2012 年第 1 期。

60. ［德］拉尔夫·波舍："裁判理论的普遍谬误：为法教义学辩护"，隋愿译，载《清华法学》2012 年第 4 期。

61. ［英］O. 奥尼尔："康德的正义与康德主义的正义"，陈晓旭译，载《世界哲学》2010年第 5 期。

62. 郑延谱："从罪刑均衡到罪责刑相适应——兼论刑法中'人'的消隐与凸显"，载《法律科学（西北政法大学学报）》2014 年第 6 期。

63. 李波："行为人刑法转型与当代中国的选择"，载《政法论丛》2015 年第 4 期。

64. 王树人："中国哲学与文化之根——'象'与'象思维'引论"，载《河北学刊》2007年第 5 期。

65. 王南湜："中西思维方式的差异及其意蕴析论"，载《天津社会科学》2011 年第 5 期。

66. 孙晓凌、汪北华："从思维方式差异看中西文化差异"，载《河海大学学报（哲学社会科学版）》2003 年第 2 期。

67. 范并思："社会转型时期的中国社会科学——社会科学的科学计量学分析"，载《上海社会科学院学术季刊》2001 年第 3 期。

68. 苏惠渔、张国全、史建三："论量刑方法的科学化"，载苏惠渔等编：《量刑方法研究专论》，复旦大学出版社 1991 年版。

69. 石经海："'量刑规范化'解读"，载《现代法学》2009 年第 3 期。

70. 熊选国、牛克乾："论刑罚裁量的价值观念"，载《人民司法》2003 年第 11 期。

71. 骆多："规范化量刑方法构建基础之检讨"，载《法商研究》2016 年第 6 期。

72. 江必新："论司法自由裁量"，载《法律适用》2006 年第 11 期。

73. 苏镜祥："理论与实践之争：量刑规范化改革评析"，载《四川师范大学学报（社会科学版）》2015 年第 1 期。

74. 罗欣："从李昌奎案看法律浪漫主义与司法理性之衡平"，载《人民检察》2011 年第 17 期。

75. 严剑飞、陈思佳："五年回首：对基层法院量刑规范化改革的检视与修正——以法官量刑思维的转变为视角"，载贺荣主编：《尊重司法规律与刑事法律适用研究——全国法院第 27 届学术讨论会获奖论文集》，人民法院出版社 2016 年版。

76. 江溯："无需量刑指南：德国量刑制度的经验与启示"，载《法律科学（西北政法大学学报）》2015 年第 4 期。

77. 白建军："基于法官集体经验的量刑预测研究"，载《法学研究》2016 年第 6 期。

78. 李川："刑法研究面向教义学发展的维度与定位"，载《法学研究》2013 年第 1 期。

79. 张苏："德日刑法中的责任理论及对我国量刑的启示"，载《河北法学》2014 年第 9 期。

80. 潘庸鲁："人工智能介入司法领域的价值与定位"，载《探索与争鸣》2017 年第 10 期。

81. 姜涛："人之图像与刑法实质解释"，载《政法论坛》2013 年第 3 期。

82. 聂慧苹："刑事政策的刑法转化与限制——以我国刑事政策研究现状为视角"，载《中国刑事法杂志》2014 年第 4 期。

83. 马荣春："警醒刑法学中的过度类型化思维"，载《法律科学（西北政法大学学报）》
    2012 年第 2 期。

84. 周长军："量刑治理的模式之争——兼评量刑的两个指导'意见'"，载《中国法学》
    2011 年第 1 期。

85. 熊亚文："刑法私法化：现实图景与理论空间"，载《现代法学》2016 年第 4 期。

86. 陈忠："主体性的微观走向与空间权利的城市实现——对城市权利的一种前提性反思"，
    载《哲学动态》2014 年第 8 期。

87. 田鹤城、万广华、霍学喜："1955—2007 年中国经济与犯罪关系实证研究"，载《中国
    农业大学学报（社会科学版）》2009 年第 2 期。

88. 李锡海："工业化、城市化与犯罪"，载《法学论坛》2009 年第 1 期。

89. 苏力："弱者保护与法律面前人人平等——从孕妇李丽云死亡事件切入"，载《北京大
    学学报（哲学社会科学版）》2008 年第 6 期。

90. 庄永廉、张建升："透视城市化犯罪"，载《人民检察》2000 年第 7 期。

三、报纸类

1. 张晓敏："天津法院深化量刑规范化改革成效显著"，载《人民法院报》2016 年 12 月
   13 日。

2. 李玉萍："英国量刑委员会和量刑指南"，载《人民法院报》2012 年 8 月 17 日。

3. 张军华、顾建兵："当审判工作遇上人工智能——江苏南通推进'智慧法院'建设纪
   实"，载《人民法院报》2017 年 6 月 11 日。

4. 刘兵："被害人谅解能否成为量刑情节"，载《检察日报》2008 年 8 月 5 日。

5. 顾志翔："城市化进程中暴力犯罪调查"，载《检察日报》2009 年 7 月 1 日。

四、外文文献

1. Hans Kelsen, Pure Theory of Law, University of California Press, 1967.

2. Richard A. Epstein, Simple Rules for a Complex Word, Cambridge, MA: Harvard University
   Press, 1995.

3. James Q. Whitman, Harsh Justice: Criminal Punishment and the Widening Divide between Am-
   arica and Europe, Oxford University Press, 2005.

4. ［日］城下裕二：《量刑基准的研究》，成文堂 1995 年版。

5. ［日］团藤重光：《刑法纲要总论》，创文社 1990 年版。

致　谢

　　经历过文山会海，没少写心得体会，但大都为了应付了事，时至今日，在辞职读博之后，所落于纸上的生活点滴，应该最能拨动我这个曾经走出体制的法律人内心深处那根弦。

　　恰恰是体制，让不少人一边朋友圈刷《生活不止眼前的苟且》，灌输着鸡汤，兜售着情怀；一边对不服体制的"离经叛道"者嗤之以鼻。躁动不安之辈，往往对之隔岸观火，内心举棋不定，五味杂陈。当然，也不乏有人安于体制，大隐于朝，内心澄澈敞亮，在其内初衷不改，自得其乐。

　　许多人也常问我辞职好与不好，余一直回避作答。倒不是这个问题有多么晦涩复杂，而是这本就没有唯一正确的答案。法律人都明白，价值判断的问题向来无解，至少不可能像欧几里得几何学与牛顿力学那样可通过演绎推理来保证其结论的普遍必然。此外，在我们这个时代，由于知识的普及和资讯的发达，越来越多的人能够毫无门槛地接触到各种抽象玄妙的超级概念，比如"诗和远方""岁月静好"，常常用"你是错的，我是对的"等语句，而没有养成谦卑的习惯，学会鞭辟入里，小心谨慎地分析，反而觉着自己赢得了知识上的骄矜，随心所欲地站在制高点上指点江山、评头论足。因此，职场移形换位后，生活的重负与角色转换的隐忍，时常让我反躬自省，未敢轻下结论。然而，如若非得给个说法，窃以为：不辞不意味着妥协，更与懦弱沾不上边，相反，是一种自我选择的生活方式，既不一定是"修得文武艺，货与帝王家"那样肤浅，也不见得是"解民于倒悬"那般崇高，仅仅是一份工作，抑或一项事业而已……

　　于我言之，既有江湖儿女、快意恩仇般的不羁性情；也有"实践之树常青"的自我更新意识；亦有萨特信条，人作为"自为存在"而不喜"朝九晚

五、一眼到头"的生活轨迹。因此，我选择了弃职从学，打算混迹于学术圈而寄身江湖，将来找一份教职，既可为稻粱谋，亦可安放心灵。

每念及此，不得不感谢我的恩师周少华教授，是他在我久处围城之时，给我跨出体制的力量和勇气；是他在我人生晦暗之刻，给我重新选择的机会；即使由于工作调动而不能经常见面，恩师也时刻挂怀学生的学业……一日为师、终身为父，学生没齿难忘！

还要感谢刘艳红教授，虽然我不是刘老师直接指导的学生，但是她却给予了我如同自己学生一般的关爱，虽然她工作繁忙，但却时常督促我的学业，指引着我前行。学生永远铭记于心！

在此，亦要对董老师表示感谢，疫情来袭，举国上下风声鹤唳，三镇沦陷，她也困于其中，但却时时关心学生的答辩事宜，学生感激于心！

此外，也要感谢葛恒浩师兄和李琳师姐，在我初入东大时给予我无私的帮助，时常回首，感激莫名；感谢刑法组冀洋、王俊、李森、储陈城、杜宣、杜方正、凌霞、夏伟、杨楠、高磊、王耀彬等师兄弟姐妹对我平日的帮助与关爱，学海孤独，与你们相处犹如家人在侧、亲情在焉。还有，要感谢其他组的庆丽师妹，在我求学期间互相勉励，给予我鼓励，犹如春风拂面、雨润心田；感谢王炎、刘春二位师弟，在我毕业期间，不遗余力地给予我支持与帮助。感谢徐彰、张一雄二位师兄，在你们毕业季，常常与我交流聚首，纾解我心中块垒，为我单调的生活平添了很多乐趣。另外，还有周忠学、朱军、郭跃、原新利等师兄弟姐妹，与你们相识，给我留下了最珍贵的记忆。

当然，此刻还应当感谢我的家人，你们才是我奋斗的源泉与前进的动力。

巾短意长，明知庙堂已远，江湖触手可及，回首起来仍不免让我内心跌宕起伏。疫情前夕信步净因寺，偶有所感，学者并非纯为五斗米而忙碌不休，亦有佛性，故以一首小诗以自勉：

既有菩提心，
何须礼佛来。
度化刑学场，
弘法明镜台。